Reiseführer Natur Australien

Tecklenborg

Brigitte Fugger
Wolfgang Bittmann

Reiseführer Natur
Australien

CIP-Titelaufnahme der Deutschen Bibliothek
Reiseführer Natur Australien / Brigitte Fugger;
Wolfgang Bittmann. – 5. durchges. Aufl. –
Tecklenborg Verlag, Steinfurt, 2005
    ISBN 3-934427-72-3
NE: Fugger, Brigitte [Mitverf.]; Bittmann, Wolfgang
[Mitverf.]; Australien

Inhalt

Einführung

Zur Benutzung des Buches 8
Kleine Landeskunde 10
    Lage und Größe 10
    Entstehung und Landschaften 10
    Klima 12
    Vegetation 14
    Fauna 17
    Mensch und Geschichte 22

Umschlagfotos: W. Bittmann
Foto S. 1: Pinnacle Desert; S. 2/3: »Olgas«
Grafiken S. 13: nach Walter/Breckle, Ökologie der Erde,
Band 2, Gustav Fischer Verlag, Stuttgart

Fünfte, durchgesehene Auflage

© Tecklenborg Verlag, Steinfurt, 2005
© BLV Verlagsgesellschaft mbH, München, 2000

Umschlaggestaltung: Julius Negele, München
Karten: Kartographie Huber, München
Redaktionelle Mitarbeit:
Dr. Einhard Bezzel
Prof. Dr. Josef H. Reichholf
Lektorat: Dr. Friedrich Kögel
Layout: Peter Rudolph
Herstellung: Hermann Maxant
Satz: Filmsatz Schröter GmbH, München
Reproduktionen: Foto Litho Longo, Frangart
Druck: Offizin Andersen Nexö, Leipzig
Printed in Germany · ISBN 3-934427-72-3

Essays

Eukalypten 42
Akazien 52
Australische Krokodile 61
Großfußhühner 68
Schnabeltier und Schnabeligel 81
Konvergenz 92
Laubenvögel 100
Gefährliche Australier 124
Possums 142
Lachender Hans 148
Koala 156
Gelbfuß-Felsenkänguruh 180
Proteen 193
Rinder und Fliegenplage (Beispiel eines
    ursächlichen Zusammenhangs) 200
Feuerpflanzen 212

Hauptreiseziele

1 Kakadu Nationalpark 24
2 Nitmiluk (Katherine Gorge) Nationalpark 31
3 Western MacDonnells 36
4 Watarrka (Kings Canyon) Nationalpark 43
5 Uluru (Ayers Rock/Mt. Olga) Nationalpark 49
6 Cape York Halbinsel 56
7 Atherton Tableland 63
8 Great Barrier Reef 70
9 Eungella Nationalpark 76
10 Carnarvon Nationalpark 82
11 Fraser Island 88
12 Lamington Nationalpark 94
13 Sturt Nationalpark 101
14 Warrumbungle Nationalpark 107
15 Barrington Tops Nationalpark 113

16 Sydney und Umgebung 118
17 Blue Mountains Nationalpark 125
18 Kosciusko Nationalpark 130
19 Mt. Buffalo Nationalpark 136
20 Melbourne und Umgebung 143
21 Grampians Nationalpark 150
22 Wilsons Promontory Nationalpark 157
23 Cradle Mountain – Lake St. Clair Nationalpark 162
24 Kangaroo Island 168
25 Flinders Ranges Nationalpark 175
26 Der Südwesten 181
27 Perth und Umgebung 188
28 Pilbara 194
29 Geikie und Windjana Gorge 201
30 Purnululu (Bungle Bungle) Nationalpark 206

Nebenreiseziele

N 1 Litchfield Nationalpark 213
N 2 Lawn Hill Nationalpark 213
N 3 Chillagoe – Mungana Caves Nationalpark 214
N 4 Undara Lava Tubes 216
N 5 Blackdown Tablelands Nationalpark 217
N 6 Bunya Mountains Nationalpark 217
N 7 Willandra Lakes World Heritage Area 217

N 8 Mt. Field Nationalpark 218
N 9 Port Campbell Nationalpark 219
N 10 Little Desert Nationalpark 219
N 11 Coorong Nationalpark 220
N 12 Arkaroola – Mt. Painter Sanctuary 221
N 13 Nambung Nationalpark 221
N 14 Midwest (nördlich Perth) 221
N 15 Kalbarri Nationalpark 222
N 16 Shark Bay World Heritage Area 223
N 17 Gegend um Kununurra 224

Reiseplanung

Vor der Reise 225
Reisen im Land 225
Sonstiges 227
Literatur 229

Anhang

Wörterbuch 230
Register 235

Zum Geleit

Reiseführer Natur — eine Chance für den sanften Tourismus?

Dem Massentourismus ist sehr viel Natur zum Opfer gefallen. Der Versuch, der Unwirtlichkeit der Städte und der Industriegesellschaft in eine »intakte Natur« für die kostbarsten Wochen des Jahres zu entfliehen, mißlang gründlich. Denn der Ruhe, Entspannung und Naturgenuß suchende Mensch wurde im Touristikboom schnell wieder in die Massen einbezogen und beinahe zu einer »Ware« degradiert. Der zähe Brei des Massentourismus wälzte sich, da er fortlaufend seine eigenen Existenzgrundlagen zerstört, immer weiter hinaus bis in die letzten Winkel der Erde. Mit größter Sorge betrachteten Naturschützer in aller Welt diese Entwicklung und versuchten – vergeblich – sich dagegenzustemmen. Sie waren und sind machtlos gegen die Flut, die über sie und die wenigen geschützten Gebiete hereinbrach. Die Naturschützer hatten so gut wie keine Chancen, die Natur vor dem Massenansturm zu bewahren.

So wurde denn der Tourismus in Bausch und Bogen als nicht natur- und umweltverträglich verdammt und gebrandmarkt. Nicht ganz zu Recht, wie man bei objektiver Betrachtung der Sachlage zugeben muß. Denn nicht wenige der wichtigen, ja unersetzlichen Naturreservate der Welt konnten gerade wegen des Tourismus gesichert werden, der Staaten wie Tansania mit der weltberühmten Serengeti und Ecuador mit seinen Galápagos-Inseln mehr harte Währung einbrachte, als eine Umwidmung der geschützten Flächen zu anderen Formen der Nutzung. Durch geschickte und gezielte Lenkung des Besucherstromes ist es möglich, die Schäden gering zu halten, aber großen Nutzen einzubringen. Viele Beispiele gibt es hierfür. In Amerika, in Afrika und in Südostasien gelingt es offenbar weitaus besser, Naturreservate zu erhalten als hierzulande in Mitteleuropa, wo Naturschutzgebiete fast automatisch zu Sperrgebieten für Naturfreunde gemacht werden (während andere Nutzungsformen, insbesondere Jagd und Fischerei, in der Regel uneingeschränkt weiterlaufen dürfen).

Es fehlt an Information und an Personal, das die Schutzgebiete überwacht, Besucher betreut und für die Erhaltung der Natur wie für die Einhaltung der Schutzbestimmungen sorgt. Vielfach können gerade da, wo die Schutzgebiete mit strengem »Betreten verboten« ausgewiesen sind, die Schutzziele nicht eingehalten werden. Es fehlen die »Verbündeten«; sie sind als Naturfreunde ausgeschlossen und damit keine starken Partner. Eine grundsätzliche Änderung, eine Wende zum Besseren ist derzeit nicht in Sicht. So bleibt der Naturfreund auf sich allein gestellt, Natur zu erleben, ohne sie zu zerstören.

Die neue Serie »Reiseführer Natur« folgt diesem Leitgedanken. Sie will den engagierten Naturfreunden die Möglichkeit aufzeigen, sich schöne Landschaften mit einem reichhaltigen oder einzigartigen Tier- und Pflanzenleben auf eine »umweltverträgliche« Art und Weise zu erschließen. Ein Tourismus dieser Art, der auf Information aufbaut und dessen Ziel die Sicherung der Naturschönheiten ist, wird vielleicht die überfällige Wende bringen. Unberührte Natur, naturnahe Landschaften und freilebende Tiere und Pflanzen haben ihren besonderen Wert. Aber er wird nicht zum Nulltarif auf Dauer zu erhalten sein.

Dr. Einhard Bezzel
Prof. Dr. Josef H. Reichholf

Vorwort

Mit Begeisterung haben wir die Gelegenheit ergriffen, diese neue Reiseführer-Reihe mit unserem Lieblingsreiseziel Australien zu eröffnen. Seine wechselvollen Landschaften wie seine für den Europäer so fremde Tier- und Pflanzenwelt bieten ungezählte Möglichkeiten intensivsten Naturerlebens. Aber gerade die Vielfalt dieses Angebots kombiniert mit großen Entfernungen und einem leider oft sehr knappen Zeitplan führen oft zur Ernüchterung des hoffnungsvollen Naturreisenden, der eigentlich schon auf dem Flughafen von Sydney mit Känguruhs gerechnet hatte. Hier soll dieser Führer helfend eingreifen.

Tatsächlich ist es erstaunlich, wie wenig weit man seine Nase aus den Großstädten herausstrecken muß, um einen ersten Kontakt zur australischen Tierwelt aufzubauen. Auch in den bekanntesten und z. T. schon als »überlaufen« bezeichneten »Muß«-Reisezielen wie Ayers Rock bleibt die Möglichkeit des Naturerlebens (noch) erhalten. Geht man darüber hinaus, fällt es mit jedem Nationalpark schwerer, sich von diesem Land wieder zu trennen.

Doch auch in Australien wird man sich zunehmend sowohl der Vorteile als auch der Gefahren des Naturtourismus bewußt und bemüht sich, beides in den Griff zu bekommen. Da auch wir als »biologische« Studienreiseleiter nahezu täglich mit diesen Problemen konfrontiert werden, bitten wir deshalb nicht nur im Namen der australischen Naturschutzbehörden:

- um ein Reisen mit Fernglas und Teleobjektiv zur Wahrung der richtigen Distanz bei größtmöglichem Genuß;
- um Rücksichtnahme bei den ersten Allradausflügen auf die z. T. empfindliche Vegetation;
- um die Einsicht, daß aufgescheuchte Tiere keine guten Fotomotive und ausgerissene Pflanzen keine guten Mitbringsel sind.

Letztendlich kann die australische Natur von einem verantwortungsbewußten Naturtouristen nur profitieren. Bleibt nur noch, sie erstmal kennenzulernen. Viel Spaß also beim Lesen, beim persönlichen Erleben in »Down Under«, und werden Sie – wie wir – ein begeisterter »Wiederholungstäter«.

BRIGITTE FUGGER
WOLFGANG BITTMANN

Einführung

Zur Benutzung des Buches

Dieser Reiseführer soll es dem Leser ermöglichen, die Natur, d. h. Landschaften, Pflanzen und Tiere Australiens möglichst intensiv kennenzulernen. Damit man die vielfältigen Informationen im Buch möglichst effizient nutzen kann, sollte man sich als erstes mit dessen Gliederung vertraut machen.

In der »Kleinen Landeskunde« werden zunächst die natürlichen Gegebenheiten des Reiselandes Australien wie Landschaften, Klima, Pflanzen- und Tierwelt dargestellt. Der Schwerpunkt liegt dabei auf deren Entwicklung im Laufe der Erdgeschichte.

Der Hauptteil enthält die wichtigsten Natursehenswürdigkeiten des Landes, aufgeteilt in 30 Haupt- und 17 Nebenreiseziele. In der Umschlagkarte hinten sind sie nach ihrer Lage in den Staaten Australiens aufgelistet und numeriert. Die Numerierung erfolgt dabei im Uhrzeigersinn.

Hauptreisegebiete stellen sehenswerte und für das Verständnis der Naturgeschichte wichtige Ziele dar. Sie sind gewissermaßen die »highlights« des Landes. An jedem Kapitelbeginn werden die »Hauptattraktionen« stichwortartig vorgestellt, um eine schnelle Orientierung zu erleichtern. Geologische Sehenswürdigkeiten und die typische Pflanzen- und Tierwelt werden anschließend beispielhaft beschrieben, wobei versucht wird, möglichst viele Arten im Foto darzustellen. Verweise auf erwähnte Arten, die an anderer Stelle abgebildet sind, erfolgen durch »S. ....«, Textstellenverweise durch »s. S. ....«. Kurze Abhandlungen (durch blaue Unterlegung kenntlich) geben zusätzliche Informationen zu bestimmten Themen.

Wo immer möglich werden deutsche Artnamen verwandt. Als Vorlage dienten dabei für die Säuger »Grzimeks Enzyklopädie« (1988), für die Vögel »Wolters, Die Vogelarten der Erde« (1975–1982). Ist neben dem deutschen noch ein einheimischer Name wichtig, steht er in Klammern mit Anführungszeichen, z. B.: . . . Lachender Hans (»Laughing Kookaburra«). Gibt es vor allem bei Pflanzen keinen eindeutigen deutschen oder englischen Artnamen, wird der wissenschaftliche in den Text genommen, z. B. ». . . wachsen verschiedene *Eucalyptus*-Arten wie *E. tetradonta* . . .«. Wird ein Tier oder eine Pflanze nur als Gattung oder Gruppe genannt, so folgt z. T. der wissenschaftliche Gattungsname in Klammern oder »der Gattung . . .«.

Neben den allgemeinen Informationen enthält jedes Hauptreiseziel Wegbeschreibungen und Karten. Sie geben Vorschläge aus dem Angebot der möglichen Aktivitäten. Das Gewicht liegt dabei nicht auf Vollständigkeit, sondern darauf, das Typische zu erfassen, ohne sich zu verzetteln. Die km-Angaben der Wege beziehen sich, falls nicht anders vermerkt, stets auf die Gesamtstrecke. Querverweise zwischen Text und Karte (= Zahlen im Kreis) sollen die rasche Orientierung erleichtern.

Für Einzelheiten (auch zu Anfahrt und Aufenthalt) stehen die entsprechenden Adressen der Rubrik »Praktische Tips« zur Verfügung. Unter dem Stichwort »Anreise« werden auch Hinweise auf Landkarten des jeweiligen Gebietes gegeben. Zu bedenken bleibt: Die Infrastruktur von Schutzgebieten, die Unterkunftsmöglichkeiten und insbesondere die Telefonnummern sind naturgemäß gelegentlichen Änderungen unterworfen!

»Blick in die Umgebung« enthält Ziele, die nahe einem Hauptreiseziel liegen bzw. auf dem Weg dorthin passiert werden und einen Abstecher lohnen.

Nebenreiseziele sind in ihrer Struktur oft ähnlich den Hauptreisezielen, d. h. die meisten der beschriebenen Arten können auch dort gefunden werden. Sie erfordern aber eigene Anfahrt- und Zeitplanung.

Zur leichteren Reisevorbereitung dient das Kapitel »Reiseplanung« im Anhang. Hier werden u. a. auch viele Tips für Autofahrer und Outback-Touren sowie Hinweise zum Verhalten in Nationalparks gegeben.

Das Literaturverzeichnis am Ende des Buches verweist auf weiterführende Literatur. Dabei wurden vor allem solche Werke aufgenommen, die leicht verständliche, umfassende Darstellungen enthalten oder beim Bestimmen weiterhelfen können (wobei keine Spezialliteratur berücksichtigt wurde, da dies den Rahmen eines Reiseführers sprengen würde).

Das Register wurde unterteilt in einen geografischen Teil mit den Namen der erwähnten Orte, Landschaften, Nationalparks usw. sowie in ein Artenregister, in dem alle im Text erwähnten Tier- und Pflanzennamen nachgeschlagen werden können.

Zusätzlich wurde ein »Wörterbuch der Tier- und Pflanzennamen« aufgenommen. Im »deut-schen Teil« kann der Benutzer nachschlagen, welchen wissenschaftlichen bzw. englischen Namen die Arten und Gattungen haben, die im Buch unter ihrem deutschen Namen zu finden sind. Umgekehrt ist es möglich im »englischen Teil« nachzusehen, unter welchem deutschen Namen eine Art bzw. Gattung im Buch – und Register! – verzeichnet ist, wenn zunächst nur der englische Name bekannt ist.

Zeichenerklärung für die im Text verwendeten Karten

Um die Übersichtlichkeit der Karten zu gewährleisten, wurden vor allem die für den Touristen interessanten Informationen aufgenommen. Die verwendeten Symbole und Abkürzungen werden im folgenden erklärt; weitere Sonderzeichen sind in der jeweiligen Karte erläutert, wenn sie nur in diesem Gebiet verwendet wurden.

Verwendete Kartensymbole :

═══	Asphaltstraße (jeglicher Breite und Ausbaustufe)
- - - - - -	Piste
4 WD - - - - -	Allradpiste (nur mit Four Wheel Drive befahrbar)
···········	Wanderweg
	Feuerschneise (gut als Wanderweg benutzbar)
▬█▬█▬	Eisenbahn
▬ ▬ ▬	Fähre
▼▼▼▼▼▼▼	Steilkante, Felsabbruch
───	Fluß
- - - - -	Trockenfluß
(blau)	See, Meer
(blau)	Sumpf
(blau)	Trockensee
(Muster)	markante Felsformationen
(grau)	Nationalpark

(grau)	Stadt
● •	Ortschaft, Farmhaus, markanter Punkt
△	Berg
✳	Aussichtspunkt
α	Aborigines-Kunststätte (meist Felsmalerei)
①	Besuchspunkte, Wanderwege usw. (mit Querverweisen im Text)
🛈	Informationszentrum, Rangerstation
⊨	Unterkunft (Hotel, Motel usw.)
⋀	Campingplatz
✈	Flughafen, Flugpiste
Nat. Park =	Nationalpark
N. P. =	Nationalpark
C. P. =	Conservation Park
R. =	River (Fluß)
Hwy =	Highway
Nth., Sth. =	North (Nord), South (Süd)

Kleine Landeskunde

Lage und Größe

Der »Fünfte Kontinent« liegt rund 16 000 km Luftlinie von Europa entfernt auf der Südhalbkugel, etwa zur gleichen Hälfte nördlich und südlich des südlichen Wendekreises. Nach mitteleuropäischen Maßstäben ist Australien ein Land von riesigen Dimensionen. Nord-südlich erstreckt es sich über 3700 km (von 10° 4' bis zu 43° 59' südlicher Breite), west-östlich über rund 4000 km (von 113° 9' bis zu 153° 3' östlicher Länge). Mit 7 686 420 km² ist der Inselkontinent der sechstgrößte Staat der Erde und damit fast 22 mal größer als die Bundesrepublik Deutschland! Australien erhebt außerdem Anspruch auf ein 6 120 000 km² großes Gebiet in der Antarktis, das sog. Australian Antarctic Territory.

Entstehung und Landschaften

Auf ein Alter von knapp 4 Milliarden Jahren datierte Gesteinsfunde verführten oft zur Bezeichnung Australiens als »ältester Kontinent«. Doch entstanden alle Kontinente vor 4 – 3 Milliarden Jahren aus erkaltender Erdkruste, die von späteren Sedimenten mehr oder weniger überlagert wurde. Korrekterweise muß es also heißen: In Australien treten in weiten Teilen älteste Gesteine der Erde an die Oberfläche.

Noch bis vor wenigen Jahrzehnten wurde eine Abspaltung Australiens vom asiatischen Festland angenommen. Neue Erkenntnisse der Theorie der Plattentektonik und Studien zur Verbreitung und Verwandtschaft der Pflanzen- und Tierwelt widersprechen dieser Ansicht und eröffnen ein spannendes Kapitel der Erdgeschichte.

Bis ins Mesozoikum war das heutige Australien noch ein Teil von **Gondwanaland**, jenes Südkontinents, der seinerseits aus der Spaltung des einstigen Urkontinents **Pangaea** vor ca. 200 Mio. Jahren hervorgegangen war

(s. Grafik rechts). Gondwanaland begann seinen Zerfall vor etwa 100 Mio. Jahren: Indien, Afrika und Neuseeland lösten sich ab und begannen in verschiedene Richtungen wegzudriften. Südamerika, die Antarktis und Australien blieben zunächst noch verbunden und trennten sich erst vor weniger als 60 Mio. Jahren voneinander. Australien begann, nun isoliert, seine Nordostdrift, näherte sich Asien und kollidierte vor etwa 15 Mio. Jahren mit der eurasischen kontinentalen und der pazifischen ozeanischen Erdkrustenplatte. Als Folge der Kollision faltete sich das **Neuguinea-Hochland** im Norden auf. Andauernder Vulkanismus in den Inselbögen östlich Neuguineas und Indonesiens zeugt vom Fortgang dieses Prozesses.

Erst mit dem Ende der letzten Eiszeit vor weniger als 10 000 Jahren erhielt der Kontinent seine heutige Form. Neuguinea und Tasmanien wurden durch den Anstieg des Meeresspiegels vom Festland getrennt und die heutigen Küstenlinien entstanden.

Im Gegensatz zu anderen Kontinenten zeigt die australische Landmasse nur geringe Höhendifferenzen. Während der letzten 300 Mio. Jahre ihrer Geschichte traten außer im Osten (s. unten) keine nennenswerten Gebirgsbildungen oder Einbrüche mehr auf, so daß die Erosion vorhandene Reliefunterschiede einebnen konnte. Das Ergebnis ist der heutige flache Kontinent. Seine durchschnittliche Höhe beträgt 300 m, und nur im östlichen Hochland übersteigen einige Berge 2000 m. Drei Großlandschaften lassen sich unterscheiden (s. Grafik S. 12).

Das **Westaustralische Plateau** (Great Western Plateau) ist die älteste Gesteinsformation des Landes, ein Granitschild aus dem Präkambrium. Es erstreckt sich als riesiges, 200 – 800 m hohes, leicht gewelltes Tafelland von der Westküste bis zu einer gedachten Linie vom Gulf of Carpentaria zum Spencer Gulf über 60% des Kontinents. Hier liegen, aufgereiht von Nord nach Süd und von Salzseen durchsetzt, die großen Wüstengebiete Australiens: **Great Sandy Desert, Gibson Desert, Great Victoria Desert** und daran an-

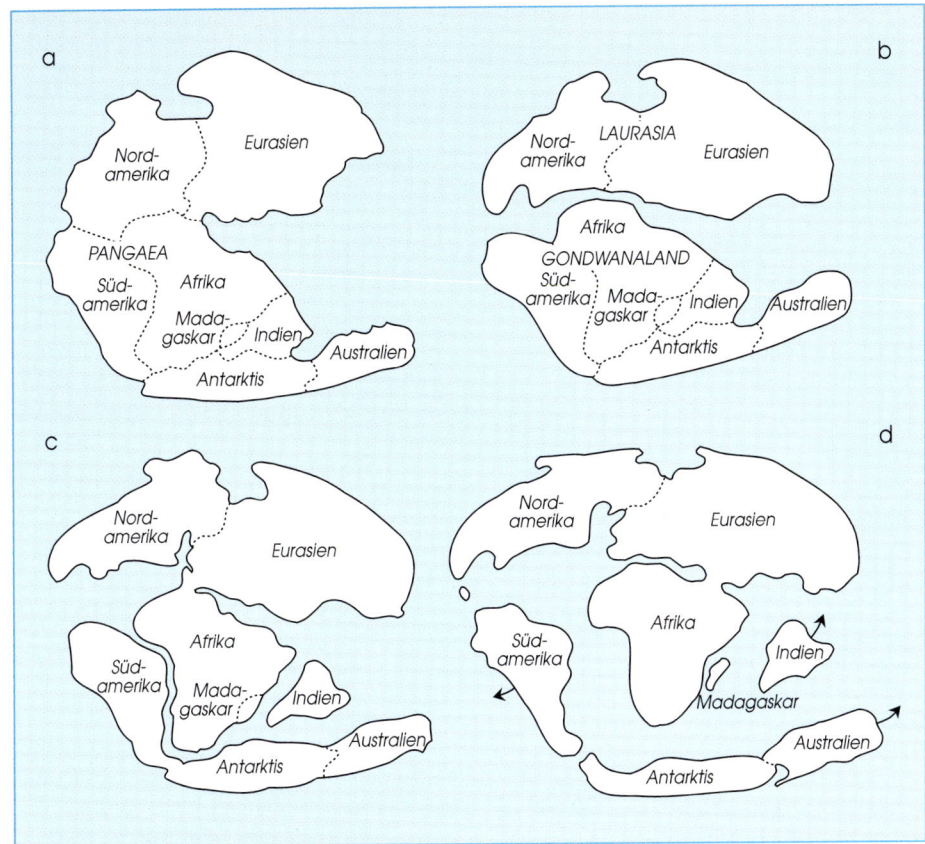

a — PANGAEA: Nordamerika, Eurasien, Südamerika, Afrika, Madagaskar, Indien, Australien, Antarktis

b — LAURASIA: Nordamerika, Eurasien; GONDWANALAND: Afrika, Südamerika, Madagaskar, Indien, Australien, Antarktis

c — Nordamerika, Eurasien, Afrika, Südamerika, Madagaskar, Indien, Australien, Antarktis

d — Nordamerika, Eurasien, Südamerika, Afrika, Madagaskar, Indien, Australien, Antarktis

schließend die baumlose **Nullarbor Plain** entlang der Südküste. Nur wenige Bergzüge im Landesinneren ragen aus ihrem eigenen Erosionsschutt empor und erreichen über 1000 m Höhe, wie z. B. die **MacDonnell Ranges** und die **Musgrave Ranges** westlich von Alice Springs oder die **Flinders Ranges** nördlich von Adelaide. Inselberge wie **Uluru** (Ayer's Rock) und **Kata Tjuta** (Olgas) setzen markante Akzente in die flachen Ebenen. Die vorherrschende Gesteinsfarbe ist Rot, das beim »Rosten« des Eisens zu Eisenoxid entsteht und dem Landesinneren den Namen »Rotes Zentrum« eintrug.

Die **Mittelaustralische Senke** (Central Eastern Lowlands) präsentiert sich als ein Sedimentbecken, das während der Isolation des Konti-

nents häufig vom Meer bedeckt war. In seinem Bereich liegen das **Carpentaria Basin**, die **Simpson Desert** (die mit unter 100 mm Regen/Jahr trockenste Region Australiens), das **Lake Eyre Basin** als großes, teils unter dem Meeresspiegel liegendes Einzugsgebiet meist ausgetrockneter Flüsse, und das Becken des **Murray-Darling**, das als längstes Flußsystem Australiens den Süden Queenslands und den Ostteil von Neusüdwales entwässert. Unter der Erdoberfläche sammelt sich Grundwasser zu einem der größten Reservoirs der Welt, dem **Great Artesian Basin**. Unter Druck tritt hier das Wasser in Form artesischer Brunnen auf natürliche Weise oder angebohrt zutage. Wegen seines hohen Salz- und Mineralgehaltes ist es aber für die Landwirtschaft un-

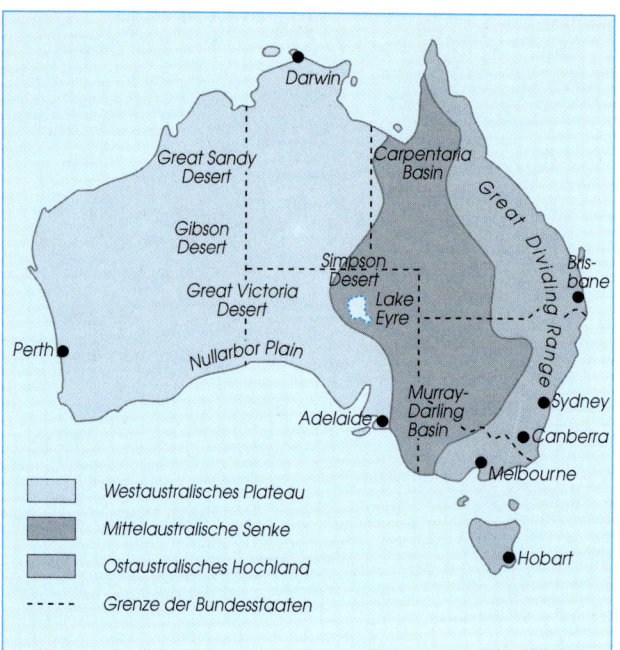

Karte mit folgenden Beschriftungen:
Darwin, Great Sandy Desert, Carpentaria Basin, Gibson Desert, Great Dividing Range, Simpson Desert, Brisbane, Great Victoria Desert, Lake Eyre, Perth, Nullarbor Plain, Murray-Darling Basin, Sydney, Adelaide, Canberra, Melbourne, Hobart

Legende:
- Westaustralisches Plateau
- Mittelaustralische Senke
- Ostaustralisches Hochland
- - - - - Grenze der Bundesstaaten

brauchbar und kann allenfalls als Viehtränke genutzt werden.

Das **Ostaustralische Hochland** (Eastern High-lands) wird von der **Great Dividing Range** gebildet, die sich als 3200 km langes Schollen-gebirge vom Cape York bis Tasmanien erstreckt. Seit Beginn der Faltungen vor 50–45 Mio. Jahren wurden weite Teile durch Vulkanismus geprägt. Typische Beispiele für solche »Vulkan«-Landschaften sind das Atherton Tableland (s. S. 63) und die Berge der Warrumbungles (s. S. 107). Eiszeitliche Gletscher hinterließen ihre Spuren sowohl auf dem tasmanischen Hochplateau (s. S. 162) als auch im Gebiet der **Australischen Alpen** südöstlich von Canberra, in denen auch der höchste Berg Australiens liegt, der 2229 m hohe **Mt. Kosciusko** (s. S. 130). Während die Great Dividing Range im Westen allmählich zur Mittelaustralischen Senke hin abfällt, geht sie auf der Ostseite in eine bis 150 km breite **Küstenebene** über. Hier konzentrieren sich die wichtigsten Städte und Anbaugebiete Australiens.

Klima

Als Folge der Ausdehnung Australiens über mehr als 30 Breitengrade findet man die unterschiedlichsten Klimazonen vom tropischen Norden über die subtropische Mitte bis in den gemäßigten Süden. Vereinfacht betrachtet wirken dabei drei meteorologische Systeme klima- und wetterbestimmend zusammen: der tropische Tiefdruckgürtel, die Passatwind-Zone und die subpolaren Westwinde. Ihr Einfluß beschränkt sich jedoch hauptsächlich auf die Randbereiche des Kontinents.

Jahreszeiten und Regenfälle

Jahreszeiten entstehen durch den wechselnden Sonnenstand, der den Einstrahlungswinkel und damit die Strahlungsintensität der Sonne bestimmt. In Tropengebieten »wandert« der Sonnenhöchststand während eines Jahres zwischen den Wendekreisen und zieht ein Hitzetief mit sich. Erwärmte und wegen der starken Verdunstung sehr feuchte

Luftmassen steigen auf, die Feuchtigkeit kondensiert und fällt als starker Tropenregen. Im **Südsommer-Halbjahr (November bis April)** ist die Sonneneinstrahlung nahe dem Südlichen Wendekreis am stärksten, d. h. Nordaustralien liegt im Hitzetief. Die warme, über dem Meer mit Feuchtigkeit beladene Luft verliert ihr Wasser in Form von heftigen Regenfällen. Während dieses »Nordwestmonsuns« entstehen auch die gefürchteten Wirbelstürme (Willy-Willies) über der warmen Timorsee. Südaustralien verbleibt während dieser Zeit im subtropischen Hochdruckgürtel und damit weitgehend trocken.

Im **Südwinter-Halbjahr (Mai bis Oktober)** läßt die Sonneneinstrahlung in ganz Australien nach (die Sonne erreicht jetzt über dem nördlichen Wendekreis ihren Höchststand). Fallende, sich erwärmende Luft läßt über Nordaustralien ein niederschlagsfreies Hochdruckgebiet entstehen. Der Süden und Südwesten aber liegen jetzt im Bereich der erdumspannenden regenbringenden Westwindzone (vgl. Grafik).

In den Gebirgsgegenden des Ostens sorgen Südost-Passatwinde unabhängig von diesen Zyklen ganzjährig für Steigungsregen. Das Innere Australiens wird von den beschriebenen Wettersystemen nur gelegentlich berührt und rechtfertigt das Attribut »trockenster Kontinent«: 80% der Fläche sind semiaride bis aride Gebiete mit maximal 250 mm völlig unregelmäßig fallendem Jahresniederschlag. ¾ aller Flüsse verdunsten, bevor sie das Meer erreichen, und Salzseen prägen das Landschaftsbild. Dürreperioden und Buschfeuer sind normale Erscheinungen ebenso wie plötzliche weiträumige Regengüsse, die aus »Wüsten« blühende Gärten werden lassen.

Trockenheit, Sonnenschein, Temperaturen

Die gegenwärtige Trockenheit ist jüngeren Datums. Fossilfunde weisen auf üppige Wälder und große Seen im Inneren Australiens

noch vor wenigen Jahrtausenden hin. Die letzte Eiszeit aber beeinflußte Wasserkreisläufe, Windsysteme und Jahreszeiten des ganzen Kontinents. Weltweit niedrige Temperaturen reduzierten die Verdunstungsrate und damit die atmosphärische Feuchtigkeit. Stärkere Winde als Folge ausgeprägter Luftdruckdifferenzen beseitigten die Restfeuchtigkeit. Das Zentrum Australiens trocknete aus, Sand und Salz wurden verweht und Dünen entstanden.

Seinem Ruf als Land der Extreme wird Australien heute auch beim Wetter gerecht. Durchschnittlich 2500 Stunden Sonnenschein pro Jahr stellen Mitteleuropa weit in den Schatten (BRD 1400 Stunden). Die zen-

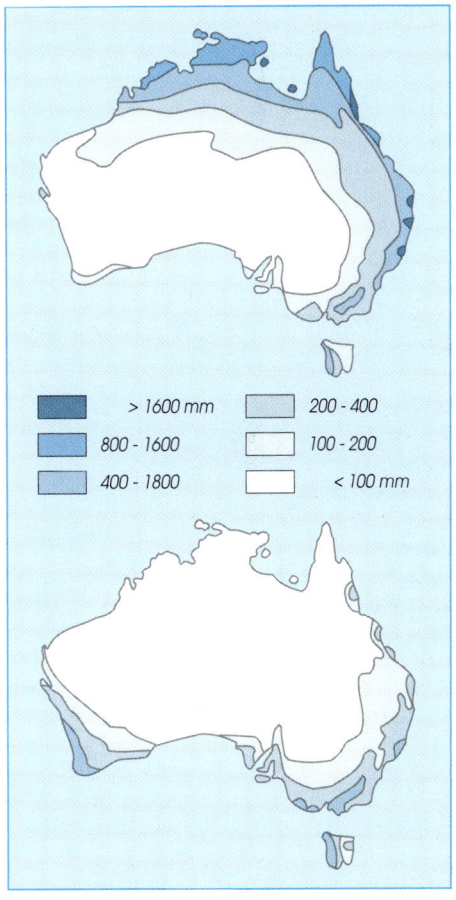

■	> 1600 mm		200 - 400
	800 - 1600		100 - 200
	400 - 1800		< 100 mm

Mittlere Niederschlagsmengen Australiens; oben im Südsommer, unten im Südwinter.

tralen Gebiete erreichen sogar Sonnen-
scheinwerte von maximal 3500 Stunden
pro Jahr; das entspricht durchschnittlich
9,6 Stunden pro Tag!
Allgemein herrscht im Landesinneren ein
ausgeprägtes Tageszeitenklima. Temperatur-
wechsel von über 40°C am Tag bis unter den
Gefrierpunkt in der Nacht sind keine Seltenheit. Extreme Sommertemperaturen bis über
50°C werden z. B. im Pilbara-Distrikt
(Nordwestaustralien) gemessen. Hier wurde
1923/24 auch der Hitzerekord des Landes
aufgestellt: An 160 aufeinanderfolgenden Tagen lagen die Höchsttemperaturen immer
über 37,8°C! Die tiefsten Wintertemperatu-
ren herrschen in den Snowy Mountains/Neu-
südwales. Hier kann das Thermometer im
Juli auf unter – 20°C sinken.

Vegetation

Über 20 000 Pflanzenarten wachsen in
Australien. 80% davon sind endemisch, d. h.
sie kommen nur in Australien vor. Zu den
Hauptelementen der Flora gehören folgende
Pflanzenfamilien bzw. -gattungen:

▷ die **Myrtaceae**, darunter allein über 700
  Eukalyptusarten, die 95% von Australiens
  Wäldern bilden (s. S. 42);
▷ die **Mimosaceae** mit etwa 800 Akazienarten
  (s. S. 52);
▷ die **Liliaceae** mit den Grasbäumen *(Xan-*
  thorrhoea, Kingia);
▷ die **Proteaceae** (s.S. 193);
▷ die **Cycadaceae** (Palmfarne) und **Südbuchen**
  (Nothofagus) als Relikte der Gondwanaland-Flora;
▷ die **Arecaceae** mit den *Livistona*-Palmen;
▷ die **Casuarinaceae**.

Auf die Fläche bezogen ist Australien neben
der Antarktis der waldärmste aller Kontinente. Geschlossene, dichte Wälder existieren nur im Bereich der Ost- und Südwestkü-
ste und sind teils stark degeneriert durch eingeführte exotische Tiere (Schweine, Ziegen),
Holzeinschlag und Überweidung. Das
Landesinnere, das als »Outback« die ariden

und semiariden Gebiete umfaßt, ist von
meist niedriger, xerophytischer Vegetation
wechselnder Dichte bewachsen.

Die wichtigsten Vegetationszonen im ein-
zelnen (von naß nach trocken)

Regenwälder des tropischen, subtropischen
und gemäßigten Typs ziehen sich im Flicken-
teppich-Muster die gesamte Ostküste Australiens bis Tasmanien hinunter. Sie gehören zu
den artenreichsten Pflanzengesellschaften,
gefördert durch hohe Niederschläge bis
3000 mm/Jahr.
Tropische Regenwälder bedecken Teile der
Küsten von der Cape York Halbinsel bis ungefähr zum südlichen Wendekreis. Sie zeigen verwandtschaftliche Beziehungen zu
den artenreichen Tiefland-Regenwäldern
Neuguineas und besitzen den typischen
Stockwerkbau mit über 50 m hohen Baumriesen.
Die sich südlich anschließenden **subtropischen Regenwälder** sind einheitlicher gestaltet. Sie enthalten weniger Baumarten, dafür
aber eine große Vielfalt an Lianen, Farnen
und Epiphyten.
Die **gemäßigten Regenwälder** sind im wesentlichen auf Westtasmanien und die feuchten
Gebirgsgegenden Südostaustraliens beschränkt. Isolierte Bestände dieses Typs findet man in oberen Berglagen bis zur Grenze
Queenslands. Sie erscheinen relativ einheitlich mit meist nur 2 bis 3 dominierenden
Baumarten. Farne und Moose bilden einen
dichten Unterwuchs.
Hartlaubwälder finden sich in küstennahen
Gebieten des Südostens und Südwestens.
Dominierend sind teils hochwüchsige Eukalyptusarten. Je nach Niederschlagsmenge unterscheidet man feuchte und trockene Hartlaubwälder.
Feuchte Hartlaubwälder verlangen über
1000 mm Jahresniederschlag. Die Bäume erreichen 70 und mehr Meter Höhe, wie z. B.
die Königs-Eukalypten in Victoria (S. 147)
oder die Karris in Südwestaustralien (S. 182).
Kleinere Baumarten, Proteen und andere
Sträucher bilden den oft dichten Unter-

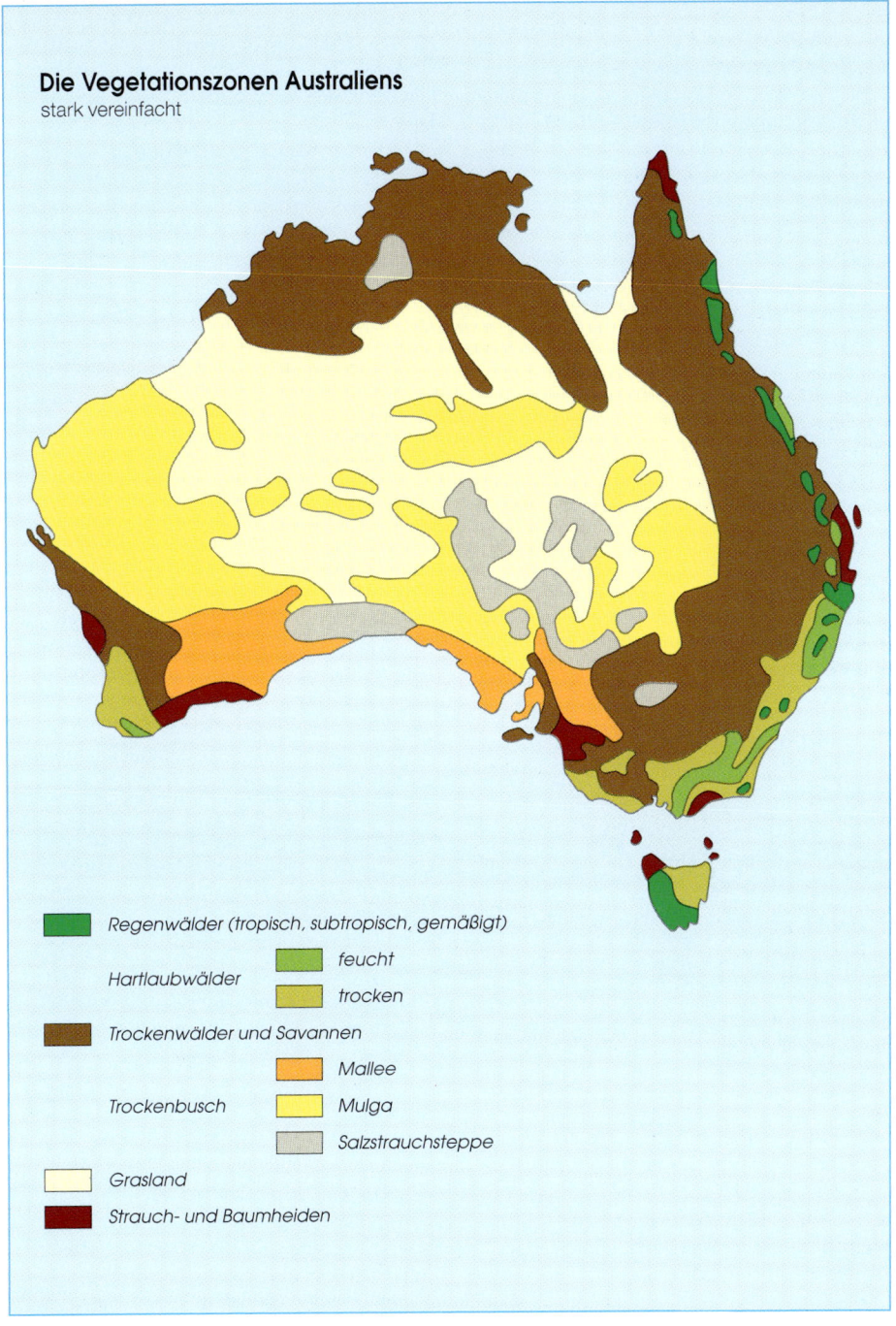

Die Vegetationszonen Australiens
stark vereinfacht

Regenwälder (tropisch, subtropisch, gemäßigt)

Hartlaubwälder
- feucht
- trocken

Trockenwälder und Savannen

Trockenbusch
- Mallee
- Mulga
- Salzstrauchsteppe

Grasland

Strauch- und Baumheiden

wuchs. In Victorias dauerfeuchtem Klima gedeihen auch Baumfarne.

Trockener Hartlaubwald wächst auf weniger fruchtbarem Boden bei einem Jahresniederschlag von unter 1000 mm. Er erscheint offener, mit niedrigeren Bäumen und gut ausgebildeter Strauch- oder Grasschicht. Typische Beispiele sind die gemischten Eukalyptuswälder des Wilsons Promontory Nationalparks (s. S. 157) oder die »Messmate«-Wälder der Grampians (s. S. 150).

Im Südwesten gehören die immergrünen »Jarrah«-Wälder zu diesem Vegetationstyp (s. S. 182). Hier besteht die Unterschicht aus Grasbäumen, Proteen und Palmfarnen.

Trockenwälder und Savannen erstrecken sich entlang der Peripherie Inneraustraliens. Sie werden von Eukalypten dominiert und bilden gewissermaßen den Übergang zum Trockenbusch. Entsprechend der abnehmenden Niederschläge von der Küste zum Inland wird der Baumbestand immer spärlicher. Die Jahreszeiten der Vegetation werden durch den mitunter unregelmäßigen Niederschlagszyklus bestimmt.

Im tropischen Norden wachsen halbimmergrüne Wälder, die bei weniger als 750 mm Jahresniederschlag in Feuchtsavannen mit laubabwerfenden Baumarten übergehen. Dort ist im westlichen Teil der Lebensraum der Baobab-Bäume (S. 201) und bis zu 3 m hoher Gräser (z. B. *Sorghum*).

Den innersten Ring dieser Vegetationszone bilden verschiedene trockenheitsresistente Baumarten, wie z. B. Wüsten-Kasuarinen (S. 47), die stellenweise auch noch unter den semiariden Bedingungen des Roten Zentrums überleben.

Trockenbusch: Hierzu zählen die weiten semiariden Zonen Inneraustraliens. Nach den dominierenden Pflanzenarten unterscheidet man 3 Typen:

Mallee ist ein von verschiedenen niedrig wachsenden Eukalyptusarten dominierter Trockenbusch, der vor allem im Winterregengebiet des Südens vorkommt.

Die **Mulga**-Formation wird von Akazien beherrscht. Benannt nach der häufigsten Art, der »Mulga« (S. 54), bedeckt sie weite Teile des Outbacks und nimmt insgesamt etwa ¼

Spinifex-Gras gehört zu den härtesten Gräsern der Welt. Es bietet Nahrung und Lebensraum für viele Tiere der Trockenzonen. Aus einem einzelnen Horst entsteht durch Randwachstum und Absterben der inneren Teile ein »Spinifex-Ring«.

Darstellung eines Beutelwolfs in einer Felsmalerei der Aborigines. Dieser größte neuzeitliche Raubbeutler Australiens wurde vom Dingo auf Tasmanien zurückgedrängt und dort seit der Kolonisierung als Schafräuber bejagt. Seit 1936 gilt er als ausgestorben.

der Landesfläche ein. Je nach Feuchtigkeit variiert der Unterwuchs von dichtem Gebüsch bis zu Gräsern.

Auf lehm- oder salzhaltigem Boden bilden Salzbüsche und »Bluebushes« oft zusammen mit sukkulenten Pflanzen eigene baumlose **Strauchsteppen** aus. Sie liegen vor allem in der Nullarbor Plain, dem Lake Eyre Basin und im Westen von Neusüdwales.

Als <u>Grasland</u> bezeichnet man die trockensten Gegenden Inneraustraliens, die von dauerhaften, harten Gräsern bewachsen sind. Die Gräser bedecken in Form isolierter »Horste« sowohl sandigen Boden als auch gut entwässerte Felsrücken. Die am weitesten verbreiteten Gattungen *Triodia* und *Plectrachne* nehmen als **Spinifex-Grasland** (S. 16, 195) etwa 25% der gesamten Fläche Australiens ein; weitere 5% werden von »**Mitchell**«-Gras der Gattung *Astrebla* bedeckt. Nur wenige einzeln wachsende Bäume und Büsche können unter derartigen Extrembedingungen Fuß fassen. Neben diesen großflächigen Vegetationszonen besitzt Australien noch einige spezielle lokale Pflanzengesellschaften. Sie finden sich in den **Heiden** der Küsten und alpinen Zonen, in den **Mangrovengürteln** der tropischen Küsten, in den **Monsunwäldern** der Cape York Halbinsel, in den **Schwemmländern** der großen Flüsse, und schließlich auf den **tropischen** und den oft endemismenreichen **subantarktischen Inseln**. Wegen ihrer lokalen Bedeutung und Verwundbarkeit sind diese Pflanzengesellschaften besonders schutzbedürftig.

Fauna

Ursprung und Geschichte
»Windhunde, die wie Grashüpfer sprangen, Schwäne, die schwarz anstatt weiß waren, Fell tragende ›Wassermolche‹, die entenähnliche Schnäbel haben und von denen behauptet wird, daß sie Eier legten; Riesenvögel, die nicht fliegen können und ›Füchse‹, von denen behauptet wird, sie könnten es ...« – so der Kommentar der ersten Besucher zur Fauna Australiens.

Mit zunehmender Kenntnis der Tierarten im 19. Jh. teilten Biologen die Welt in 6 Faunenregionen auf. Jede einzelne hat ihre charakteristischen Elemente, die sie von den anderen abgrenzt. Die australische Fauna gehört mit Neuguinea, Neuseeland und einigen pazifischen Inseln zur Faunenregion der **Notogaea** (griechisch: Südland) und zeichnet sich u. a. durch eierlegende Säugetiere und Paradiesvögel aus. Auf der anderen Seite fehlen z. B. Affen und Huftiere. Nach Nordwesten wird die Notogaea durch die sog. Wallace-Linie zur südasiatischen Faunenregion, der Orientalis, abgegrenzt. Die Grenze verläuft zwischen Sulawesi/Borneo und Bali/Lombok und markiert die westlichste Ausbreitung typischer Notogaea-Arten.

Die Geschichte der Tierwelt der Notogaea beginnt in Gondwanaland. Schon früh fielen Forschern die krassen Unterschiede zu Südasien auf. Auf der anderen Seite entdeckte man viele Gemeinsamkeiten der australischen mit der südamerikanischen, der afrikanischen und – fossil – der antarktischen Tierwelt. Einige Beispiele hierfür zeigt die Tabelle auf S. 18.

Kombiniert mit den Beobachtungen der Geologen zur kontinentalen Drift ergab sich folgendes Bild: Die Vorfahren vieler australischer Tiere stammen von Gondwanaland und wurden bei der Loslösung des 5. Kontinents von diesem mitgenommen. 50 Mio. Jahre Isolation auf der »Arche Noah« sicherten nicht nur das Überleben von Relikten (wie der eierlegenden Säugetiere), sondern auch die ungestörte adaptive Radiation, d. h. die Herausbildung neuer endemischer Arten in konkurrenzfreier Umgebung (z. B. bei den Beuteltieren). Erst die Annäherung an Asien erlaubte es asiatischen Fledermäusen, Nagetieren, Vögeln und Reptilien seit etwa 15 Mio. Jahren auf dem Inselkontinent Fuß zu fassen und das alte Faunenbild zu »erweitern«.

Über Millionen Jahre bildeten sich dann äußerst fein ausbalancierte Lebenssysteme heraus; nur 200 Jahre aber brauchte der Mensch, um sie an den Rand des Ruins zu bringen. Landschaftsveränderungen durch Anbau und Viehzucht, Raubbau an Wäldern und Bodenschätzen, eingeführte Fremdpflanzen und -tiere lassen immer mehr australische Arten verschwinden und drohen ein faszinierendes erdgeschichtliches Experiment zu beenden . . .

Säugetiere

Säugetiere entstanden vor 220 Mio. Jahren (Trias) in Nordamerika. Mehrere Zweige bildeten sich aus Reptilien heraus, 3 überlebten bis heute: die **Monotremata** (eierlegende Säuger), die **Marsupialia** (Beuteltiere) und die **Eutheria** oder **Placentalia** (höhere Säugetiere).

Mit Beginn des Tertiärs starben die Dinosaurier aus, Säugetiere wurden zur beherrschenden Tiergruppe und verbreiteten sich weltweit. Der später so erfolgreiche Zweig der Eutheria allerdings erreichte Australien zunächst nicht, welches sich nach seiner Loslösung von der Antarktis nur mit den 2 übrigen Zweigen der Monotremata und Marsupialia auf seine lange Reise begab. Eutheria erreichten den Inselkontinent erst mit seiner Annäherung an Asien von dort aus. Somit ist die Notogaea heute die einzige Region der Erde, in der Vertreter aller 3 Säugetiergruppen nebeneinander vorkommen.

Monotremata (von griechisch »ein Loch«): Oft als »Prototyp eines Säugers« bezeichnet, gelten sie als Reptil/Säuger-Übergangsformen, die dank ihrer Spezialisierung in der Lebensweise und dem Fehlen von Konkurrenten in Australien überlebten. Reptilienmerkmale finden sich z. B. in der Anatomie des Schultergürtels, in der Eiablage und in der Kloake (gemeinsame Öffnung von Ausscheidungs- und Geschlechtsorganen). Säugermerkmale sind die Warmblütigkeit (31 °C), Milchdrüsen und das Haarkleid. Zwei Typen kommen vor, das Schnabeltier mit 1 Art und der Schnabeligel mit 2 Arten (s. S. 81).

Marsupialia (von lat. »marsupium« = Beutel): Mit rund 130 Arten stellen sie die größte Säugergruppe Australiens (weitere Arten le-

Tiergruppe	außer der Notogaea in
Beuteltiere	Südamerika, Antarktis (fossil)
Laufvögel	Südamerika, Afrika
Schlangenhalsschildkröten	Südamerika
Lungenfische	Südamerika, Afrika

Beispiele aus dem Pflanzenreich unterstreichen die Verwandtschaftsbeziehungen:

Pflanzengruppe	außer der Notogaea in
Südbuchen *(Nothofagus)*	Südamerika, Antarktis (fossil)
Palmfarne (Cycadaceae)	Südamerika
Proteen	Afrika, Südamerika
Baobab-Bäume	Afrika (mit Madagaskar)

ben im übrigen Bereich der Notogaea bzw. in Südamerika). Eines ihrer Kennzeichen ist der Beutel, eine Felltasche um die Zitzen, in dem die Jungen gesäugt werden. Seine Anordnung variiert je nach Lebensweise. Er ist nach vorne geöffnet bei aufrecht gehenden Arten (Känguruhs) oder Kletterern (Possums, s. S. 142) oder nach hinten geöffnet bei grabenden Arten (Nacktnasenwombat, S. 157). Er kann aber auch fehlen oder nur vorübergehend ausgebildet sein. Der Beutel allein macht also noch kein Beuteltier.

Hauptmerkmal eines Marsupialiers ist die Art der Fortpflanzung. Beuteltiere haben überwiegend keinen Mutterkuchen (Plazenta). Die Embryonen in den winzigen, dotterarmen Eiern werden ungenügend ernährt und es kommt zur »Frühgeburt«. Die Jungen sind winzig (z. B. Rotes Riesenkänguruh: 25 mm), noch nicht geformt, haarlos und blind. Nur die Vorderextremitäten sind gut entwickelt. Mit diesen zieht sich das Junge ohne Mithilfe der Mutter aus dem Geburtskanal über das Fell in den Beutel und heftet sich dort an eine Zitze. Je nach Art »verwächst« es für 2–7 Monate mit der Mutter, bevor es sich schließlich von der Milchquelle löst. Dies entspricht dem Zeitpunkt der Geburt bei den höheren Säugetieren. Das Junge verläßt nun zeitweilig den Beutel, kehrt aber zum Säugen oder bei Gefahr dorthin zurück. Ein Weibchen kann Junge verschiedenen Alters gleichzeitig säugen, z. B. eines im Beutel und ein dem Beutel entwachsenes. Ein drittes kann schon als Zellhaufen im Mutterkörper angelegt sein, dessen Wachstum solange gestoppt ist, bis das Beuteljunge selbständig ist. Die adaptive Radiation (= Artbildung aus einer oder wenigen Urformen) der Beuteltiere während der Isolation Australiens ist eines der faszinierendsten Kapitel der Evolution. Es entstand ein Spektrum erstaunlicher und zu den Eutheria paralleler (konvergenter) Formen (s. S. 92): Von baumbewohnenden, »fliegenden« Blattessern bis zu savannengrasenden, hüpfenden Formen, von grabenden Insektenessern bis zu den Räubern von Vögeln und Eidechsen – insgesamt 14 Familien,

von denen die bekannten Känguruhs nur eine darstellen. Merke daher: Jedes Känguruh ist ein Beuteltier, aber nicht jedes Beuteltier ist ein Känguruh!

Einige Beispiele von Beuteltieren, aufgeteilt nach dem Nahrungserwerb

▷ Raubbeutler mit Beutelmäusen, Beutelmardern und Beutelteufel: Räuber am Boden oder in Bäumen, essen Fleisch aller Art, Beutelteufel auch Aas.
▷ Beutelwolf (ausgestorben?): Jäger.
▷ Ameisenbeutler: gräbt nach Ameisen und Termiten.
▷ Beutelmull: gräbt im Sand nach Insekten und deren Larven.
▷ Nasenbeutler und Kaninchennasenbeutler: Allesesser; suchen am Boden nach pflanzlichem und tierischem Material.
▷ Koala: ißt Blätter der Eukalypten.
▷ Wombat: gräbt nach Pflanzenstoffen.
▷ Kletterbeutler und Beutelgleiter: Baumbewohner; leben vorwiegend von pflanzlichem Material.
▷ Große Känguruhs: »savannengrasende« Pflanzenesser.
▷ Honigbeutler: Nektarsauger an Blüten.

Eutheria: Mit Ausnahme des Dingo (der von den Aborigenes mitgebracht wurde) kamen vor dem Eintreffen der Europäer nur 3 Gruppen höherer, von Asien her eingewanderter Landsäuger in Australien vor: Nagetiere, Flughunde und Fledermäuse.

Die **Nager** geben wie die Beuteltiere ein Beispiel ökologischer Vielfalt. Der Familie der Mäuse (Muridae) angehörend erreichten sie Australien in wahrscheinlich mehreren Wellen, beginnend vor etwa 10 Mio. Jahren. Knapp 50 Arten bewohnen heute alle Landschaftszonen. Darunter finden sich maus-, ratten-, wühlmaus-, springmaus-, hörnchen-, und kaninchenähnliche Formen. Sogar 2 an Wasser angepaßte Arten (»Water-Rats«) sind bekannt.

Rund 50 Arten Fledermäuse und 8 Arten Flughunde bewohnen Australien. Die **Flug-**

Der große Gelbhaubenkakadu gehört zu Australiens bekanntesten Papageien.

Teilen abgemilderten Sommer-Winter-Gegensätze unterliegen die meisten Landvögel Australiens keinem »Zugzwang«. Dies schließt jedoch mitunter weite nomadische Wanderungen innerhalb des Landes nicht aus. So weichen z. B. die Bewohner von Trockengebieten (Wellensittiche, viele nektarabhängige Honigesser und Papageien) ungünstigen Lebensbedingungen aus, oder früchteessende Arten folgen den verschiedenen Fruchtreifungen in den Regenwäldern der Ostküste.

Für viele in der Nordhemisphäre brütende Küstenvögel ist Australien ein wichtiges Überwinterungsgebiet.

Unter den 571 Brutvogelarten Australiens findet man sowohl »jüngere« asiatische Einwanderer wie z. B. die Mistelesser (S. 110), als auch alte, noch von Gondwanaland-Vorfahren abstammende Vogelfamilien wie die Emus (S. 199), die Kasuare (S. 59) oder die Großfußhühner (s. S. 68). Bei vielen Arten ist jedoch die Herkunft bzw. der Zeitpunkt ihrer Einwanderung aufgrund fehlender Fossilienfunde noch nicht eindeutig geklärt.

Einige bekannte Vogelgruppen fehlen ganz, so z. B. Flamingos, Geier, Spechte, Fasane, Zaunkönige oder Würger. Ihre ökologischen Nischen werden z. T. von Vertretern anderer Gruppen besetzt. Fast 60% der Brutvögel Australiens sind endemisch, d. h. sie brüten nur auf dem 5. Kontinent. Typische Vertreter sind (in Klammern die Artenzahl): Emus (1; S. 199), Kasuare (1; S. 59), Großfußhühner (3; s. S. 68), Kakadus (11), Leierschwänze (2; S. 140), Dickichtvögel (2), Staffelschwänze (21; S. 170), Honigesser (68; S. 33, 146, 170), Paradies- und Laubenvögel (11; s. S. 100), Schlammnestbauer (2) oder die Familie der Cracticidae (8; s. S. 126).

hunde besitzen keine Echopeilung, ernähren sich in den Dämmerstunden von Früchten und verbringen den Tag oft zu Tausenden in Schlafkolonien. Die **Fledermäuse** sind nächtliche, meist hochaktive Insektenjäger, einige betätigen sich aber auch als Blutsauger oder Blütenbesucher.

Vögel

»Australien ist ein Vogelkontinent.« Diese oft gehörte Feststellung scheint insofern gerechtfertigt, als Vögel in der meist offenen Vegetation leicht zu sehen sind und sich zudem mit vielen buntgefärbten Arten präsentieren. Insgesamt wurden rund 720 Arten (davon 571 Brutvogelarten) auf dem Kontinent gefunden, was in etwa der Artenzahl Nordamerikas (750) entspricht. Durch die in weiten

Reptilien

Australien besitzt eine außerordentlich reiche Reptilienwelt. Meeresschildkröten der Arten Karett-, Unechte Karett- und Grüne Meeresschildkröte besuchen regelmäßig die Strände der Inseln des Great Barrier Reef zur Eiablage, Süßwasser- und Leistenkrokodile

(s. S. 61) bewohnen die Flüsse des tropischen Nordens, die räuberischen Schlangenhals- schildkröten der Familie Chelidae (Abkömm- linge von Gondwanaland-Bewohnern) sind im Süßwasser zu Hause.

Etwa 165 Schlangenarten kommen in Austra- lien vor. Während Nattern oder Würge- schlangen nur mit ungefährlichen Arten ver- treten sind, enthält vor allem die Familie der Giftnattern einige der giftigsten Arten der Welt (s. S. 124).

Am eindrucksvollsten und weitesten verbrei-

Schlangenhalsschildkröten besiedeln viele der australischen Binnengewässer.

Wasserreservoirfrösche wurden von Ureinwohnern als Wasserquelle genutzt.

(ähnlich der Schleichen) und meist graben- der Lebensweise. Etwa 30 Arten sind be- kannt.

Die meist mit schwachen Beinen ausgestatte- ten oder teils beinlosen **Skinke** zeigen mit knapp 300 Arten die größte Artenvielfalt aller australischen Echsen. Zwei markante Bei- spiele sind die Blauzungenskinke (S. 178) und der Tannenzapfenskink (s. 184).

Agamen sind agile, tagaktive Echsen mit aus- geprägtem Territorialverhalten. Zu den 65 australischen Arten gehören einige auffällige

Der »Paradise Grashopper« – eines der farbenprächtigsten Insekten des Nordens.

tet aber sind Echsen. Asiatischen Ursprungs werden sie heute mit rund 500 Arten aus 5 Familien in allen Landesteilen von Wüsten bis zum tropischen Regenwald angetroffen. Neben Bodenbewohnern gibt es grabende Arten, Baumkletterer und sogar dem Wasser angepaßte Formen. In der Größe schwanken sie von wenigen Zentimetern (einige Skinke und Geckos) bis zu 2,5 m (der Riesenwaran oder »Perenty«).

Hauptmerkmale der 5 Familien:

Geckos kommen mit rund 90 Arten vor. Sie sind nachtaktiv, erreichen maximal 25 cm Länge und sind kenntlich an ihren großen »katzenartigen« Augen.

Die Familie der **Flossenfüßer** (S. 112) ist ende- misch für die Notogaea. Es handelt sich um Echsen mit fast gänzlich reduzierten Beinen

Barramundis zählen zu den gesuchtesten und schmackhaftesten Speisefischen.

Vertreter wie z. B. der Dornteufel (S. 51) oder die Kragenechse (S. 29).
Die größten Echsen finden sich unter den 25 Arten der **Warane**. Als geschickte Kletterer und gute Schwimmer stellen sie Beute bis zur Größe kleiner Säugetiere nach. Ähnlich den Schlangen ist ihre Zunge gespalten.

Amphibien und Fische
Alle Amphibien Australiens sind Frösche. Salamander oder Molche fehlen. Von den 190 Arten stellen Baumfrösche und Australische Südfrösche (Leptodactylidae) die meisten. Einige Arten zeigen interessante Anpassungen bzw. Verhaltensweisen. Die Wasserreservoirfrösche Inneraustraliens z. B. speichern Wasser im Körper und überstehen, kugelförmig angeschwollen und eingegraben, jahrelange Trockenzeiten. Nach Regenfällen erfolgt die sofortige Paarung und schnellste Entwicklung der Kaulquappen. **Magenbrüterfrösche** haben ein einmaliges Fortpflanzungsverhalten entwickelt (s. S. 78).
Unter seinen 180 Fischarten besitzt Australien eine Besonderheit: die bis 1,5 m langen und 40 kg schweren **Australischen Lungenfische**. Sie leben ausschließlich in 2 Flußsystemen Queenslands. Die zusätzlich zu den Kiemen entwickelten Lungensäcke ermöglichen ihnen, mehrere Tage an der Luft zu überstehen. Lungenfische entstanden als Tiergruppe vor 350 Mio. Jahren und änderten sich seitdem kaum. Durch ihr Vorkommen in Südamerika, Australien und Afrika unterstützen sie die Gondwanaland-Theorie.

Weitverbreitet in Australiens tropischen Flüssen sind **Barramundis**. Die riesigen, bis 70 Pfund schweren Fische waren eine wichtige Nahrungsquelle der Ureinwohner und werden heute meist kommerziell gefangen.

Wirbellose
Mehr als 65 000 Insekten- und Spinnenarten sind in Australien bisher bekannt. Einige Beispiele:
Neben mehreren berüchtigten Giftspinnen (s. S. 124) und den »Falltürspinnen« sind die »**Fishing Spiders**« der Gattung *Dolomedes* erwähnenswert. Sie leben von kleinen Fischen, Insekten und Kaulquappen, die sie im Wasser erbeuten. Einige Arten tauchen sogar.
Termiten prägen weite Zonen der australischen Landschaft mit ihren Bauwerken. Je nach Art errichten sie Säulen, Pyramiden oder Kuppeln (S. 213, 214).
Die größten australischen **Ameisen** (»Bull Ants«) erreichen 3 cm Länge und haben mächtige Mandibel. Aborigenes »nähten« Wunden damit, indem sie nach dem Biß in die Wundränder das Hinterende der Ameise abrissen. Die verkrampften Mandibel wirken wie eine Klammer.
Riesengröße erreichen auch **Libellen** wie die »Giant Dragonfly« mit 16 cm Spannweite und **Gottesanbeterinnen** mit 25 cm Länge (»Large Mantis«).

Mensch und Geschichte

Der genaue Zeitpunkt der Besiedlung Australiens ist unbekannt. Man nimmt jedoch an, daß die ersten Einwanderergruppen den Kontinent vor etwa 40 000 Jahren von Asien aus über Neuguinea erreichten. Wegen der Vereisung großer Teile der Nordhemisphäre lag damals der Meeresspiegel um 100 bis 200 m tiefer als heute, so daß Landbrücken die Wanderung erleichterten. Es handelte sich um dunkelhäutige Menschen aus dem Verwandtschaftskreis der Negritos und Andamanen. Mehrere Einwanderungswellen folgten; darunter waren auch hellhäutigere, altindischen Stämmen verwandte Rassen. Die Ureinwohner Australiens, von den Weißen **Aborigenes** genannt (von lat. »ab origene« = von Anfang an da), sind somit südasiatischen Ursprungs; der Begriff »Australneger« ist ethnologisch inkorrekt.

Das damalige feuchtere Klima mit großen Inlandseen und Flüssen ermöglichte die Besiedlung des ganzen australischen Kontinents und Tasmaniens. Erst die spätere Austrocknung führte zur Konzentration der Gruppen an den Flußsystemen und Küsten und zu einer gewissen Isolation untereinander. Zur Anfangszeit der europäischen Besiedlung lebten nach heutigen Schätzungen etwa 300 000 Ureinwohner in Australien, aufgeteilt in 500−600 Stämme mit bis zu 300 Sprachgruppen.

Die Kultur der Aborigenes lag materiell im Steinzeitalter, gekennzeichnet durch Nomadentum und Wildbeuterei mit geschlechtsspezifischer Arbeitsteilung. Töpferei, Weberei und Metallverarbeitung waren nicht bekannt. Eingriffe in die Natur beschränkten sich auf den unmittelbaren Nahrungserwerb. Demgegenüber stand eine komplexe soziale Ordnung und Religion, in der der Totemismus, d. h. der Glaube an eine besondere Beziehung zwischen Mensch und Tier, Pflanze, Stein oder Naturphänomen, eine wesentliche Rolle spielte. Ein Totem wurde durch die Gestalt (z. B. Eidechse) festgelegt, in der sich ein mythisches Wesen der »Traumzeit« einer Gruppe offenbarte und sie als Urahn begründete. Die »Traumzeit« besteht bis in die heutige Zeit fort. Verbindung zu ihren schöpferischen Kräften wird über Medizinmänner aufgenommen, die damit Jagdglück, Regen, Gesundheit, Krankheit oder den Tod bringen können. Auch die Kunst stand im Dienste der Religion, diente der Beschwörung der »Traumzeit«-Wesen und hielt die Verbindung zu den Ahnen aufrecht.

Die Europäer vermuteten die **Terra australis incognita** (den unbekannten Südkontinent) schon seit dem Altertum und suchten gezielt danach. Portugiesen und Holländer kannten die nördlichen und westlichen Küsten bereits

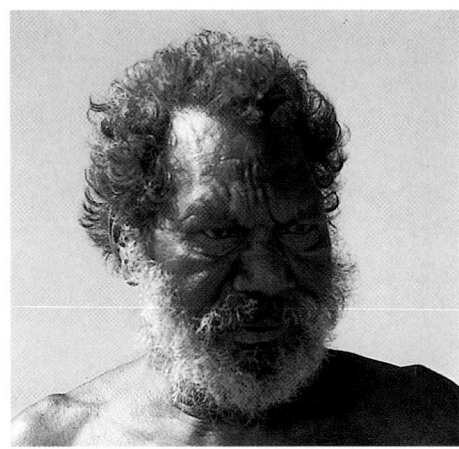

Die Tiwis, Ureinwohner der tropischen Inseln Melville und Bathurst vor der Nordküste Australiens, zeigen eigenständige kulturelle Entwicklungen.

im 17. Jh., aber erst Kapitän James Cook nahm 1770 die gesamte Ostküste als »New South Wales« für England in Besitz. 1788 traf dann der erste Sträflingstransport aus England ein, der die Besiedlung des Kontinents durch die Weißen einleitete.

Menschen blieben nicht die einzigen neuzeitlichen Einwanderer. In ihrem Gefolge kamen Haus-, Last- und Jagdtiere, die, der menschlichen Kontrolle entzogen und keinen Feinden ausgesetzt, ihren neuen Lebensraum überschwemmten. Dieser Invasion mußte nicht nur der größte Teil der australischen Natur weichen, sondern auch die Ureinwohner. Sie, die seit 40 000 Jahren in Frieden mit ihrem Land lebten, wurden für vogelfrei erklärt, als wilde Tiere gebrandmarkt und ihre Ausrottung schien beschlossene Sache. Bis 1940 sank ihre Zahl auf etwa 30 000, ihr Landbesitz auf Null. Die tasmanischen Stämme waren bereits Mitte des 19. Jh. ausgerottet. Erst seit den 70er Jahren erfolgt die ernsthafte Wiedergutmachung durch den Staat mit Anerkennung der Aborigenes als australische Staatsbürger, Rückgabe von Teilen ihres Landes und Hilfe für die Entwurzelten. Heute hat Australiens Urbevölkerung an Zahl wieder stark zugenommen.

1 Kakadu Nationalpark

Als »Erbe der Menschheit« ausgewiesener Nationalpark internationaler Bedeutung; Landschaft der Extreme: von überschwemmten Tiefländern bis zu trockenen Sandsteinplateaus; wichtiges Brut- und Durchzugsgebiet für Wasservögel mit ⅓ aller Vogelarten Australiens; Refugium seltener und bedrohter Tierarten wie Schwarzes Bergkänguruh, Leistenkrokodil, Gouldamadine; über 1000 Orte mit Galerien der Ureinwohner.

Der nach dem Ureinwohnerstamm der »Gagadju« benannte Nationalpark im tropischen Norden Australiens ist ein Ort der Superlative: Mit knapp 20000 km² gehört er zu den größten und neben dem Uluru (Ayers Rock) am meisten besuchten Schutzgebieten des Kontinents. In seinem Bereich liegen die Flußsysteme des Wildman, West und South Alligator River, die zusammengenommen eines der wichtigsten Feuchtgebiete der Welt darstellen. Wegen der einmaligen Kombination aus Naturschönheiten und Kulturzeugnissen der Aborigenes wurde Kakadu 1987 von der UNESCO zum »Erbe der Menschheit« erklärt (s. S. 71).
Ausgehend von der Küste, teilt sich der Nationalpark in 5 unterschiedliche topographische Regionen auf: Die **Gezeitenzone** am Van Diemens Golf umfaßt die ausgedehnten Sand- und Schlickfächer der Flußmündungen. Die **Überschwemmungsebenen** stehen während der Regenzeit 2–6 Monate unter Wasser. Je nach Menge der Niederschläge werden 10–20% der Nationalparkfläche überflutet. Das anschließende, leicht gewellte **Hügelland** erstreckt sich, von Felsen und Termitenbauten durchsetzt, über den größten Teil des Parks bis zum **Escarpment**. Diese steile, 500 km lange und stark zerklüftete Abbruchkante leitet über zum Arnhem-

land-Plateau, einem stark von der Erosion zerschnittenen Sandsteinblock, der vor 1,8–1,4 Milliarden Jahren als Sediment abgelagert wurde. Es ist durchschnittlich 250–300 m hoch und bildet das Einzugsgebiet der Flüsse des Nationalparks. Abgeschnitten vom Plateau liegen vorgelagerte Felsgruppen wie Nourlangie Rock. Dramatische Veränderungen prägen die

Seerosenbedeckte Wasserflächen der Überschwemmungsebenen zur Regenzeit.

Landschaft Kakadus im Laufe eines Jahres. 1500 mm Niederschlag zwischen November und März lassen reißende Flüsse entstehen und Wasserfälle über den Plateauabbruch stürzen, verwandeln die Ebenen in Seen und bewirken explosionsartiges Pflanzenwachstum. Mit dem Ende der Regenzeit vertrocknet ein Großteil der Vegetation. Aus wolkenlosem Himmel fällt zwischen Mai und September kein Tropfen Regen, Wasserläufe werden zu Rinnsalen und Buschbrände wüten in der graubraunen Landschaft.

Das »Top End« Australiens ist uraltes Aborigenes-Land und war wahrscheinlich der Brückenkopf zur Besiedlung des Kontinents vor etwa 40 000 Jahren. Relikte von Ockerstücken und einige Felsmalereien wurden auf ein Alter von 23 000 bzw. 18 000 Jahren datiert.

Die Malereien belegen Änderungen des Klimas und der Umwelt Nordaustraliens seit dessen Besiedlung. Die ältesten stellen Tiere einer damals trockenen Savannenlandschaft dar (infolge der Eiszeit lag der Meeresspiegel tiefer), z. B. Emus und Reptilien, aber auch den heute ausgestorbenen Beutelwolf (S. 17) und den auf Tasmanien beschränkten Beutelteufel (S. 166). Jüngere Malereien von Fischen, Krokodilen und Wasservögeln weisen auf die regelmäßigen Überschwemmungen

Fruchtstand (links) und Stelzwurzeln (rechts) der Schraubenpalme.

der Küstenebenen zum Ende der letzten Eiszeit hin. Die traditionelle Felsmalerei endete im wesentlichen um 1880 mit dem starken Bevölkerungsrückgang der Ureinwohner nach Kontakt mit den Weißen.

Pflanzen und Tiere

1500 Pflanzenarten wurden im Kakadu gefunden. Entsprechend der ökologischen Bedingungen existieren eigene spezifische Pflanzengesellschaften innerhalb der verschiedenen Regionen.

☐ **Gezeitenzone:** Hier beschränkt der Salzgehalt des Wassers die Vegetation auf salztolerante Pflanzen, darunter 22 Arten Mangroven.

☐ **Überschwemmungsebenen:** Sumpfwälder und Riedgrasflächen bestimmen das Pflanzenkleid. Typische Bäume sind Papierrindenbäume der Art *Melaleuca leucadendron* (S. 88), Süßwassermangroven und Schraubenpalmen der Art *Pandanus aquaticus*. Besonders nach der Regenzeit üben die mit Schwimmfarnen *(Azolla)*, Lotusblumen und Teppichen von verschiedenen Seerosen *(Nymphaea)* bedeckten Wasserflächen einen unwiderstehlichen Reiz auf die Wasservögel aus.

☐ **Hügelland:** Offene Hartlaubwälder mit z. B. »Darwin Stringybarks«, Grevilleen und Akazien wechseln mit Savannen und Grasland. Dichtere Vegetation findet sich an nicht austrocknenden Wasserstellen und Flußläufen. Einer der auffallendsten Bäume ist hier die Würgefeige (S. 97).

☐ **Escarpment und Plateau:** Weite Gebiete des zerklüfteten Plateaus sind kahler Sandstein; an geeigneten Stellen wachsen *Eucalyptus*-dominierter Trockenwald sowie Strauchheiden und Spinifex-Gras (S. 16).

Vor allem aber ist Kakadu wegen seiner artenreichen Tierwelt bekannt. So wurden allein etwa 60 Säuger- und 280 Vogelarten gezählt. Letzteres entspricht 40% aller in Australien vorkommenden Vogelarten! Einige Säugerarten wie z. B. Flinkwallabies (S. 209), Antilopenkänguruhs und Dingos (S. 91) sind überall im Park verbreitet, andere sind auf eine Region begrenzt. So sind das Arnhemland-Plateau und das Escarpment der einzige Lebensraum des Schwarzen Bergkänguruhs, eines scheuen, bisher noch nicht im Freiland erforschten Einzelgängers unter den Känguruhs. Auch die zu den Felsenkänguruhs gehörenden kleinen Nabarleks sind im Nationalpark nur im Bereich des Plateaus zu finden.

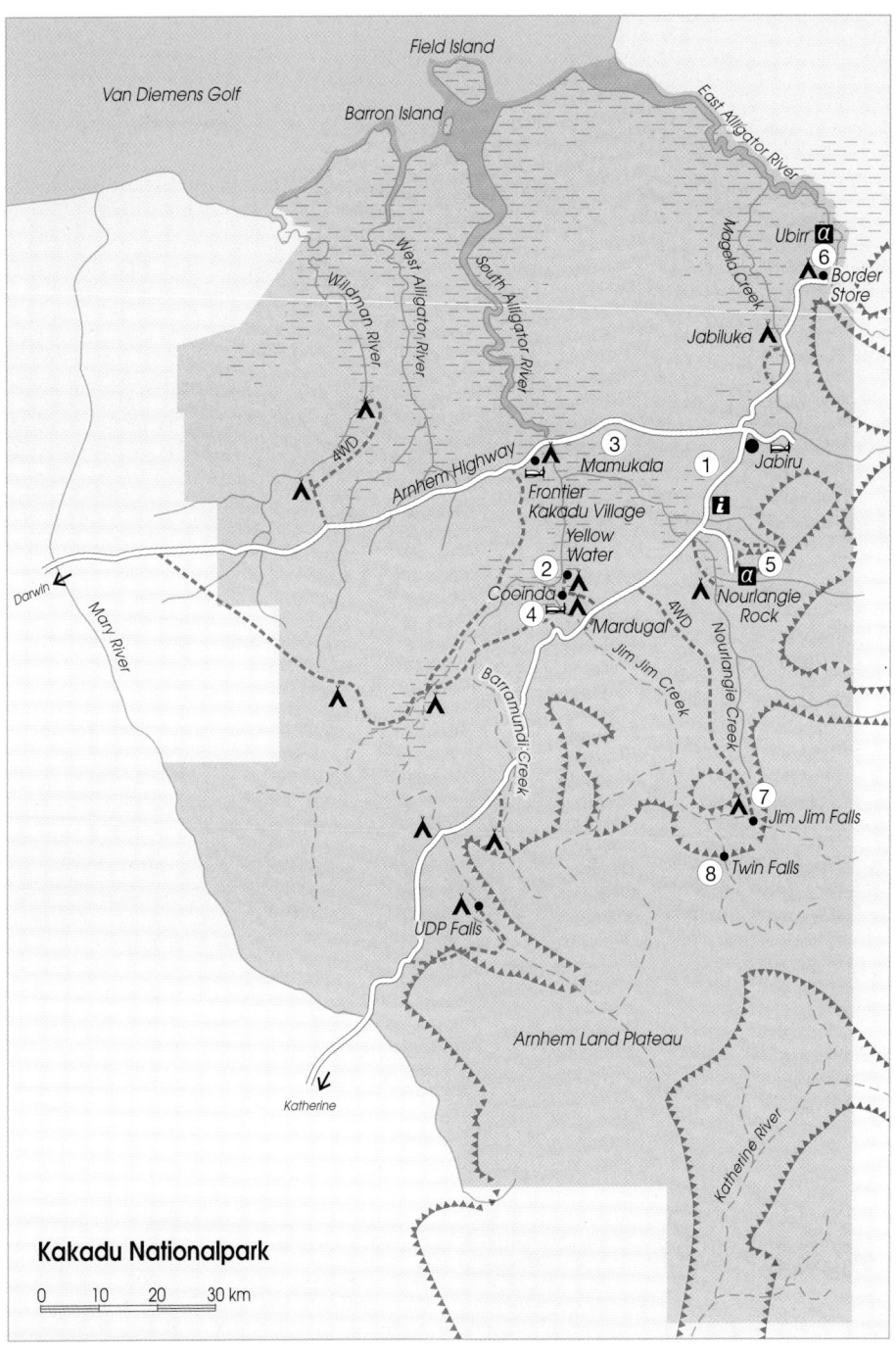

Van Diemens Golf

Field Island

Barron Island

Wildman River

West Alligator River

South Alligator River

East Alligator River

Magela Creek

Ubirr ⓐ

⑥ Border Store

Jabiluka

4WD

Arnhem Highway

Mamukala ③

① ● Jabiru

Frontier Kakadu Village

ⓘ

Yellow Water

② ⓐ ⑤ Nourlangie Rock

Cooinda

④ "Mardugal"

4WD

Nourlangie Creek

Darwin

Mary River

Barramundi Creek

Jim Jim Creek

⑦ Jim Jim Falls

⑧ ● Twin Falls

UDP Falls

Arnhem Land Plateau

Katherine River

Katherine

Kakadu Nationalpark

0   10   20   30 km

Zur Trockenzeit konzentrieren sich Spaltfußgänse und Reiher auf den verbliebenen Wasserflächen des Nationalparks. Auf der Mamukala Lagoon (Foto) geht ihre Zahl dann in die Tausende.

Die Überschwemmungsebenen sind das Reich der Wasservögel, die sich besonders in der Trockenzeit entlang der verbliebenen Wasserstellen und Flußläufe konzentrieren. Einige der typischen Arten sind: Schlangenhalsvögel (S. 62), Brolgakraniche (S. 59), Jabirus, sämtliche Ibis-, Löffler- und Reiherarten Australiens, Kormorane, Spaltfußgänse, Gelbfuß-Pfeifgänse und die kleinen Australischen Blatthühnchen (»Lotusbirds«), die mit

Der Jabiru ist Australiens einzige Storchenart.

ihren langen Zehen auf Schwimmpflanzen laufen können, ohne zu versinken. Auffallende Landvogelarten sind die überaus häufigen Nacktaugenkakadus (»Little Corellas«; S. 105), die majestätischen Weißbauchseeadler und Brahminenweihen sowie verschiedene Arten der farbenprächtigen Eisvögel. In den Wäldern finden die früher stark gehandelten und heute bedrohten Arten der Hauben-Goldschultersittiche und Gouldamadinen ein Refugium. Zu den auffallendsten Reptilien dieser Gegend gehört die Kragenechse und der dem Gouldwaran (S. 198) ähnliche Sandwaran.

Nicht minder reich ist die Tierwelt im Wasser. Barramundis (S. 22) sind begehrt bei Anglern, Australische Knochenzüngler brüten ihre Eier im Maul aus und geben ihren Jungen darin Schutz. Neben Leisten- und Süßwasserkrokodilen (s. S. 61) sind die Reptilien mit einigen Arten von Wasserwaranen und Schlangenhalsschildkröten (S. 21) vertreten, darunter die räuberisch lebende Art *Chelodina rugosa*.

Wie viele Gegenden Australiens hat auch Kakadu unter eingeführten Organismen zu lei-

Eine Kragenechse in Drohstellung.

den. Als Paradebeispiel der Zerstörung galten früher die Wasserbüffel. 1829 aus Indonesien importiert, zertrampelten die durch ungehinderte Vermehrung entstandenen Herden große Teile der empfindlichen Vegetation in den Schwemmländern. In manchen Gebieten öffneten sie durch Trampelpfade Kanäle zum Meer, so daß bei Flut Salzwasser in die Sümpfe eindringen konnte. Seit 1992 ist der Kakadu Nationalpark – nach langen Jahren der intensiven Bejagung – wieder frei von dieser Plage.

Im Gebiet unterwegs

Das Programm eines »normalen« Kakadu-Aufenthalts (2 bis 3 Tage) sollte zunächst mit dem Besuch des **Besucherzentrums** ① beim Nationalpark-Hauptquartier etwa 5 km vor der Uranstadt Jabiru beginnen. Es bietet alle Informationen über Pflanzen- und Tierwelt. Geschichte und Kultur der Ureinwohner werden anschaulich im **Warradjan Aboriginal Cultural Centre** ② nahe bei Yellow Water vermittelt.

Zur Beobachtung der Wasservögel und Krokodile wurden bei verschiedenen Campingplätzen Naturpfade angelegt. Beeindruckend auch: Der Vogelreichtum der **Mamukala Lagoon** ③. Am intensivsten aber ist der Tierreichtum der Kanäle und Wasserflächen per Boot zu erleben. Ausgangspunkt ist meist die **Yellow Water Lagoon** ④ bei Cooinda. Verschiedene Touren werden angeboten.

Aborigines-Felsmalerei am Nourlangie Rock: Namandjolg, der »gefährliche Geist«.

Die zwei bekanntesten **Aborigenes-Galerien** von Nourlangie ⑤ und Ubirr (Obiri Rock) ⑥ sind leicht anzufahren und bieten einen ausgezeichneten Querschnitt durch alle Kunstrichtungen des Gebiets. Besonders beeindruckend ist die Röntgenstil-Technik, die innere Organe und das Skelett des dargestellten Objekts (meist ein Tier) wiedergibt. Beeindruckende Ausblicke auf die Flutebenen besonders bei Ubirr und die Chancen der Sichtung von Felsenkänguruhs bieten einen zusätzlichen Reiz.

Für einen längeren Aufenthalt stehen im Kakadu viele weitere Besuchspunkte offen, die manchmal allerdings nur mit Allradfahrzeugen in der Trockenzeit erreichbar sind. Dazu gehören z.B. die **Jim Jim** ⑦ und die **Twin Falls** ⑧ am südlichen Plateau-Abbruch.

Zahlreiche Veranstalter in Darwin bieten organisierte Touren an, die, meist gut geführt, die wichtigsten Sehenswürdigkeiten anfahren.

Weißbauchseeadler im Flug.

Praktische Tips

Anreise

Von Darwin über den Arnhem Highway, 250 km. Vom Stuart Highway (Abzweigung Pine Creek) etwa 200 km. Beide Straßen sind asphaltiert und ganzjährig befahrbar. Karte: Hema Road Map: The Top End and the Gulf. Ebenso Flugverbindung von Darwin nach Jabiru und Cooinda.

Klima/Reisezeit

Monsunklima mit 2 Hauptjahreszeiten: heiß und trocken von April bis Oktober, heiß und naß von November bis März. Durchschnittliche Maximaltemperaturen in der feuchten Jahreszeit um 35 °C, in der Trockenzeit um 30 °C. 1500 mm jährlicher Niederschlag. Beste Reisezeit: Die Trockenzeit. In der Regenzeit herrscht hohe Luftfeuchtigkeit, zudem sind wegen Überschwemmungen die meisten Campingplätze geschlossen und Straßen gesperrt.

Unterkunft

In der Gagadju Lodge/Cooinda und in der Frontier Kakadu Village; in der Uranstadt Jabiru im Gagadju Crocodile Hotel und in der Frontier Kakadu Lodge + Caravan Park. Etwa 20 Campingplätze im Park.

Adressen

▷ Darwin Region Tourism Association, Cnr. Knuckey & Mitchell Street, P. O. Box 4392, Darwin, NT 0801, Tel. (08) 8981 4300;

▷ Parks Australia, Darwin Office, 80 Mitchell Street, P. O. Box 1260, Darwin, NT 0801, Tel. (08) 8946 4300;

▷ Kakadu National Park, P. O. Box 71, Jabiru, NT 0886, Tel. (08) 8938 1123.

Blick in die Umgebung

Fogg Dam Conservation Reserve: Dieses Feuchtgebiet etwa 63 km östlich von Darwin ist bekannt für seine Wasservögel.
Berry Springs: Seit 1989 besteht hier der Territory Wildlife Park, in dem Tierarten in ihrer natürlichen Umgebung vorgestellt werden. Tel. (08) 8988 6000; 55 km südlich von Darwin.

2 Nitmiluk (Katherine Gorge) Nationalpark

Urwüchsige Landschaft im Sandstein des Arnhemland-Plateaus; System von 13 bis 100 m tiefen Schluchten; Oase der Ruhe und Natur; 160 meist relativ einfach zu beobachtende Vogelarten; Süßwasserkrokodile und Wasserwarane; Bootsfahrt bzw. Kanufahrt in den Schluchten; Netz von gut markierten Wanderwegen.

Die Schluchten des Katherine Rivers sind ein anschauliches Beispiel der Erosionskraft des Wassers. 330 km südlich Darwin hat sich der Fluß durch die Südwestecke des Arnhemland-Plateaus gegraben und bis zu 100 m tiefe Canyons ausgewaschen. Dazu genügte offensichtlich die Wassermenge der relativ kurzen Regenzeit. Wenn zwischen November und März fast 1000 mm Niederschlag auf die Landschaft fallen, wird der Katherine River zum tosenden Strom, der sich durch die Engstellen zwängt und den Fels bis zu 10 m Höhe blankwäscht. Im Rest des Jahres besteht der Fluß aus einer Reihe von praktisch strömungslosen Wasserbecken, die durch trockenliegende Stromschnellen voneinander abgetrennt sind. Eine Serie von insgesamt 13 Schluchten windet sich, durch Seitencanyons aufgelockert, auf 12 km Länge durch den Sandstein und öffnet sich danach in ein breiteres Tal. Schluchten und das umgebende Sandsteinplateau bilden den 180 000 ha großen, beliebten Nitmiluk Nationalpark.

Pflanzen und Tiere

Wegen der ganzjährigen Wasserführung stellen die **Schluchten** besonders im unteren Bereich eine Oase der Pflanzen- und Tierwelt dar. Dort steht flaches Terrain und genügend Boden an, und ein dichter Grünstreifen säumt die Ufer. »Silverleaf«-Papierrinden-bäume, kenntlich an den silbrig glänzenden Blättern, Schraubenpalmen der Art *Pandanus aquaticus* (S. 26) und Süßwassermangroven sind die bestandsbildenden Baumarten.

Im Gegensatz dazu trägt das **Arnhemland-Plateau**, das durch trockenen Fels- und Sandboden gekennzeichnet ist, eine savannenartige Vegetation mit Spinifex-Gras (S. 16) als Bodenbewuchs. Auffallende Bäume sind hier »Sandpalms« der Art *Livistona humilis* und die prächtig orange blühenden »Woollybutt«-Eukalypten. An geschützten Stellen entstanden bei ausreichender Wasserversorgung wertvolle Feuchtbiotope mit z. B. Seerosen *(Nymphaea)* und Sonnentau *(Drosera)*.

Zu den im Nationalpark vorkommenden großen Säugetieren zählen Flinkwallabies (S. 209), Antilopen- und Bergkänguruhs. Gelegentlich werden Dingos (S. 91) und die tagsüber normalerweise versteckt lebenden Schnabeligel (s. S. 81) gesehen.

Der Nitmiluk Nationalpark ist vor allem für Vogelliebhaber von Interesse, denn viele seiner 160 Vogelarten lassen sich relativ einfach beobachten. Silberreiher und Rotrücken-Nachtreiher (S. 202), Kräuselscharben und Schlangenhalsvögel (S. 62) halten sich neben anderen Wasservögeln entlang

Die nur 50 cm messende Kräuselscharbe ist Australiens kleinste Kormoranart.

Blick in eine der oberen Schluchten des Katherine Rivers. Sie liegt etwa eine Tagesreise (per Kanu) flußaufwärts vom Bootsverleih.

des Flusses auf, dessen Ufervegetation auch der Lebensraum »fliegender Juwelen« wie Azurfischer oder Sonnenastrild ist. Einige andere Vogelarten sind stets in der Nähe des Campingplatzes zu finden; so z. B. die auffälligen Blauohren und die Graulaubenvögel (s. S. 100). Letztere sind als besonders respektlos bekannt und inspizieren zusammen mit den häufigen Drosselstelzen (S. 122) jedes unbewachte Gepäckstück. Zur Blütezeit der »Woollybutts« sorgen nektarliebende Rotnackenloris für ungewollt frühes Aufwachen, wenn sie mit Tagesanbruch in lärmenden Schwärmen die Bäume besetzen! Der fischreiche Katherine River beherbergt sogar den großen Barramundi (S. 22). Reiches Nahrungsangebot und Sandbänke für die Eiablage gewährleisten das Überleben des scheuen Süßwasserkrokodils (s. S. 61). Die beste Beobachtungszeit ist hier der frühe Morgen, wenn noch keine Boote die Stille stören. Andere, häufiger zu beobachtende Wasserbewohner sind z. B. die bis 1,3 m langen Mertens Wasserwarane.

Der Sonnenastrild – ein »Pracht«-Fink.

Mit ihren feinen Pinselzungen holen sich Rotnackenloris Nektar und Pollen der »Woolybutt«-Eukalypten. Sie sind damit gleichzeitig wichtige Bestäuber.

Im Gebiet unterwegs

Nitmiluk besticht vor allem durch seine landschaftliche Schönheit. Die Zufahrt über eine relativ flache, von Mulga- (S. 54) und Spinifex-Vegetation (S. 194, 195) bedeckte Ebene läßt den Besucher noch wenig von der Szenerie ahnen, die ihn erwartet. Erst ein Besuch per Boot eröffnet die Welt der steilen, rotbraunen Felswände, der malerischen, von schattenspendenden Bäumen bestandenen Sandbänke und des kühlen, erfrischenden Wassers. Jede der Schluchten hat ihren eigenen Charakter, aber allen abgelegenen ist die fast übernatürliche Ruhe gemein, in der die wohltönenden Rufe des Sperbertäubchens die einzige Abwechslung sind.

Insgesamt sind 9 Schluchten vom Fluß aus zugänglich. In der Hochsaison verkehren Boote mehrere Male am Tag in den ersten vier, wobei die trockenliegenden Stromschnellen zu Fuß überwunden werden müssen. Für Selbstversorger stehen Kanus zur Verfügung, die für beliebig viele Tage ausge-

Das Blauohr gehört zur großen Familie der Honigesser.

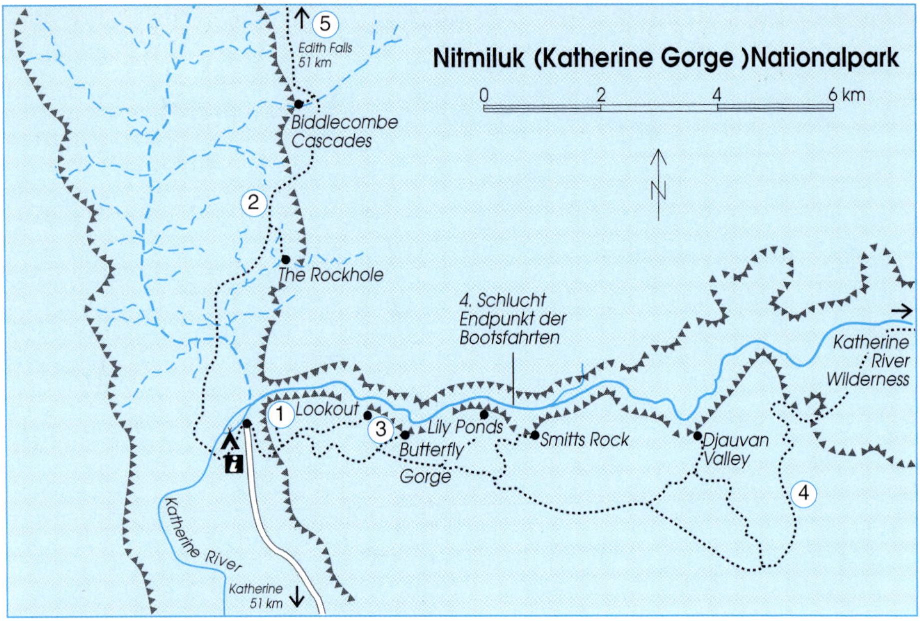

Nitmiluk (Katherine Gorge)Nationalpark

0   2   4   6 km

↑⑤
Edith Falls
51 km

Biddlecombe
Cascades

②

The Rockhole

4. Schlucht
Endpunkt der
Bootsfahrten

N

→
Katherine
River
Wilderness

① Lookout
③ Lily Ponds
Butterfly   Smitts Rock
Gorge

Djauvan
Valley

④

Katherine River

Katherine
51 km ↓

liehen werden können und auch die Erforschung der restlichen Schluchten ermöglichen. Mit harter Arbeit muß allerdings beim Überqueren der Felsblöcke in den trockenliegenden Stromschnellen gerechnet werden ...

Der Besuch des Nationalparks sollte aber nicht auf das Wasser beschränkt bleiben. Eine Serie von gut angelegten und beschriebenen Wanderwegen vermittelt Eindrücke der wildromantischen Landschaft. Alle Wege beginnen beim Besucherzentrum, führen auf das Plateau und enden meist nach 1 bis 5 Stunden Wandern an verschiedenen Stellen nahe den Schluchten. Die Wege berühren Aussichtspunkte (z. B. **Lookout Walk** ①, 5 km) und erlauben die Beobachtung verschiedener Känguruh- und Vogelarten, wenn der Ausflug frühmorgens oder gegen Abend erfolgt. Besonders empfehlenswert für Vogelbeobachtungen ist der **Biddlecombe Cascades Walk**

Schwarzmilane halten sich gerne in der Nähe von Campingplätzen auf.

② (15 km einfach, 4–5 Stunden). Schwarz-kopfsittiche, die farbenprächtigen, seltenen Gouldamadinen und Australische Trappen (S. 197) stellen nur einen Bruchteil der hier vorkommenden Arten dar.

Sehr beliebt ist auch der **Butterfly Gorge Walk** ③ (7 km einfach, 2 bis 3 Stunden) in einen Nebencanyon des Katherine Rivers, so benannt nach den Massen von »Common Crow«-Schmetterlingen in dunklen Ecken. Zwei längere Wege (der **Katherine River Wilderness Walk** ④ und der **Edith Falls Wilderness Walk** ⑤) sollten nur von erfahrenen Wanderern eingeplant werden. Besonders letzterer erfordert mehrere Übernachtungen und körperliche Fitneß; er geht vom Besucherzentrum aus über 76 km!

Die Edith Falls können auch gesondert angefahren werden (s. unten). Als Serie kleiner Wasserfälle und -becken sind sie ein beliebter Badeplatz.

Der Buntwaran flüchtet bei Gefahr oft auf Bäume.

Praktische Tips

Anreise
Vom Ort Katherine (330 km südlich Darwin am Stuart Highway) etwa 30 km zum Besucherzentrum. Karte s. Kakadu Nationalpark, S. 30. Zufahrt zu den Edith Falls im Norden des Parks über die Abzweigung vom Stuart Highway 40 km nördlich Katherine. Beide Straßen sind asphaltiert.

Klima/Reisezeit
Monsunklima wie im Kakadu Nationalpark (s. S. 30), Niederschlag aber nur knapp 1000 mm/Jahr. Beste Reisezeit: Die Trockenzeit (April bis Oktober) für Bootsfahrten wie für Wanderungen. In der Regenzeit wird der Fluß zum reißenden Strom.

Unterkunft
Hotels, Motels und Campingplätze in Katherine. Campingplätze auch beim Besucherzentrum und Edith Falls. Zum »bushcamping« im Nationalpark ist eine Erlaubnis erforderlich (erhältlich beim Besucherzentrum).

Adressen
▷ Parks & Wildlife Commission of the NT, P. O. Box 344, Katherine, NT 0851, Tel. (08) 8971 0702;
▷ Katherine Visitor Information Centre, Cnr. Stuart Hwy & Lindsay Street, Katherine, NT 0851, Tel. (08) 8972 2650;
▷ Besucherzentrum des Nationalparks: Tel. (08) 8972 1886.

Blick in die Umgebung

115 km südöstlich von Katherine liegt der **Mataranka Pool Nature Park** inmitten einer Termitenhügel-Landschaft. Eine Thermalquelle von 34 °C und kühle Pools sind von Papierrindenbäumen (S. 88) und *Livistona*-Palmen der Art *L. rigida* umrundet. Baden und gute Tierbeobachtungen sind möglich. Im **Cutta Cutta Caves Nature Park**, 27 km südöstlich Katherine, können Kalksteinhöhlen besichtigt werden. Führungen werden angeboten.

3 Western MacDonnells

Bizarre Landschaft eines alten erodierten Gebirges; tiefe, kühle Schluchten
mit Restbeständen ehemaliger inner-
australischer Wälder (Palmen, Palmfarne); Schwarzfuß-Felsenkänguruhs;
reiches Vogelleben z. B. mit Rotschopftauben; Kette von Nationalparks und
Schutzgebieten.

Seit Jahrtausenden nur den Ureinwohnern
bekannt, wurden die MacDonnells 1860 von
MacDouall Stuart als erstem Weißen vom
Süden her erreicht. 1870 wurde die Telegra-
phenlinie von Adelaide nach Darwin im
Durchbruch des Todd River verlegt und dort
eine Telegraphenstation gebaut, die der Vor-
läufer der späteren Stadt Alice Springs werden sollte. Heute bildet »The Alice« den Ausgangspunkt für den Besuch einer Reihe von

Nationalparks und Naturreservaten in den
MacDonnells. Dabei bildet die Kombination
von kühlen, wasserreichen Schluchten und
imposanter Felslandschaft die Hauptattraktion.
Zentralaustralien ist durch zwei Landschafts-
typen gekennzeichnet: einer Serie oft spektakulärer Bergketten mit ihren vorgelagerten
Schuttfächern und dem weiten Gebiet der
Sandebenen und Dünen. Die MacDonnell
Range ist das längste und mit durchschnittlich 600 m Höhe über der umgebenden
Ebene auch das höchste der zentralaustralischen Gebirge. Es erstreckt sich in mehreren
parallel laufenden Bergrücken über etwa

Livistona mariae-Palmen im Palm Valley des Finke ▷
Gorge Nationalparks.

Fluß-Eukalypten sind weit verbreitet. Hier ein Exemplar
bei Simpsons Gap.

400 km westlich und östlich von Alice Springs und besteht aus mehr als 2 Milliarden Jahre altem Vulkangestein und späteren Sedimenten verschiedenster Art, die im Zuge starker Auffaltungsprozesse vor 400–350 Mio. Jahren zu einem über 3000 m hohen Gebirge gehoben wurden. Davon ließ die Verwitterung nur noch die heutigen, von tiefen Flußtälern zerschnittenen Reste aus hartem Quarzit übrig. Die schattigen Becken am Boden dieser Schluchten sind oft die einzigen Frischwasserquellen im weiten Umkreis und bilden die Überlebensgrundlage für Pflanzen, die im einst feuchteren Klima Inneraustraliens weitverbreitet waren.

Pflanzen und Tiere

Die zerklüfteten Felsketten der MacDonnells bieten ein breites Spektrum an Lebensräumen. Auf den **Berghängen** findet man die einheimischen Felsfeigen und die zu den Myoporaceae gehörenden Emubüsche der Art *Eremophila freelingii*. Sie werden wegen der Ähnlichkeit ihrer lilafarbenen Blüten mit denjenigen kultivierter Fuchsien auch »Native Fuchsia Bush« genannt. »Northern Cypress Pines« (S. 91) wachsen in den Felsklüften ebenso wie die kalkweißen Geisterbäume (S. 48).

Die **Schluchten** besitzen eigene Mikroklimate, in denen die Vergangenheit des Kontinents weiterlebt. Schattige und möglichst feuchte Stellen sind der Standort der endemischen MacDonnells-Palmfarne, die als Relikte eindrucksvoll die Klimaänderung Australiens beweisen (s. S. 13). Dasselbe trifft für die *Livistona*-Palmen der Art *L. mariae* im Palm Valley zu.

Wie beim Uluru Nationalpark (s. S. 49) beschrieben, sind die meisten Säuger Zentralaustraliens kleine, nachtaktive und selten gesehene Arten; in den MacDonnells wird man deshalb eher die großen Roten Riesenkänguruhs (S. 106) und Bergkänguruhs sowie Schwarzfuß-Felsenkänguruhs zu Gesicht bekommen.

Demgegenüber steht die große Auswahl an Vögeln und Reptilien. In Astlöchern alter Bäume nisten Ringsittiche (S. 183), im Mulga-Dickicht (S. 54) die schimmernd blau gefärbten Türkisstaffelschwänze sowie die nicht minder attraktiven Rotsteiß-Mistelesser (S. 110). Um die teils von Schilf und Farnen umgebenen Tümpel halten sich verschiedene Papageien, Finken und die farbenprächtigen Regenbogenspinte (S. 155) auf. Abgesehen von einigen hitzeresistenten Arten wie z. B. den »Bicycle Lizards« (so genannt wegen ihres Davonrennens auf den Hinterbeinen bei Gefahr) bevorzugen die meisten Reptilien den Schatten der Felsen oder die Nacht zur Aktivität. So auch die an ihren kurzen, runden Schwänzen kenntlichen Glatten Knopfschwanzgeckos der Gattung *Nephrurus*.

Im Gebiet unterwegs

Als Einstimmung für die Western MacDonnells sei der Besuch des **Alice Springs Desert Parks** ① empfohlen. Hier kann die Natur dieses faszinierenden Landstrichs »im Kleinformat« erlebt werden.

Der sehr langsam wachsende MacDonnells-Palmfarn gehört zur Relikt-Familie der Cycadaceae. Sie stand am Anfang der Entwicklung der Blütenpflanzen.

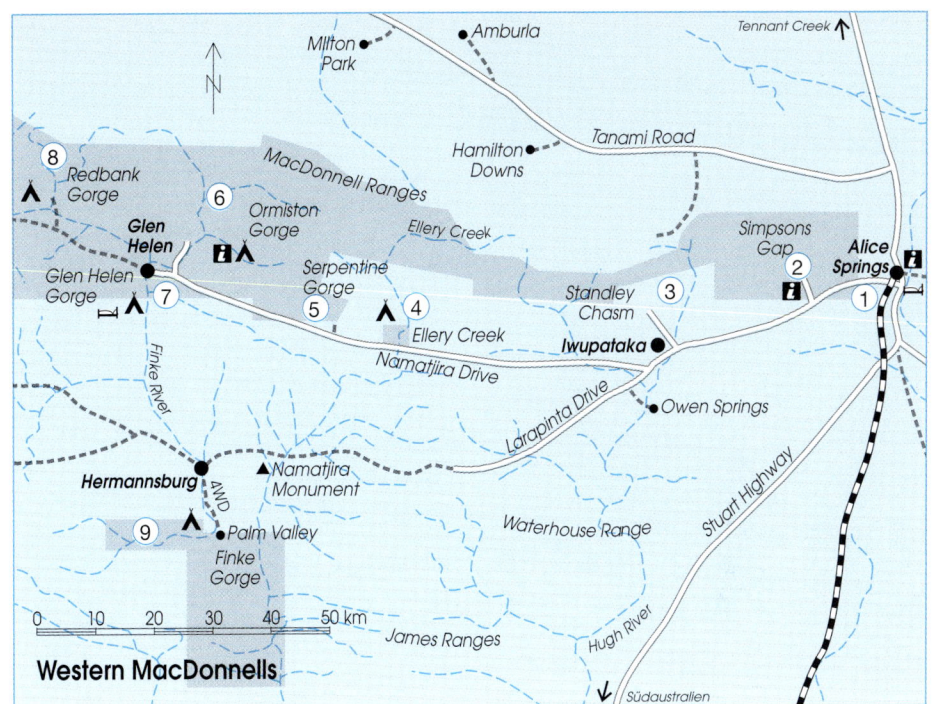

Die empfohlenen Besuchspunkte des Western MacDonnell Nationalparks sind entlang der beiden gut ausgebauten Straßen **Larapinta Drive** und dem davon abzweigenden **Namatjira Drive** aufgereiht.

Simpsons Gap ②

Mehrere Flußdurchbrüche (»gaps«) durch das Gebirge sind das Merkmal dieses Gebietes. Die Hauptschlucht Simpsons Gap ist über eine Zufahrtsstraße direkt zugänglich, aber entsprechend stark besucht. Über Wanderwege lassen sich andere, ruhigere Stellen erreichen. Empfehlenswert ist z.B. der **Wallaby Walk**, ein Rundweg vom Besucherzentrum zur 12 km entfernten Wallaby Gap und zurück. Unterwegs bieten sich viele Fotomotive und Beobachtungsmöglichkeiten für Tiere. Die Übernachtung im Zelt ist gestattet.

Standley Chasm ③

Vertikale, bis über 100 m hohe Quarzit-

wände begrenzen diese wenige Meter breite Schlucht, die von vielen Besuchern als die eindrucksvollste der MacDonnells empfunden wird. Nur um die Mittagszeit im Sommer dringen die Sonnenstrahlen bis zum Grunde durch und lassen die Wände in Rot erglühen. Der etwa 20- bis 30-minütige Anmarschweg folgt einem ausgetrockneten Flußbett, das von Fluß-Eukalypten und einigen beachtlichen Exemplaren des endemischen Palmfarns gesäumt wird. Geisterbäume (S. 48) stehen im Farbkontrast zu den roten Felsen, und oft werden Schwarzfuß-Felsenkänguruhs gesichtet. Die Schlucht liegt auf dem Land der Iwupataka Aboriginal Community, die ein kleines Eintrittsgeld erhebt.

Ellery Creek Big Hole ④ und **Serpentine Gorge** ⑤

Permanente Wasserlöcher und Schluchten sind die Kernstücke dieser beiden Orte. Um-

Rotschopftauben gehören zu den typischen Bewohnern des Spinifex-Graslandes.

Rotschopftauben und Gemalte Astrilde zu sehen. An den Wasserlöchern halten sich verschiedene Wasservögel auf.

Glen Helen Gorge ⑦ und Redbank Gorge ⑧

Dies sind die am weitesten westlich liegenden Besuchspunkte in den MacDonnells. Sie liegen an den Durchbruchstellen des Finke Rivers bzw. Redbank Creeks durch das Gebirge. Entlang der Wassertümpel und an einigen sumpfigen Stellen sind geruhsame Tierbeobachtungen möglich.

Finke Gorge Nationalpark ⑨

Ausgehend von der ehemaligen Hermannsburger Mission erreicht man den 46 000 ha großen Nationalpark in mühseliger, erlebnisreicher Allradfahrt durch das ausgetrocknete Bett des Finke River. Markante Sandsteinformationen wie »Initiation Rock« (wo Jünglinge des Aranda-Stammes initiiert wurden) oder das von Felswänden umgebene Amphitheater beherrschen die Landschaft. Vor allem aber ist **Palm Valley** der Anziehungspunkt: Etwa 3000 der sonst nirgendwo auf der Welt vorkommenden *Livistona-*

grenzt von massiven Fluß-Eukalypten sind es schöne Plätze zur Erholung und Vogelbeobachtung. Auch Palmfarne wachsen in den schattigen Schluchten.

Ormiston Gorge ⑥

Großartig präsentiert sich die weiträumige Schlucht, die der Ormiston Creek (ein Nebenfluß des Finke Rivers) durch die Mac Donnells gebrochen hat. Farben und Ursprünglichkeit dieses weiträumigen Tals sind bei Fotografen und Malern sehr beliebt. Neben Wanderungen beliebiger Länge entlang des Flußbetts gibt es einen markierten 3- bis 4-stündigen Rundweg, den **Ormiston Pound Walk**, der beim Besucherzentrum beginnt. Die Schlucht wirkt durch das reiche Pflanzen- und Tierleben wie eine Oase. Alte, mächtige Fluß-Eukalypten werden von Kakadus aufgesucht, gelegentlich kreisen Wanderfalken um die Felsen und fast immer sind

Gemalte Astrilde besiedeln die Trockenzonen des Outbacks.

3 Western MacDonnells

Der Glatte Knopfschwanzgecko speichert Fett für Notzeiten im Schwanz.

mariae-Palmen überlebten hier entlang der Wasserlöcher des Palm Creeks. Auch die MacDonnells Palmfarne und weitere 500 im Nationalpark bekannte Pflanzenarten sind für Pflanzenliebhaber von Interesse. Es existieren einige markierte Wanderwege im Park. Vom einzigen Campingplatz ist allerdings das Amphitheater leicht zu erreichen (1,5 km) und zum Palm Valley führt eine holperige Sandpiste (5 km). Für längere Wanderrouten sollte der Parkranger befragt werden.

Praktische Tips

Anreise
Von Alice Springs über den **Larapinta**, bzw. **Namatjira Drive** Richtung Westen (Karte s. Uluru Nationalpark, S. 54). Simpsons Gap:

Schwarzfuß-Felsenkänguruhs besiedeln viele Schluchten der MacDonnell Range.

Beliebt als Parkbaum – der auffällig blühende »Red Cap«-Eukalyptus; in Westaustralien auch »Illyarrie« genannt.

Eukalypten

Eukalypten oder »Gum Trees« beherrschen die australische Vegetation. Sie wachsen in ausgetrockneten Flußläufen (Fluß-Eukalyptus, S. 36) und in Sumpfgebieten (»Swamp Gum«), auf Felsen (Geisterbäume, S. 48) und im Schneegebirge (Schnee-Eukalyptus, S. 132). Zu ihnen gehören die buschförmigen Arten der trockenen Mallee-Zonen Südaustraliens (s. S. 16) ebenso wie die kerzengerade und über 100 m hoch wachsenden Königs-Eukalypten in Victoria (S. 147). Insgesamt wurden bis heute über 700 Eukalyptusarten benannt, die damit ein klassisches Beispiel von adaptiver Radiation, d. h. Artenaufsplitterung durch Anpassung an verschiedene Lebensräume, darstellen.

Um in der Trockenheit zu überleben und den Wasserverlust durch Verdunstung zu reduzieren, haben Eukalypten verschiedene Anpassungen entwickelt, z. B.

☐ ein effektives, tiefreichendes Wurzelsystem;

☐ derbe, wachsüberzogene Blätter, die sich der Sonnenbestrahlung oft in Profilstellung darbieten;

☐ kapselartige harte Samen;

☐ eine widerstandsfähige Schälrinde.

Während der Trockenzeiten sterben oft ganze Äste ab und werden abgeworfen; die hohlen Stümpfe dienen dann Papageien als Brutplätze. Verkohlt der Baum im Feuer, werden aus unter der Rinde liegenden »Knospen« oder aus der verdickten Stammbasis sofort neue Triebe nachgeschoben (vgl. »Feuerpflanzen« auf S. 211 und S. 212).

Der Name »Eukalyptus« (altgriechisch »gut bedeckt«) bezieht sich auf die Blüte. Ihre Blüten- und Kelchblätter sind zu einer helmförmigen Kapsel verwachsen, die zur Blütezeit abfällt und ein Bündel oft prächtig gefärbter Staubblätter freigibt (vgl. Foto S. 41).

---

18 km, Standley Chasm: 51 km, Ellery Creek Big Hole: 93 km, Serpentine Gorge: 104 km, Ormiston Gorge: 132 km, Glen Helen Gorge: 133 km, Redbank Gorge: 149 km, Finke Gorge Nationalpark: 155 km. Nur für die Finke Gorge ist ein Allradfahrzeug erforderlich. ACHTUNG: Die Fahrten gehen meist durch Aborigenes-Land, für dessen Besuch (abseits der Straßen) eine Erlaubnis erforderlich ist!

Klima/Reisezeit
Siehe Uluru Nationalpark, S. 54.

Unterkunft
Hotels und Motels in Alice Springs, Lodge in der Glen Helen Gorge. Mit Ausnahme von Standley Chasm und Serpentine Gorge an allen Orten Campingmöglichkeiten.

Adressen
▷ Central Australian Tourism Industry Association, Gregory Terrace, P. O. Box 2222, Alice Springs, NT 0871, Tel. (08) 8952 5199;

▷ Parks and Wildlife Commission of the NT, Sth. Stuart Hwy, P. O. Box 1046, Alice Springs; NT 0871, Tel. (08) 8951 8211.

Blick in die Umgebung

Eastern MacDonnells
Eine Reihe von Besuchspunkten liegt im östlichen Teil des Gebirges, z. B. **Emily and Jessie Gap Nature Park** (Schluchten und Felskunst der Ureinwohner; 13 km), **Corroboree Rock Conservation Reserve** (Pilzfelsen; 48 km) oder **N'Dhala Gorge Nature Park** (Felsritzungen; 98 km). In der **Arltunga Historical Reserve** (111 km) sind die Ruinen einer ehemaligen Goldgräbersiedlung zu sehen.

4 Watarrka (Kings Canyon) Nationalpark

Über 200 m tiefe, urwüchsige Sandsteinschlucht mit teils senkrecht abfallenden Wänden; Felskuppeln ähnlich einer verlorenen Stadt auf dem Plateau; Wasserlöcher als grüne Oasen am Schluchtboden; kalkweiße Geisterbäume vor blutrotem Gestein; Reliktarten wie z. B. Palmfarne unter den 572 Pflanzenarten.

Etwa 350 km südwestlich von Alice Springs liegt die George Gill Range. Wie viele der Gebirge im Zentrum Australiens besteht sie aus zu Sandstein verdichteten und gehobenen Meeressedimenten, die während Überflutungen des Landes im Erdaltertum abgelagert wurden. Etwa 73 000 ha der Bergkette gehören zum Watarrka Nationalpark, dessen landschaftliche Reize immer mehr Besucher in diesen abgelegenen Teil des Landes locken.

Der Kings Canyon und die ihn umgebende eindrucksvolle Plateaulandschaft wurden aus relativ hartem, quarzitreichem, vor etwa 360 Mio. Jahren deponiertem Mereenie Sandstein herausmodelliert. Durch Hebungen und Auffaltungen entstanden Brüche, die zu Angriffspunkten der Verwitterung wurden. Wasser und Wind zerschnitten den Sandsteinblock, rundeten die Ecken und präparierten so die Kuppeln der »Lost City« auf dem Plateau heraus. Täler und Canyons entstanden durch Flüsse, die sich entlang der Klüfte in das Gestein sägten. Im oberen Teil des Kings Canyon ist dieser Prozeß eindrucksvoll dargestellt. Steile, senkrecht abfallende Wände stellen eine ehemalige Bruchlinie im Mereenie Sandstein dar, die vom Wasser des Kings Creek ausgewaschen wurde. Von der Wand abbrechende Gesteinsblöcke weiteten das Tal und häuften sich am Boden der Schlucht an. Dies geschah besonders an der Nordwand, wo durch Aushöhlung der Basis der darüber liegende Sandstein brüchig wurde.

Wie so viele der landschaftlichen Schönheiten Zentralaustraliens war das Gebiet der George Gill Range für die Ureinwohner bedeutsam. Höhlen in den Kuppeln wurden als Rast- und Schutzplätze genutzt und auch mit Malereien verziert. Da der Nationalpark an Ureinwohnerland grenzt, sind sie bei Planungen der Behörden auf dem touristischen Sektor beteiligt.

Ernest Giles und William Gosse, die Entdecker des Ayers Rock und der Olgas, waren die ersten Weißen, die den Kings Canyon 1872/73 zu Gesicht bekamen und benannten. Bis vor wenigen Jahren garantierten die Abgelegenheit und der schwierige Zugang, daß nur Expeditionen die Ruhe der grandiosen Landschaft kurzfristig unterbrachen. Erst seit 1960 wurde das Gebiet gründlich erforscht, nachdem auf private Initiative der Besitzer der ehemaligen Wallara Ranch eine Piste durch den Busch geschlagen worden war. Da aber noch wenige touristische Einrichtungen bestehen, bleibt dem Besuch des heutigen Nationalparks stets etwas von Abenteuer haften.

Pflanzen und Tiere

Aus botanischer Sicht ist die George Gill Range – ebenso wie die MacDonnells und andere Gebirge Zentralaustraliens – von hoher Bedeutung, denn Berge, feuchte Schluchten und Ebenen bieten verschiedenartige Lebensräume. Eine von der Conservation Commission des Nordterritoriums im Jahre 1981 durchgeführte Untersuchung ergab 572 Pflanzenarten für das Gebiet des damals noch nicht existierenden Nationalparks. Darunter waren 17 »Reliktarten« d. h. feuchtigkeitsliebende Pflanzen, die die Austrocknung des australischen Zentrums während der letzten Eiszeit (s. S. 13) nur an geeig-

Während einer Wanderung auf dem Kings Canyon Walk eröffnen sich herrliche Ausblicke auf die Südwand der Schlucht (oben). Der Weg führt auch zu den Sandsteinkuppeln der Lost City (unten).

Zebrafinken (links) und Wellensittiche (rechts), zwei häufige Vogelarten der australischen Trockengebiete, nomadisieren mit den seltenen Regenfällen.

neten geschützten Stellen innerhalb des Gebirges überlebten. Als Beispiel dient der nach den MacDonnells benannte Palmfarn *Macrozamia macdonnellii* (S. 38), der in Gemeinschaft mit Fluß-Eukalypten (S. 36) und Felsfeigen entlang der Wassertümpel wächst. Das Wasser für die dichte Vegetation der Schluchten sickert aus dem Sandstein, der sich nach Regenfällen gleich einem Schwamm vollsaugt.

Außerhalb der Klüfte und Schluchten lassen Wassermangel und fehlende Bodenbildung kein nennenswertes Pflanzenwachstum zu. Nur Geisterbäume und Spinifex-Gras (S. 16) finden zwischen den Gesteinsblöcken Halt. In den dem Gebirge vorgelagerten Sandebenen herrscht die typische Trockenvegetation vor (s. Uluru Nationalpark, S. 49). Wüsten-Kasuarinen bilden teils ausgedehnte Bestände entlang der Zufahrtsstraße, unterbrochen von Reihen aus Wüstenpappeln. Infolge der unwirtlichen Bedingungen auf dem Plateau konzentriert sich die Tierwelt in den kühlen, vegetationsreichen Schluchten, wobei vor allem Vögel zu beobachten sind. Die Skala reicht von den häufigen Wellensittichen, Zebrafinken und Diamanttäubchen bis zu dem seltener zu sehenden Rotbürzelliest, einer Eisvogelart, die oft weit vom Wasser entfernt im Spinifex-Grasland oder Trockenbusch anzutreffen ist.

Im Gebiet unterwegs

Der Kings Canyon zeigt seine Schönheiten nur dem geduldigen Wanderer. Vor allem Wasser und gute Schuhe sind für längere Touren Voraussetzung. Da Rettungsaktionen in diesem abgelegenen Gebiet nur schwierig zu organisieren sind, wird außerdem empfohlen, die Zeit der größten Tageshitze möglichst zu meiden; d. h. man sollte von den Ausflügen vor 11.00 Uhr zurück sein bzw. erst nach 16.00 Uhr starten. Bis dato existie-

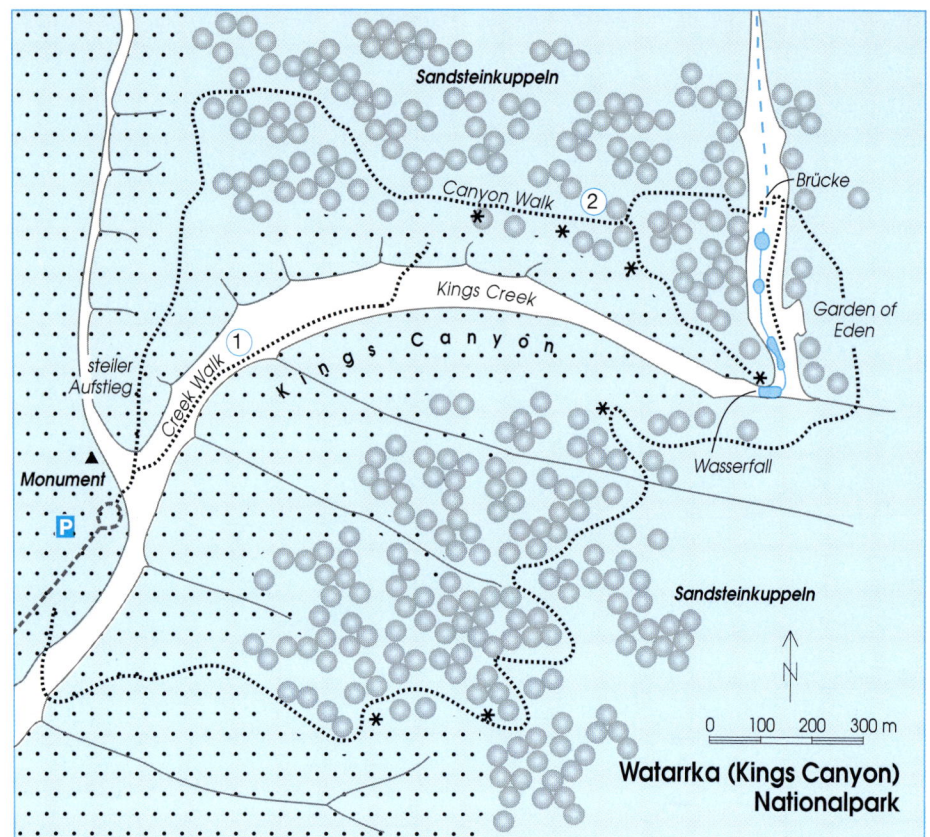

Sandsteinkuppeln

Canyon Walk ②

Brücke

Kings Creek

Garden of Eden

Kings Canyon

steiler Aufstieg

Creek Walk ①

Wasserfall

Monument

P

Sandsteinkuppeln

N

0   100   200   300 m

Watarrka (Kings Canyon)
Nationalpark

ren zwei markierte Wege; im Zuge des Nationalpark-Ausbaus soll aber das Wegenetz vergrößert werden.

Der **Kings Creek Walk** (1,5 km) ① schlängelt sich größtenteils entlang des meist ausgetrockneten Flußbetts. Im Schatten der Fluß-Eukalypten und eingerahmt von den mächtigen Felswänden eignet sich der relativ einfache Weg gut für Beobachtungen von Natur (Vögel) und Landschaft.

Der **Kings Canyon Walk** (6 km, 3 Stunden) ② erfordert etwas mehr Anstrengung. Als Rundweg angelegt, führt er aber nach steilem Anstieg zu allen Sehenswürdigkeiten: zu den faszinierenden Sandsteinkuppeln der »Lost City«, zu Aussichtspunkten am Schluchtrand und zur Oase des »Garden of Eden« mit

ihren Wasserlöchern, Palmfarnen und Fluß-Eukalypten.

ACHTUNG:

▷ Der Sandstein ist brüchig; Zeichen der Zerstörung sind bereits überall entlang des Weges zu sehen. **Deshalb auf dem Weg bleiben und die Kuppeln nicht erklettern!**

▷ Für alle Wanderungen über unmarkiertes Terrain unbedingt vorher die entsprechenden Stellen kontaktieren!

Praktische Tips

Anreise

Karte: Hema Road Map »The Red Centre – Alice Springs to Ayers Rock«.

Von Alice Springs 130 km nach Süden auf den Stuart Highway bis zur Abzweigung des neu ausgebauten Giles Highway; auf diesem sind es noch ungefähr 200 km bis zum Park.
Von Yulara (Ayers Rock) über den Lasseter Highway und die Luritja Road zum Giles Highway und weiter zum Nationalpark (insgesamt etwas über 300 km).

Klima/Reisezeit
Siehe Uluru-Nationalpark, S. 54.

Unterkunft
Kings Canyon Frontier Lodge unweit des Kings Canyon (7 km). Zeltplatz hier und auf der Kings Creek Station am Eingang des Nationalparks.

Adressen
▷ Central Australian Tourism Industry Association, Gregory Terrace, P. O. Box 2222, Alice Springs, NT 0871, Tel. (08) 8952 5199;
▷ Parks and Wildlife Commission of the NT, Sth. Stuart Hwy, P. O. Box 1046, Alice Springs NT 0871, Tel. (08) 8951 8211;
▷ Kings Canyon Frontier Lodge, Ernest Giles Road, Watarrka Nationalpark, NT 0872, Tel. (08) 8956 7442.

Blick in die Umgebung

Die **Henbury Meteorite Craters Conservation Reserve** liegt 147 km südlich von Alice Springs (Abzweigung vom Giles Highway). Meteoriteneinschläge hinterließen hier ein Feld von 12 Kratern; der größte hat 180 m Durchmesser.

Wüsten-Kasuarinen tolerieren trockenes Klima. Links im Bild die schlanke Wuchsform von Jungbäumen, rechts zwei ältere Exemplare.

Die bizarren Geisterbäume gehören zur großen Gattung der Eukalypten.

Der Riesenwaran bewohnt als größte Waranart das »Rote Zentrum« Australiens.

5 Uluru (Ayers Rock/Mt. Olga) Nationalpark

Bekanntester und meistbesuchter Nationalpark Australiens; der eindrucksvolle Uluru (Ayers Rock) und die Felsendome der Kata Tjuta (Olgas) als »Erbe der Menschheit«; Farbenspiel der Felsen je nach Licht und Tageszeit; lebendige Aborigenes-Kultur und Felsmalereien; »Wüsten«-Vegetation des Roten Zentrums; interessante Reptilienarten wie Dornteufel und Riesenwaran.

Der seit 1958 bestehende, über 130 000 ha große Nationalpark beherbergt zwei der bekanntesten Attraktionen des australischen Kontinents: den Ayers Rock/Uluru und die Olgas. Als »Meisterstück der Natur« bilden die beiden photogenen Gesteinsburgen den Blickfang in der nahezu topfebenen Landschaft. Der massive, abgerundete Block des Uluru (= »Schattenplatz« in der Sprache der Ureinwohner) hat einen ovalen Grundriß mit knapp 9 km Umfang und 348 m Höhe über dem Niveau der Umgebung. Dagegen erscheinen die nur 30 km entfernt liegenden Olgas als Gebirgsstock mit über 30, durch tiefe Täler getrennte Kuppeln. Die Aborigenes nennen sie sehr treffend Kata Tjuta (= »viele Köpfe«). Als höchster »Kopf« erreicht der Mt. Olga 546 m Höhe über der Ebene.

Beide Felsmassive sind sehr alt. Sie entstanden aus dem Erosionsschutt des einst mächtigen präkambrischen Gebirges der Petermann Range südlich des Lake Amadeus. Verfestigung der abgelagerten Sedimente sowie Ausräumung des umgebenden weicheren Gesteins hinterließen schließlich die beiden Inselberge in flacher Landschaft.

Der Uluru besteht aus feldspatreichem Sandstein (Arkose), durchsetzt von Konglomeratbändern aus Quarzkieseln. Erdbewegungen stellten diese Schichten fast senkrecht. Der heute sichtbare Berg ist demnach die gerundete Kante des gekippten Sandsteinblocks, der noch einige tausend Meter in den Erdboden reicht.

Der relativ weiche Sandstein zeigt markante Verwitterungsformen. Temperaturgegensätze bewirken die Ausdehnung und Abschuppung der äußeren Schicht in Form von »Zwiebelhäuten«. Die Oxidation des im Gestein enthaltenen Eisens an der Luft färbt den Sandstein rot (vergleichbar dem Rosten von Metall). Auslaugung durch Wasser schuf Löcher und Höhlen wie »Napoleons Hut« oder das »Gehirn« und gab dem Uluru sein stellenweise pockennarbiges Aussehen.

Im Gegensatz zum Ayers Rock bestehen die Olgas aus horizontal geschichtetem Konglomerat zum Teil sehr grober Struktur. Erosion an Rissen bewirkte die Spaltung des ursprünglich zusammenhängenden Blocks in Einzelteile und formte die heutigen Kuppeln und Täler. Wegen der festeren Gesteinstextur ist die Auswaschung von Höhlungen weit weniger ausgeprägt.

Insbesondere der Uluru ist seit Jahrtausenden

Das »Gehirn« ist eine der markantesten Verwitterungsformen am Uluru.

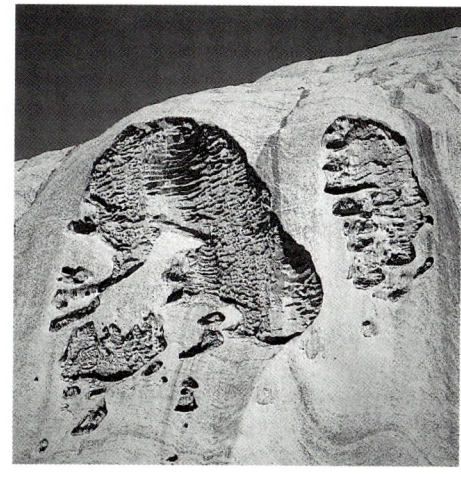

Die über 30 »Köpfe« der Olgas erheben sich bis zu 546 m aus den umgebenden Ebenen.

Zeremonialstätte der Ureinwohner Zentralaustraliens. Jedes Detail des Felsens hat seine Bedeutung in ihrer Religion und Mythologie. Zeichnungen schmücken die Wände der vielen Höhlen und einzelne, besonders bedeutungsvolle Sektionen wurden für Besucher gesperrt. Diese sind mit dem Schild »Sacred Site« markiert und dürfen weder betreten noch fotografiert werden. Das Land des Nationalparks gehört den Aborigenes; es wurde ihnen 1985 im Zuge der Landrechtsbewegung formell zugesprochen, zugleich aber von der Regierung zum Zwecke der Nutzung für den Tourismus gepachtet. 1987 wurde der Nationalpark von der UNESCO zum »Erbe der Menschheit« erklärt (s. S. 71).

Pflanzen und Tiere

Drei Pflanzenlebensräume lassen sich im Nationalpark unterscheiden:
☐ Auf den **Ebenen und Sanddünen** dominiert Trockenvegetation mit Spinifex-Gras (S. 16) und eingestreuten Büschen und Bäumen. Typische Busch-Arten sind Akazien wie z. B. Mulga, »Colony Wattle« und der bekannte »Witchetty«-Busch, in dessen Wurzeln sich die bei den Aborigenes so beliebten eßbaren »Witchetty«-Raupen entwickeln. Honig-Grevilleen und Cassien *(Cassia)* ergänzen die Strauchvegetation. Auffallende Bäume sind die bis zu 10 m hoch auf Dünen wachsenden Wüsten-Kasuarinen (»Desert Oaks«; S. 47) sowie Wüstenpappeln. Eine der bekanntesten Wildblumen ist die »Sturt's Desert Rose«, das floristische Emblem des Nordterritoriums. Zusammen mit »Mulla Mulla« *(Ptilotus;* S. 197) und sehr vielen anderen Arten entfalten sie ihre Blüten nach Regenfällen.
☐ An der **Basis der Felsen** und entlang der **Trockenflußläufe** sorgt das ablaufende Regenwasser für dichteren Bewuchs. Fluß-Eukalypten (S. 36), »Bloodwood«-Eukalypten und die an ihrer korkartigen Rinde zu erkennenden »Corkwood«-Proteen der Art *Hakea suberea* sind drei der häufigen Baumarten.
☐ **Auf den Felsen** des Uluru und der Olgas findet sich eine naturgemäß nur spärliche Vegetation. Trotzdem gedeiht stellenweise Spinifex-Gras und an geschützten Stellen die Felsfeige.

Honig-Grevilleen: süße Nahrungsquelle für Ureinwohner und Honigesser.

Die Brutperiodik der Inkakakadus ist völlig von den unregelmäßigen Regenfällen abhängig.

Die Tierwelt der zentralaustralischen Ebenen ist den klimatischen Verhältnissen angepaßt. Große Säugetiere wie Dingo (S. 91), Rotes Riesenkänguruh (S. 106) und Bergkänguruh sind hauptsächlich zur frühen bzw. späten Tageszeit unterwegs. Die meisten der klei-

nen Säuger, wie die im Spinifex-Gras verborgen lebende Spinifex-Hüpfmaus oder der im Sand grabende Beutelmull sind nachtaktiv und verraten sich nur durch ihre Spuren. Das gilt auch für den Schnabeligel (s. S. 81). Vögel sind – wie überall in Australien – die

Der Dornteufel ernährt sich von Ameisen. Pro Tag ißt er 2000 bis 3000!

»Bloodwood«-Eukalypten wurden nach ihrem roten, wundheilenden Harz benannt.

Fast 800 Arten in Australien vorkommender Akazien unterstreichen die weite Verbreitung dieser Pflanzengruppe. Unter dem Sammelnamen »Wattles« bilden Akazien eigene busch- oder baumhohe Bestände wie z. B. die Mulga-Formation Zentralaustraliens (s. S. 16 bzw. S. 54) oder sie stellen den Unterwuchs in Trockenwäldern.

Leicht kenntlich sind Akazien an ihren kugel- bis zylinderförmigen, meist gelben oder weißen Blütenständen (s. Foto S. 110). Ihre typischen gefiederten Blätter sind bei vielen der an trockene Standorte angepaßten Arten völlig reduziert und durch flächig ausgebildete, weniger verdunstende Blattstiele ersetzt. Diese Blattstielblätter (Phyllodien) übernehmen die Fotosynthese (vgl. Foto S. 109). Akazien werden auf vielfältige Weise genutzt: als Bauholz und Zaunpfosten, als Nahrungsquelle (Honig und Samen) und zu Dekorationszwecken. Aborigenes stellen Werkzeuge und Kultgegenstände aus Akazienholz her.

am häufigsten zu sehenden Tiere. Unter den 150 im Nationalpark vorkommenden Arten fallen Keilschwanzadler (S. 106), die attraktiven Inkakakadus und die oft in großen Schwärmen auftretenden Wellensittiche (S. 45) auf. An Spinifex-Gras als Lebensraum hat sich der unscheinbare graubraune Spinifexsänger angepaßt.

Viele der im freien Gelände oft nur mit Mühe zu findenden Vogelarten können bereits im

Jeder will zum Gipfel: die endlose Schlange der »Uluru-Bergsteiger« am frühen Morgen.

Yulara Resort gesehen werden; so z. B. die farbenprächtigen Scharlachtrugschmätzer, die lärmenden Pfeifhonigesser sowie die allgegenwärtigen Rosakakadus (»Galahs«; S. 111), Zebrafinken (S. 45) und die eleganten Gartenfächerschwänze (»Willy Wagtails«; S. 116).

An Reptilien beherbergt Zentralaustralien verschiedene interessante Arten, vom nur 20 cm kleinen, harmlosen Dornteufel bis zum 2,5 m langen, räuberisch lebenden Riesenwaran (»Perenty«; S. 48). Blauzungenskinke der Art *Tiliqua occipitalis* und die giftige Wüsten-Todesotter sind typische Bewohner des Spinifex-Graslandes.

Erstaunliche Anpassungen an die klimatischen Bedingungen zeigen Wasserreservoirfrösche (S. 21) und die »Shield Shrimps«.

Letztere – eine Art urtümlicher kleiner Krebs – kommen in Wasserbecken auf dem Ayers Rock vor. Sie überleben das Austrocknen ihrer Gewässer mit Hilfe von resistenten Eiern.

Im Gebiet unterwegs

Nach einer ersten Orientierungsrundfahrt und dem Besuch des **Besucherzentrums in Yulara** sowie des **Uluru Katatjuta Cultural Centre** nahe dem Uluru ist die Teilnahme an einer der von Rangern geführten Touren empfehlenswert. Sie befassen sich intensiv mit der Natur und mit verschiedenen Aspekten der Kultur der Ureinwohner.

Unvergeßlich bleibt ein Spaziergang entlang des Uluru in der Abendsonne im Bereich der Kantju Gorge ①; durch »Bloodwood«-Bestände, vorbei an Höhlen und Tümpeln, überragt von den roten Felswänden, in denen sich Graubartfalken durch ihre Rufe verraten. Eine komplette Umrundung des Felsens zu Fuß nimmt 4–5 Stunden in Anspruch.

Der **Aufstieg zum Gipfel des Uluru** ② ist noch möglich, wird aber von den Aborigenes nicht gerne gesehen. In keinem Fall sollte er bei Herz- und Kreislaufschwierigkeiten, Schwindelanfälligkeit oder während der größten Tageshitze unternommen werden. Die Liste der am Uluru gestorbenen Besucher, die dies nicht beachten, wird jedes Jahr länger . . .

Interessant ist auch eine Wanderung durch schöne Trockenvegetation auf dem **Liru Walk** ③ von der Rangerstation zum Aufstiegspunkt (2 km). Den Rückweg kann man dann entlang des Uluru und der Straße antreten. Dabei empfiehlt sich ein Abstecher zu den Felsmalereien und dem Wasserloch von **Mutitjulu** (Maggie Springs) ④.

Weitere Möglichkeiten für Spaziergänge bieten sich im Bereich der Olgas. Der kurze Weg von der Straße zur **Kata Tjuta Viewing Area** ⑤ gibt – neben einem hervorragenden Blick auf die Felsendome – Gelegenheit zu Vogelbeobachtungen. Ein anderer schöner Blick auf die Olgas eröffnet sich von der **Sun-**

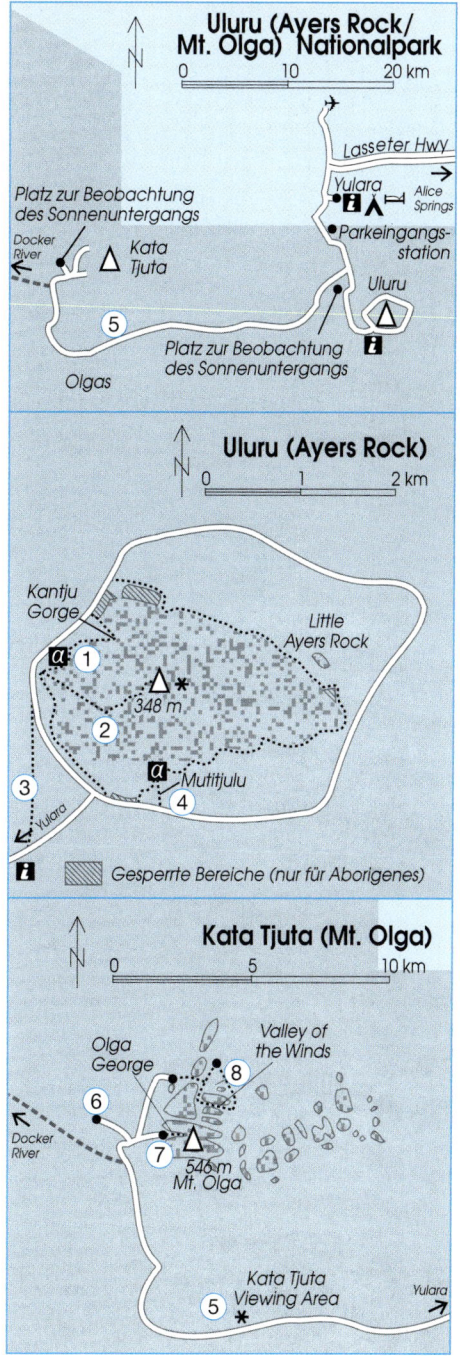

Mulga – eine der wichtigsten bestandsbildenden Akazienarten Inneraustraliens.

set **Viewing Area** ⑥. Ins Gebiet der Kuppeln selbst gelangt man auf dem vor allem an den Nachmittagen stark begangenen **Olga Gorge Walk** ⑦ (2 km) und auf dem **Valley of the Winds Walk** ⑧. Letzteren etwa 6 km langen Rundweg erreicht man vom nordwestlichen Parkplatz aus.

Einen ergänzenden Eindruck vermittelt die Betrachtung der beiden Felsmassive aus der Vogelperspektive. Für **Rundflüge** stehen Helikopter und kleine Propellermaschinen zur Verfügung.

Praktische Tips

Anreise

Von Alice Springs über den Stuart Highway zum Lasseter Highway (Abzweigung bei Erldunda), 470 km, durchweg asphaltiert. Karte: Hema Road Map »The Red Centre – Alice Springs to Ayers Rock«. Außerdem gibt es regelmäßige Bus- und Flugverbindungen sowie organisierte Touren von Alice Springs nach Yulara.

ACHTUNG: Der Nationalpark ist von Aborigenes-Land umgeben, für dessen Betreten (abseits der Straße) eine Erlaubnis erforderlich ist.

Klima/Reisezeit

Trockenes, extremes Kontinentalklima; Temperaturen zwischen 45 °C an Sommertagen (Dezember bis Februar) und – 5 °C in Winternächten (Juni bis August). Durchschnittlich 10 Nachtfröste im Juli. 200–250 mm Jahresniederschlag, der völlig unvorhersehbar fällt. Das Verdunstungspotiential entspricht 2800 mm Regen/Jahr. Beste Reisezeit: Die Winter- und Übergangsmonate.

Unterkunft

Im **Yulara (Ayers Rock) Resort** 20 km nordwestlich des Uluru. Unterkunftsmöglichkeiten für jeden Geschmack und Geldbeutel (vom Campingplatz bis zum Luxushotel). Läden, Restaurants, Tankstelle, Banken, Post usw. vorhanden. Im Juli/August sind Engpässe in Transport und Unterkunft möglich.

Adressen

▷ Central Australian Tourism Industry
Association, Gregory Terrace,
P. O. Box 2222, Alice Springs, NT 0871,
Tel. (08) 8952 5199;
▷ Parks and Wildlife Commission of the NT,
Sth. Stuart Hwy, P. O. Box 1046, Alice
Springs, NT 0871, Tel. (08) 8951 8211;
▷ Yulara Visitor Centre, P. O. Box 46;
Yulara NT 0872, Tel. (08) 8956 2240.

»Sturt's Desert Rose«, die »Staatsblume« des   ▷
Nordterritoriums, gehört zu den Malvengewächsen.

Eines der bekanntesten Fotomotive Australiens: der Uluru
bei Sonnenuntergang.

6 Cape York Halbinsel

Eine der letzten großen Wildnisse Australiens mit großer Lebensraumvielfalt; zahlreiche Flußläufe, ausgedehnte Überschwemmungsebenen, Lagunen und Wasserlöcher mit reicher Vogelwelt; durch Einwanderer aus Neuguinea bereichertes Artenspektrum der Regenwälder; einziges Vorkommen von Tüpfelkuskus, Palmkakadu, Edelpapagei und Grünem Baumpython in Australien; Goldschultersittiche in den Termitensavannen.

Dieses selbst für australische Begriffe relativ große Gebiet (rund 200 000 km^2) umfaßt den gesamten Nordostzipfel des Kontinents bis hinunter zum 17. Breitengrad – unter Ausnahme der immergrünen Regenwälder zwischen Cairns und Cooktown. Es zählt zu den abgelegensten, noch kaum erschlossenen Regionen Australiens und ist mit etwa 15 000 Einwohnern nur sehr dünn besiedelt. Cape York beherbergt eine z. T. sehr spezifische und reichhaltige Tier- und Pflanzenwelt. Allein etwa 90 Säugetierarten und mehr als die Hälfte aller australischen Vogelarten wurden hier bisher beobachtet. Viele von ihnen sind in ihrer Verbreitung auf diese Region beschränkt.

Die meisten der heute zahlreichen Nationalparks der Halbinsel wurden erst vor wenigen Jahren durch Landrückkäufe von Rinderfarmern eingerichtet. Zu den wichtigsten zählen der regenwaldreiche Iron Range Nationalpark (36 600 ha) und der Lakefield Nationalpark (537 000 ha) im Südosten. Letzterer ist relativ leicht zugänglich und bietet neben zahlreichen Wasservögeln einen guten Querschnitt durch fast alle wichtigen Lebensräume der Halbinsel.

Geologisch wird Cape York von zwei großen quartären Sedimentbecken dominiert: dem Laura-Becken im südöstlichen Grenzbereich und dem Carpentaria-Becken im Südwesten. Die sich nördlich an das Carpentaria-Becken anschließenden Golfebenen werden im Osten von den nördlichsten Ausläufern der Great Dividing Range begrenzt, die mit Höhen bis zu über 800 m die Wasserscheide zwischen dem Gulf of Carpentaria und der Coral Sea bildet.

Cape York ist schon seit Jahrmillionen ein wichtiger Brückenkopf für den Faunenaustausch mit dem nur 150 km entfernt liegenden Neuguinea. Die Urform vieler Tierarten Australiens, die, wie z. B. die Nagetiere, ursprünglich der benachbarten tiergeographischen Region der Orientalis (s. S. 17) entstammen, erreichten den Kontinent vermutlich über diesen Weg. Für spätere Einwanderer aus der tropischen Nachbarinsel wurde dann die sich in der Neuzeit ausbildende Trockenzone des Laura-Beckens im Süden ein ernstzunehmendes Verbreitungshinder-

Die Kannenpflanze hat ihre Blätter zu Insektenfallen umgewandelt.

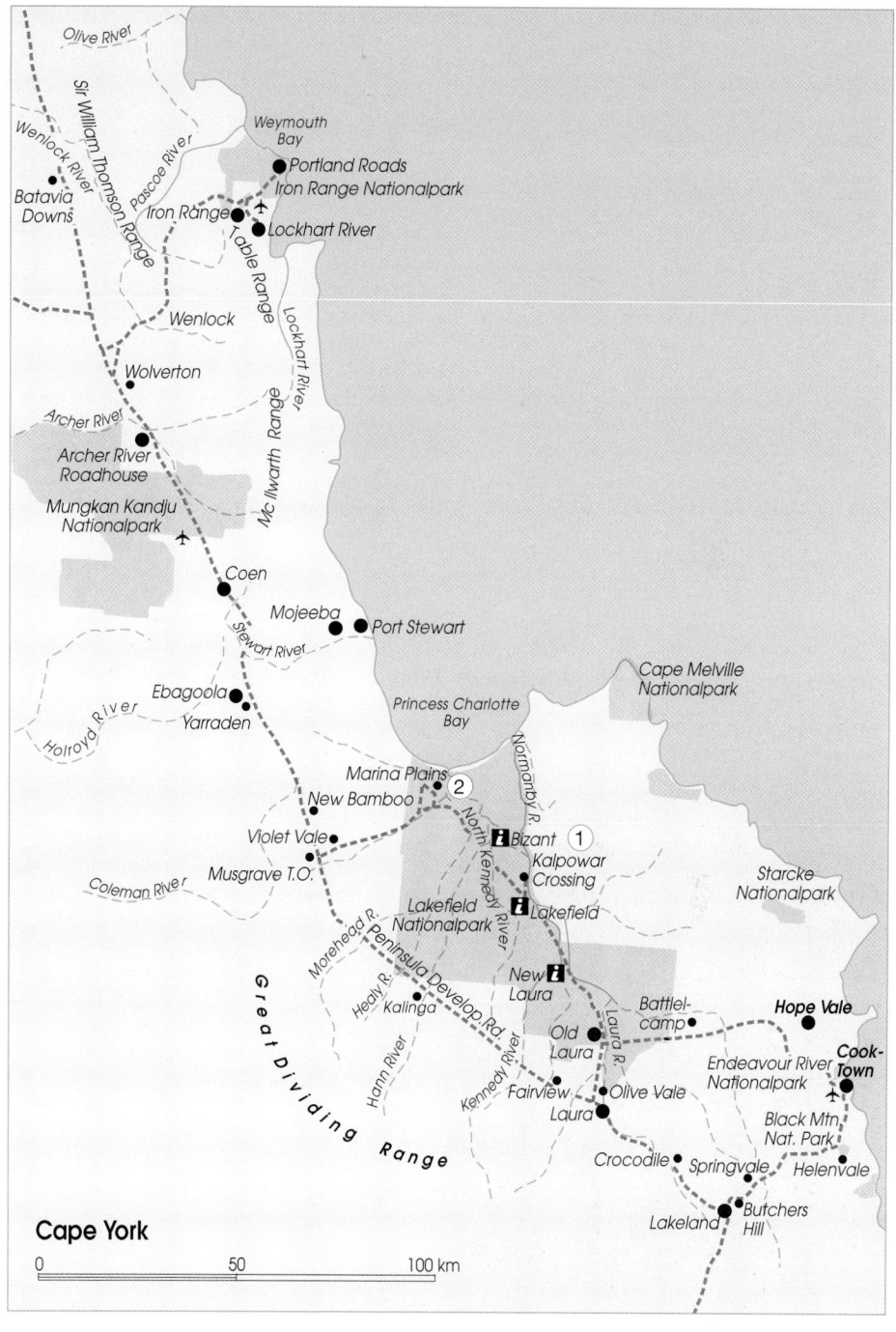

Olive River

Sir William Thomson Range

Wenlock River

Pascoe River

Weymouth Bay

Portland Roads
Iron Range Nationalpark

Batavia Downs

Iron Range ✈

Lockhart River

Table Range

Wenlock

Lockhart River

Wolverton

Mc Ilwarth Range

Archer River

Archer River Roadhouse

Mungkan Kandju Nationalpark ✈

Coen

Stewart River

Mojeeba

Port Stewart

Cape Melville Nationalpark

Princess Charlotte Bay

Ebagoola

Yarraden

Holroyd River

Normanby R.

Marina Plains

②

Starcke Nationalpark

New Bamboo

North Kennedy River

ℹ Bizant

①

Violet Vale

Kalpowar Crossing

Coleman River

Musgrave T.O.

Lakefield Nationalpark

ℹ Lakefield

Morehead R.

Peninsula Develop. Rd.

New ℹ Laura

Hope Vale

Healy R.

Kalinga

Battel-camp

Cook-Town

Hann River

Old Laura

Endeavour River Nationalpark

✈

Kennedy River

Laura R.

Fairview

Olive Vale

Black Mtn. Nat. Park

Laura

G r e a t   D i v i d i n g   R a n g e

Crocodile

Springvale

Helenvale

Cape York

Lakeland

Butchers Hill

0   50   100 km

nis. Sie konzentrieren sich deshalb in den Monsun- und Regenwäldern des östlichen Küstenstreifens der Halbinsel.

Pflanzen und Tiere

Zu den wichtigsten Lebensräumen bzw. Pflanzengemeinschaften Cape Yorks zählen Savannen und offene Hartlaubwälder. Sie werden von verschiedenen Eukalyptusarten wie der »Darwin Stringybark« beherrscht und sind oft durchsetzt von zahlreichen Termitenhügeln. Entlang der großen Flußläufe ziehen sich dichte, meist von Papierrindenbäumen (S. 88) dominierte Galeriewälder, in denen man gelegentlich auch Ameisenpflanzen findet. Diese aus dem indomalaiischen Raum eingewanderten Knollenepiphyten der Gattung *Myrmecodia* leben in enger Symbiose mit verschiedenen Ameisenarten, die in den Sproßknollen leben.

Eine harmlose, farbenprächtige Würgeschlange: der Grüne Baumpython.

Männliche Herkulesfalter finden ihre Weibchen mit Hilfe von Duftstoffen.

Die Baum- und Strauchheiden der Ostküste sind eine weitere wichtige Vegetationsformation. Proteen der Gattungen *Grevillea* und *Banksia* sind häufig, und hier ist auch der Lebensraum der Kannenpflanze, die sich mit ihren mit Verdauungsflüssigkeit gefüllten Kannenblättern auf Insektenfang spezialisiert hat. Über 40 Mangrovenarten säumen die Küstenniederungen, während Salzpfannen und Überschwemmungsebenen mit der bis zu 25 m hohen Gebangpalme ein weiteres pflanzliches Kuriosum beherbergen: Sie erschöpft ihre Kräfte in der einmaligen Ausbildung eines 3–4 m langen Blütenstandes und stirbt mit der Reife der Früchte etwa 1 1/2 Jahre später ab.

Monsun- und Regenwälder sind die wichtigste Waldform des Ostens und Nordens. Die durch laubwerfende Baumarten wie z. B. den Kapokbaum charakterisierten Monsunwälder bilden zusammen mit den immergrünen Regenwäldern den Lebensraum einiger der außergewöhnlichsten Kapbewohner. So findet man unter den Säugetieren der Regenwälder des **Iron Range Nationalparks** neuguineischen Spezialitäten wie den Tüpfelkuskus, den Grauen Kuskus oder den Streifenbeutler. Innerhalb Australiens in ihrer Verbreitung auf diese Wälder beschränkt sind auch so reizvolle Vogelarten wie der Edelpapagei, der stark bedrohte Palmkakadu oder der Prachtparadiesvogel. Gelegentlich können hier sogar Helmkasuare, Australiens zweitgrößte Laufvögel, beobachtet werden. Unter den Reptilien und Amphibien finden sich ebenfalls einige »Neuguineer«, wie der Grüne Baumpython oder der »Longnosed Tree Frog«. Darüber hinaus ist der Nationalpark für seinen Schmetterlingsreichtum bekannt. Etwa 1/4 der knapp 400 bisher bekannten Arten Australiens kommt hier vor. Ein Beispiel ist der Herkulesfalter, der mit 25 cm Spannweite zu den größten Schmetterlingen der Welt zählt.

Die zahllosen, seerosenbedeckten Lagunen

Brolgakraniche beim Tanz in den Termitensavannen der Cape York Halbinsel.

und Wasserlöcher der weiten Überschwemmungsebenen und Flußsysteme des **Lakefield Nationalparks** beherbergen eine ganz andere Lebewelt. Eine große Vielfalt von Wasservögeln beherrscht das Bild, Leisten- und Süßwasserkrokodile (s. S. 61) sind zahlreich. Als wahres »Wasservogelparadies« hat das Gebiet viele Arten mit dem bekannteren Kakadu Nationalpark (s. S. 24) gemeinsam und braucht einen Vergleich mit diesem nicht zu scheuen. In den offenen Savannen des Lakefield Nationalparks leben Antilopenkänguruhs, Flinkwallabies (S. 209) und Goldschultersittiche. Dieser für die Halbinsel endemische Vogel brütet in selbstgegrabenen Höhlen in den hier so häufigen Termitenhügeln und ist mittlerweile durch Wilddieberei stark in seinem Bestand bedroht.

Helmkasuare bewohnen die tropischen Wälder Australiens. Sie sind sehr selten geworden.

Rastende Krokodile können beim Angriff unvermutet schnell werden; links das gefährliche Leistenkrokodil, rechts das friedlichere Süßwasserkrokodil.

Im Gebiet unterwegs

Die Cape York Halbinsel ist nur mit Allradfahrzeugen befahrbar (eventuelle Ausnahme: Lakefield Nationalpark). Im allgemeinen gilt: je nördlicher, desto unwegsamer die Strecke und desto häufiger und problematischer die Flußdurchquerungen. Für Unerfahrene empfiehlt sich deshalb der Anschluß an eine der zahlreichen organisierten Touren oder die Beschränkung ihres Besuchs auf die beiden folgenden, bereits mehrfach erwähnten Nationalparks:

Lakefield Nationalpark: Nach Einfahrt in den Park müssen Fahrerlaubnis und „camping permit" bei einer der drei Rangerstationen (New Laura, Lakefield, Bizant) eingeholt werden. Da einzelne Teile des Parks hin und wieder zu Regenerationszwecken geschlossen werden, sollte man sich bei Abstechern von der Hauptpiste ganz nach den Anweisungen und Empfehlungen der Ranger richten. Sie kennen auch die gerade vogelreichsten Lagunen. Ansonsten gibt es einen kurzen Wanderweg entlang des Normanby Rivers bei **Kalpowar Crossing** ①, und auch das

Gebiet um die **Marina Plains** ② im Norden des Parks ist sicher einen Besuch wert.

Iron Range Nationalpark: Bei der Rangerstation beim King Park Homestead, etwa 3 km nördlich der Flugpiste von Lockhart River, gibt es wieder das »camping permit«, nähere Informationen und Empfehlungen. Fest eingerichtete Wanderwege existieren z. Z. noch nicht.

Praktische Tips

Allgemein werden für Touren in dieser Region die SUNMAP-Karten »North Queensland« oder »Gulf Savannah« empfohlen, für den Lakefield Nationalpark außerdem die große Karte des National Park & Wildlife Services. Wer bis zum Kap reisen möchte, sollte sich eventuell auch mit z. B. folgender Lektüre eindecken: Cape York, An Adventurer's Guide, Ron & Vic Moon, Kakirra Adventure Publications, 1987.
ACHTUNG: Volle Outback-Ausrüstung (s. S. 224) ist erforderlich, näherer Kontakt mit Wildschweinen, Leistenkrokodilen und Agar-Kröten sollte möglichst vermieden und Mückenschutz nicht vergessen werden!

Australische Krokodile

Die beiden Krokodilarten im tropischen Norden Australiens unterscheiden sich vorwiegend in ihrer Größe und Verbreitung.

Das **Süßwasser-** oder **Johnston-Krokodil** lebt als endemische Art hauptsächlich in den Gewässern des Inlands und wird nur selten im Gezeitengebiet gesehen. Es erreicht maximal 3 m Länge, hat eine schmale spitze Schnauze und gilt außerhalb der Brutzeit eher als scheu.

Das **Leistenkrokodil** kann im Salz- und Süßwasser angetroffen werden und scheut auch das offene Meer nicht. Außerhalb Australiens ist es über ganz Südostasien und den Indomalaiischen Archipel verbreitet. Es gehört mit 6–7 m Länge zu den größten und aggressivsten Krokodilarten. Seine Schnauze ist im Gegensatz zu derjenigen des Süßwasserkrokodils breit und stumpf.

Beide Krokodilarten genießen in Australien strengen Schutz, nachdem besonders das Leistenkrokodil durch intensive Bejagung an den Rand des Aussterbens gebracht wurde. Teilweise tödlich endende Zwischenfälle gewinnen mit dem zunehmenden Tourismus in Krokodilgebieten an Häufigkeit. Man beachte deshalb unbedingt die folgenden Verhaltensregeln:

- ☐ Nicht in Krokodilgewässern schwimmen!
- ☐ Sich Krokodilen und deren Nester nicht nähern!
- ☐ Ruhende Krokodile nicht erschrecken oder in ihrem Fluchtweg zum Wasser stehen!
- ☐ Keine Fische oder Fischreste an Ufern oder im Wasser hinterlassen!

Anreise

Von Cairns über Mt. Molloy und Lakeland Downs nach Laura (Peninsula Development Road, ca. 340 km).

Lakefield Nationalpark: Kurz hinter Laura rechts nach Old Laura (Parkgrenze) und New Laura (Rangerstation).

Iron Range Nationalpark: Von Laura weiter auf der Peninsula Development Road zunächst nach Coen (etwa 250 km); 83 km nördlich von Coen rechts abzweigen Richtung Portland Roads/Lockhart River Mission, von hier sind es dann noch etwa 150 km (= 4 Stunden) bis zum Park (reine Allradstrecke).

Klima/Reisezeit

Hauptregenbringer ist der Nordwestmonsun (November bis April), im übrigen Jahr fallen nur noch entlang der Ostküste geringe Niederschlagsmengen (Einfluß des Südostpassats); Niederschlagsmaxima an den Küsten um 2050 mm/Jahr (Iron Range), im Inland 1150 mm/Jahr (Coen) und weniger; mittlere Temperaturen zwischen etwa 33 °C im Dezember und 17 °C im Juli (Coen). Beste und einzig mögliche Reisezeit: Juni bis Oktober.

Der kräftige Schnabel des Palmkakadus ist ein idealer Nußknacker.

Schlangenhalsvögel sind gute Taucher. Sie spießen ihre Fische unter Wasser auf.

Känguruh-Felsmalerei: Detail aus der Magnificent Gallery in der Quinkan Reserve.

Unterkunft

Zahlreiche einfache Campingplätze im Lakefield, ein Campingplatz (nahe der Wegkreuzung Portland Roads/Lockhart River) im Iron Range Nationalpark; Hotel/Motel in Cooktown, Lakeland Downs und Laura.

Adressen

▷ Queensland Parks and Wildlife Service, 10–12 MacLeod Street, P. O. Box 2066, Cairns QLD 4870, Tel. (07) 4052 3096;
▷ Iron-Range-Nationalpark, Tel. (07) 4060 7170;
▷ Rangerstationen im Lakefield Nationalpark: New Laura – Tel. (07) 4060 3260, Bizant – Tel. (07) 4060 3271, Lakefield – Tel. (07) 4060 3258.

Blick in die Umgebung

Im Süden der Halbinsel fand man in den letzten 25 Jahren zunehmend z. T. über 13 000 Jahre alte Gravierungen und Felsmalereien der Ureinwohner. In ihnen werden hauptsächlich jagdbare Tiere, aber auch die langen, dünnen Urzeitwesen der »Quinkans« dargestellt. Hunderte solcher Felskunstgalerien liegen innerhalb der 1977 eingerichteten **Quinkan Reserve** in der Nähe von **Laura**. Die Region gilt heute als einer der bedeutendsten Plätze für prähistorische Kunst in ganz Australien.
Etwa 120 km östlich von Laura, auf dem Weg nach Cooktown, liegt der **Black Mountain Nationalpark**. Diese »schwarzen Berge« aus über 400 m hoch aufgetürmten, nur mit Flechten bedeckten Granitbrocken stellen ein geologisches Kuriosum dar, um das sich viele Legenden der Ureinwohner winden. Unter den moderneren Erforschern gilt das Gebiet als außergewöhnlich schlangenreich. TIP: Auf dem Rückweg vom Cape York nach Cairns sollte man nicht versäumen, das **Rainforest Habitat Wildlife Sanctuary** bei Port Douglas zu besuchen! Hier ist vieles zu sehen, was einem im Regenwald entgangen ist . . .

7 Atherton Tableland

Fruchtbares Hochplateau mit interessanten vulkanischen Formationen; über ein Dutzend Nationalparks und andere Schutzgebiete; letzte Fragmente tropischen Hochlandregenwaldes und Bergregenwald; Lebensraum von Moschus-Rattenkänguruhs, Baumkänguruhs und verschiedenen Ring- und Gleitbeutlern; Säulengärtner und Blattschwanzgeckos unter den vielen Vogel- und Reptilienarten; großer Reichtum an Schmetterlingen.

Dieses maximal etwa 90 × 40 km große Gebiet umfaßt die hügeligen Hochplateaus des küstennahen Hinterlandes zwischen Cairns und Innisfail in Nordost-Queensland. Seine westlichen bzw. östlichen Grenzen bilden die hier weit im Landesinneren verlaufende Great Dividing Range und die küstennahe Bellenden Ker Range, die den höchsten Berg Queenslands, den Mt. Bartle Frère (über 1600 m hoch), einschließt. Zentrum des zwischen 600 und 900 m hohen Tafellandes ist das 1885 als Holzfällerlager entstandene Atherton (4200 Einwohner, 760 m).

Blick über das Atherton Tableland bei Gewitterstimmung.

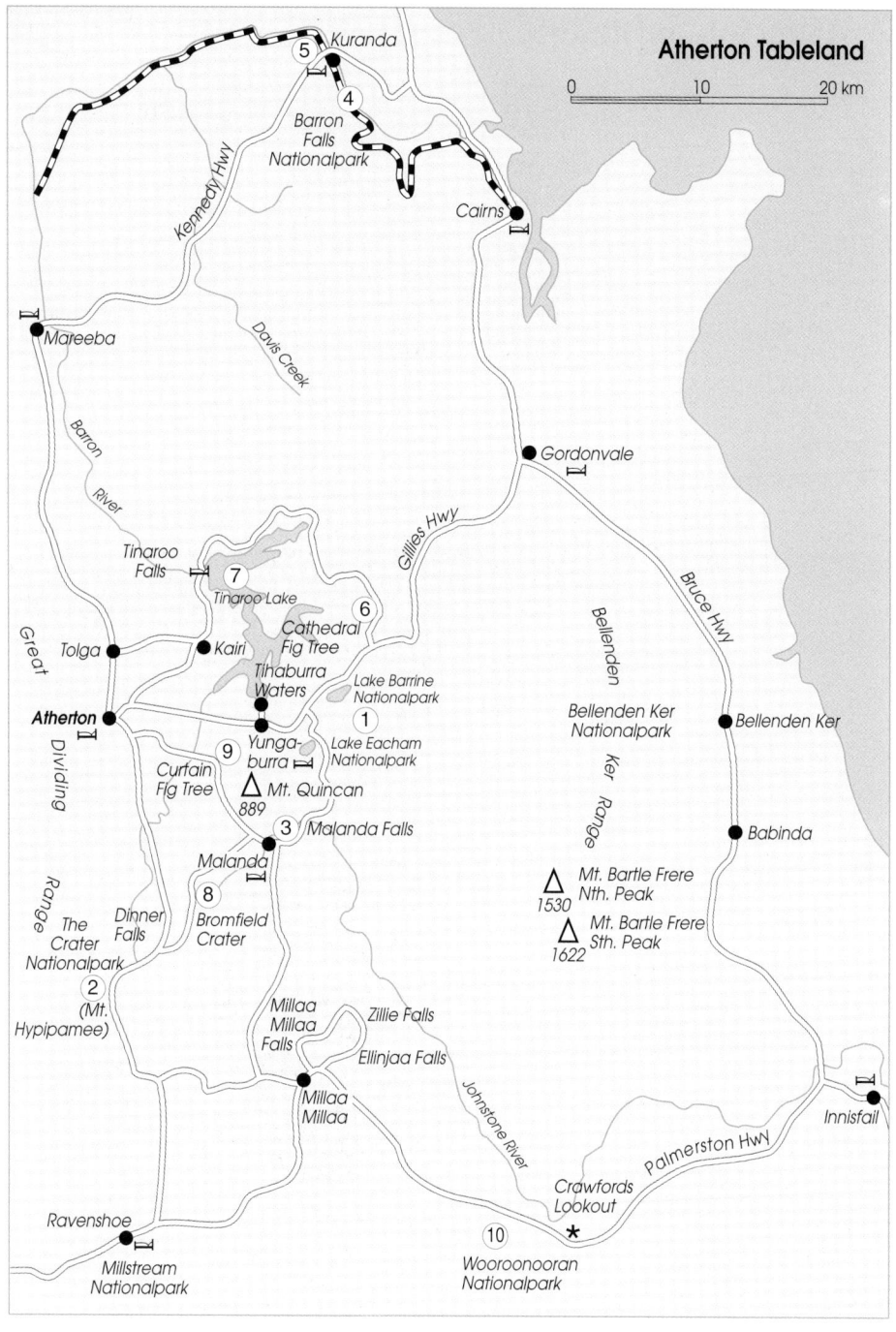

Atherton Tableland

0   10   20 km

Kuranda
5
4
Barron
Falls
Nationalpark
Kennedy Hwy
Davis Creek
Cairns
Mareeba
Barron River
Gordonvale
Gillies Hwy
Tinaroo Falls
7
Tinaroo Lake
6
Cathedral Fig Tree
Tihaburra Waters
Kairi
Lake Barrine Nationalpark
1
Bellenden Ker Range
Bruce Hwy
Bellenden Ker Nationalpark
Bellenden Ker
Great Dividing Range
Tolga
Atherton
9
Yunga-burra
Lake Eacham Nationalpark
Curtain Fig Tree
Mt. Quincan
889
Babinda
3
Malanda Falls
Malanda
Mt. Bartle Frere Nth. Peak
1530
8
Bromfield Crater
Dinner Falls
Mt. Bartle Frere Sth. Peak
1622
The Crater Nationalpark
2
(Mt. Hypipamee)
Millaa Millaa Falls
Zillie Falls
Ellinjaa Falls
Johnstone River
Millaa Millaa
Innisfail
Palmerston Hwy
Ravenshoe
Crawfords Lookout
10
Wooroonooran Nationalpark
Millstream Nationalpark

Inmitten des umgebenden Farmlandes liegt eine Reihe von Schutzgebieten, die vor allem zur Erhaltung der letzten Reste tropischen Hochlandregenwaldes geschaffen wurden. Trotz ihrer meist geringen Größe bieten sie einer enormen Vielfalt an Tieren und Pflanzen Unterschlupf.

Allgemein hatten und haben die feuchten Tropen Australiens sehr unter Holzeinschlag zu leiden. Etwa ¾ der natürlichen Vegetation dieser rund 11 000 km² großen Region zwischen Cooktown und Townsville wurden bereits vernichtet. Nennenswerte Bestände tropischen Regenwaldes finden sich lediglich noch an den Hängen einiger küstennaher Gebirgszüge, in den Küstenebenen nördlich des Daintree Flusses und in verinselten Flecken auf den Hochländern.

Das Atherton Tableland wurde neben seinen Regenwaldrelikten auch für seine »bewegte Geschichte« berühmt. Es zählt zu den jüngsten der 12 vulkanischen Provinzen Nordostaustraliens nördlich des 22. Breitengrades, in der in den letzten 3 Mio. Jahren über 50 Vulkanschlote rauchten. Neueste Untersuchungen belegen ein Fortdauern dieser vulkanischen Aktivität bis vor nur 7250 Jahren! Zeugen dieser Epoche finden sich überall auf dem Tafelland: fruchtbare Böden, Maare (z. B. Lake Eacham und Lake Barrine), Gasexplosionskrater (Mt. Hypipamee) und Aschekegel wie die Seven Sisters oder der 889 m hohe Mt. Quinkan östlich von Atherton beherrschen das Bild. Viele der geologischen Attraktionen liegen innerhalb der oben erwähnten Schutzgebiete.

Pflanzen und Tiere

Die letzten Rudimente der über 100 Mio. Jahre alten Gondwanaland-Regenwälder Australiens (s. S. 10) beherbergen unschätzbare botanische Kostbarkeiten. Allein 12 von insgesamt 19 weltweit bekannten, sehr seltenen archaischen Blütenpflanzenfamilien sind hier ebenso heimisch wie die Urformen der heute in Australien dominierenden Familien der Proteen und Myrtaceen. Außerdem sind

Eine Würgefeige mit ausgefallener Wuchsform: der Curtain Fig Tree in der Yungaburra Forestry Reserve.

viele Vertreter der alten Familie der Palmfarne, wie die farnähnliche *Bowenia spectabilis*, und über 90 der insgesamt rund 250 Farnarten des 5. Kontinents in ihrer Verbreitung auf dieses Gebiet beschränkt. Insgesamt findet man 435 von über 1160 bisher aus der Region beschriebenen Blütenpflanzenarten nirgendwo sonst in Australien. Zu ihnen gehören z. B. die auf dem Atherton Tableland vertretenen »Black Bean Trees«, die möglicherweise ein neues Mittel gegen AIDS enthalten, der »Flame Tree«, ein wegen seiner roten Blütenpracht heute weltweit beliebter Parkbaum, der »Qandong« mit seinen auffälligen blauen Pflaumenfrüchten und der »White Apple« als schönes Beispiel für die regenwaldtypische Erscheinung der Kauliflorie (= Stammblütigkeit). Wie in allen australischen Regenwäldern sind auch Würgefeigen wie die »Rusty Fig«, die mit Vor-

Eine Lichtung im Regenwald füllt sich schnell mit dichtem Unterwuchs.

◁ Die farbenprächtigen Paradies-Eisvögel brüten bevorzugt in Termitenbauten.

sicht zu behandelnden »Stinging Trees«, Kletterpalmen *(Calamus)* und verschiedene Ingwerarten *(Alpinia)* häufig.
Die Tierwelt der feuchten Tropen Australiens steht der Pflanzenwelt an Artenreichtum und Seltenheitswert nicht nach. Auf nur einem Tausendstel (0,1%) der Fläche des 5. Kontinents drängen sich 30% seiner Beuteltier- und Froscharten, 23% seiner Reptilien-, 18% seiner Vogel- und 62% seiner Schmetterlingsarten! Viele von ihnen sind in ihrer Verbreitung auf die tropischen Regenwälder der Region beschränkt, z. T. sogar speziell auf das Gebiet des Atherton Tablelands, so etwa die räuberisch lebende, winzige Atherton-Breitfußbeutelmaus.

Die Geschlechter des Cairns-Vogelfalters differieren stark; hier ein Weibchen.

Ein Schwerarbeiter auf seinem 1–2 m hohen Bruthügel: das Buschhuhn-Männchen.

Weibliche Buschhühner »vergnügen« sich gerne auf Picknickplätzen.   ▷

Während nächtlicher Scheinwerferexkursionen auf dem Tafelland sind vor allem »Possums« (s. S. 142) relativ leicht zu beobachten. Fachleute erkennen Arten wie den Grünen Ringbeutler, den Lemur-Ringbeutler oder den hier kupferfarbenen Fuchskusu bereits an der unterschiedlichen Farbe ihres im Lichtstrahl aufleuchtenden Augenspiegels. Andere Baumbewohner sind schwieriger zu finden, darunter auch das seltene Lumholtz-Baumkänguruh. Im Unterholz ist außerdem das kleine Moschus-Rattenkänguruh häufig, eine sehr urtümliche, rattenähnliche Känguruhart, die sich noch »auf allen Vieren« fortbewegt und, wie die »Possums«, Schlafnester baut.

Lebensraumzerstörung bedroht den Bestand des Thermometerhuhns.

Großfußhühner

Diese etwa fasanengroßen, von Australien bis zu den Philippinen verbreiteten Hühnervögel wurden durch ihr außergewöhnliches Brutverhalten bekannt. Zum Ausbrüten ihrer Eier benutzen sie Wärme der Umgebung, z. B. warmes vulkanisches Gestein, Sand in der Nähe heißer Quellen oder faulendes, Wärme erzeugendes Pflanzenmaterial.

Die Vertreter der drei australischen Arten Thermometerhuhn *(Leipoa ocellata),* Buschhuhn *(Alectura lathami)* und Großfußhuhn *(Megapodius freyzinet)* häufen hierzu z. T. bis 5 m hohe und 12 m durchmessende Hügel aus Pflanzen, Erde und Sand auf (vgl. Foto S. 67). Beim Zerfall der Pflanzenteile entsteht die erforderliche Brutwärme von 33−35 °C, die konstant gehalten werden muß. Dazu sondieren die Vögel das Nest mit ihrer wärmeempfindlichen Zunge, schichten zusätzlich Material auf oder scharren es weg, um Wärme zu speichern bzw. freizusetzen.

Bau des Brutapparates und Regelung der Temperatur ist meist Aufgabe der Männchen, die damit über die gesamte Brutperiode von 8−9 Monaten beschäftigt sind. Das Weibchen besucht das Nest nur zur Eiablage. Aus bis zu 35 Eiern − in wöchentlichen Abständen gelegt − schlüpfen selbständige Küken. Sie verlassen das Nest aus eigener Kraft und können schon nach einem Tag fliegen.

Für Vogelliebhaber hat das Tafelland einige Schönheiten zu bieten. So etwa den starengroßen Säulengärtner, der die beiden Schenkel seiner U-förmigen Laube bis zu 3 m hoch auftürmen kann, oder den seltenen Schildparadiesvogel. Beeindruckend ist das Vogelkonzert der Morgen- und Abendstunden: das Katzengeschrei des Grünlaubenvogels (S. 98), der Peitschenschlag des Schwarz-

schopf-Wippflöters und der tiefe Ruf der Purpurbrust-Fruchttaube (»Wompoo Pigeon«; S. 79) sind kaum zu überhören.

Unter den vielen Arten von Schmetterlingen sticht besonders der kobaltblaue Ulyssesfalter ins Auge.

Im Gebiet unterwegs

Viele Spezialveranstalter bieten Tages- und Nachtausflüge in das Atherton Tableland an. Außerdem sind alle Hauptattraktionen auch ohne Probleme mit dem eigenen PKW zu bereisen. Hier eine Auswahl der besuchenswertesten Schutzgebiete:

Lake Barrine/Lake Eacham Nationalparks (491 bzw. 485 ha) ①:

Diese kleinen, etwa 65 m tiefen Maare entstanden am Ende der vulkanischen Aktivitätsperiode des Tafellandes infolge von Wasserexplosionen (Überhitzung von Grundwasser durch aufsteigende Magma). Ihre nur niedrigen Kraterränder sind mit dichtem Regenwald besetzt, durch den jeweils etwa 5−6 km lange Wanderwege rund um die Seen führen. Sie eignen sich für Vogelbeobachtungen ebenso wie zum Aufspüren der bis zu 50 cm langen, sehr attraktiven Boyds-Winkelkopfagame. Außerdem kann man sich z. B. am **Lake Eacham** mit der Fütterung der zu den Schlangenhalsschildkröten (S. 21) gehörenden *Elseya-*Schildkröten vergnügen oder eine Bootsfahrt auf dem **Lake Barrine** unternehmen, während der man häufig auch die Amethystpython zu Gesicht bekommt. Sie ist mit bis zu 8,5 m Maximallänge die größte Schlange Australiens.

The Crater Nationalpark (Mt. Hypipamee) ②:

Dieses 360 ha kleine Schutzgebiet konzentriert sich um eine vulkanische Durchschlagsröhre, den Hypipamee-Gasexplosionskrater: Mit nur 70 m Durchmesser und etwa 60 m senkrecht zum Kratersee abfallenden Granitwänden bietet er einen spektakulären Anblick. Neben Wanderwegen zum Krater und zu den Dinner Falls ist die größte Attraktion die hier vertretene Tierwelt mit

z. B. über 300 Vogel- und allein 7 »Possum«-Arten. Sie läßt sich z. T. bereits leicht rund um den zentralen Campingplatz, dem Startpunkt der Wanderwege, beobachten. Es ist **der** Platz für nächtliche Exkursionen z. B. entlang der Zufahrtsstraße zum Nationalpark.

Malanda Falls Environmental Park & Scenic Reserve ③: Hier empfiehlt sich besonders der Rainforest Walk, der auf der den Wasserfällen gegenüberliegenden Straßenseite beginnt. Viele typische Vertreter der Regenwaldflora und Bruthügel des im Tafelland allgegenwärtigen Buschhuhnes sind zu sehen.

Einen Besuch wert sind außerdem:
☐ **Kuranda** ⑤: Eine Hauptattraktion ist die Fahrt mit der Gondelbahn (Skyrail) nach Smithfield bei Cairns. Ruhig über die Baumkronen gleitend kann man den Regenwald aus einer völlig neuen Perspektive geniessen.
☐ Der **Barron Falls Nationalpark** ④, in den man während der Zugfahrt von Cairns nach Kuranda einen sehr guten Einblick erhält.
☐ Die Schmetterlingsfarm in Kuranda ⑤, bekannt für ihre Erfolge in der Zucht z. B. des Cairns Vogelfalters (bis 20 cm Spannweite).
☐ Der **Cathedral Fig Tree** ⑥, die wohl größte Würgefeige des Tafellandes.
☐ Der 1958 geschaffene Stausee **Lake Tinaroo** ⑦ und der größte Krater des Tafellandes, der **Bromfield Crater** ⑧ (beide sehr gut für Wasservogelbeobachtungen).
☐ Der eindrucksvolle **Curtain Fig Tree** in der Yungaburra Forestry Reserve ⑨.
☐ Der **Wooroonooran Nationalpark** ⑩, den man auf dem Weg von Millaa Millaa nach Innisfail durchfährt, und der viele schöne Wanderwege bietet.

Praktische Tips

Anreise
Von Cairns über Kuranda und Mareeba (Kennedy Highway) oder über Gordonvale (Gillies Highway); von Innisfail über Millaa Millaa (Palmerston Highway). Dazu empfeh-

lenswert die UBD-Karte »Map of Cairns and District«.

Klima/Reisezeit
Durch die Höhenlage angenehm »gemildertes« Tropenklima mit warmen Tagen (25–32°C) und kühlen bis kalten Nächten; Hauptniederschläge von Dezember bis April um 1000 mm/Jahr, am Ostrand wesentlich höher (bis über 3500 mm/Jahr). Beste Reisezeit: August bis November (Zeit der größten Aktivität der Beuteltiere bzw. Vögel – und noch nicht zu naß).

Unterkunft
Eine große Auswahl von Lodges, Hotels, Motels und Campingplätzen in den Siedlungen des Tafellandes (Kuranda, Mareeba, Lake Tinaroo, Atherton, Yungaburra, Malanda) und in den Küstenstädten (z. B. Cairns, Innisfail).

Adressen
▷ Queensland Parks and Wildlife Service, 10–12 MacLeod Street, P. O. Box 2066, Cairns QLD 4870, Tel. (07) 4052 3096;
▷ Crater Lakes National Park, McLeish Road, P. O. Box 21, Yungaburra QLD 4872, Tel. (07) 4095 3768;
▷ Wooroonooran National Park, P. O. Box 800, Innisfail QLD 4860, Tel. (07) 4064 5115.

Horn-Blattschwanzgeckos verwirren Verfolger durch ihren »doppelten Kopf«.

8 Great Barrier Reef

Über 2000 km langer Korallenriffkomplex mit Tausenden von Einzelriffen; artenreichstes marines Ökosystem der Welt und »Erbe der Menschheit«; enorme Vielfalt von riffbauenden Steinkorallen; über 1500 Fisch- und rund 4000 Arten von Meeresschnecken und Muscheln; über 700 Korallen- und Festlandinseln mit Nisstränden von Grünen Meeres- und Karettschildkröten und teils riesigen Seevogelkolonien.

Entlang der Nordostküste Australiens bis hinauf nach Papua-Neuguinea zieht sich vom 24. bis jenseits des 10. südlichen Breitengrades die lange Kette der Korallenbänke des Great Barrier Reef. Das oft als größtes Bauwerk der Erde bezeichnete Naturwunder bildet keine einheitlich durchgehende Barriere; es besteht vielmehr aus über 2500 Einzelriffen unterschiedlichster Typen, von denen einige Ausmaße über 100 km^2 erreichen. Alle diese aus Abermillionen von Kalkskeletten winziger Steinkorallen bestehenden

Traum in Blau – ein Flug über das Great Barrier Reef.

Brutkolonie von Noddis und Rußseeschwalben auf Michaelmas Cay.

Gebilde gründen auf dem australischen Kontinentalsockel und bieten Lebensraum für eine unendliche Vielfalt von Tier- und Pflanzenarten, deren Formen- und Farbenreichtum das Auge immer wieder von neuem fesselt.

Der äußerste Gürtel der Riffe des Great Barrier Reef, das sogenannte »Outer Reef«, liegt entsprechend der Breite des Schelfs zwischen 260 km (Mackay) und 32 km (Cape Melville) vom Land entfernt. Die letzten Abschnitte des größeren australischen Teils des Riffkomplexes wurden 1983 in einem heute rund 350 000 km² großen »Marine Park« unter Schutz gestellt. Bereits 2 Jahre zuvor hatte das Barrier Reef als »Erbe der Menschheit« einen Platz auf der World Heritage List der UNESCO erhalten. Auf dieser Liste werden die wertvollsten Bauwerke und Naturregionen unseres Planeten erfaßt und ihnen damit ein gewisser internationaler Schutzstatus zuerkannt.

Die ersten Anfänge des Barrier Reef werden vor frühestens 18 Mio. Jahren vermutet, dem Zeitpunkt der allmählichen Drift Australiens in wärmere Gewässer (s. S. 10). In vielen Teilen aber begann das eigentliche Riffwachstum erst vor etwa 2 Mio. Jahren, wobei Ausdehnung und Größe dieses »antiken« Riffkomplexes stark dem Einfluß eiszeitlich bedingter Meeresspiegelschwankungen unterworfen waren. Erst mit der letzten Stabili-

Die stoßtauchenden Brauntölpel besiedeln Küsten und Inseln Nordaustraliens. Sie nisten u. a. auf Lady Elliot Island.

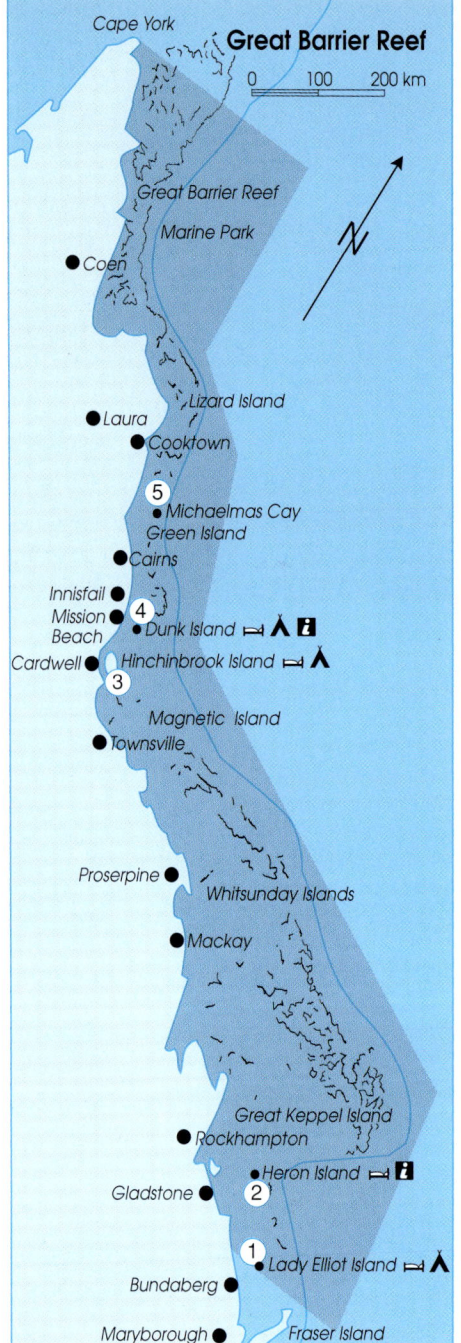

Great Barrier Reef

0   100   200 km

N

Cape York

Great Barrier Reef
Marine Park

● Coen

● Laura
Lizard Island
● Cooktown
⑤
● Michaelmas Cay
Green Island
● Cairns

Innisfail ●
Mission ④
Beach
● Dunk Island 🛏 🏕 ℹ
Cardwell ●
Hinchinbrook Island 🛏 🏕
③
Magnetic Island
● Townsville

Proserpine ●
Whitsunday Islands

● Mackay

Great Keppel Island
● Rockhampton
● Heron Island 🛏 ℹ
Gladstone ● ②
① ● Lady Elliot Island 🛏 🏕
Bundaberg ●

Maryborough ●   Fraser Island

sierung des Meeresspiegels vor 8000 bis 6000 Jahren begann der Aufbau des heutigen Barrier Reef auf älteren toten Riffteilen.

Pflanzen und Tiere

Neben Kalkalgen, Kalkröhren bauenden Wurmschnecken, Borsten- und Röhrenwürmern, Moostierchen und Kalkschwämmen sind in erster Linie die Steinkorallen die maßgeblichen Baumeister des Great Barrier Reef. Die zu den Nesseltieren gehörenden, meist nur wenige Millimeter großen Winzlinge bestehen im wesentlichen nur aus einem wäßrigen, sackartigen Körper mit einer runden Mundöffnung. Diese wird von einem Kranz von Fangarmen umgeben, von denen sich auch der Name »Korallenpolyp« für das Tier ableitet. Auf den Tentakeln sitzen Nessel- oder Klebzellen, mit deren Hilfe die nachtaktiven Räuber im Wasser schwebende Kleinstlebewesen (Plankton) erbeuten. Außerdem leben sie in enger Symbiose mit Millionen von einzelligen, gelbbraunen Algen (Zooxanthellen), die sie in ihrem Gewebe einlagern und die sie mit wichtigen zusätzlichen Nährstoffen versorgen.

Den Tag verbringen die Korallenpolypen zurückgezogen in ihren Kalkröhren, deren Baumaterial sie mit Hilfe ihrer symbiotischen Algen aus dem umgebenden Meer gewinnen. Diese sog. Außenskelette erfüllen einen mehrfachen Zweck: Sie stabilisieren das Einzeltier, heben es durch das Einziehen immer neuer Böden zum Licht und vervielfachen so den Besiedlungsraum. Besonders schnellwüchsige Steinkorallen wie z. B. verschiedene *Acropora*-Arten erreichen Rekordzuwachsraten bis 26 cm/Jahr. Für einen ganzen Riffkomplex liegen die Durchschnittswerte allerdings meist bei weniger als 1 cm/Jahr.

Bei der ungeschlechtlichen Vermehrung der Korallenpolypen durch Knospung oder Teilung verzweigen sich ihre »Wohnhäuser« und es entsteht eine als Korallenstock bezeichnete Kolonie. Die individuelle Wuchsform solcher Korallenstöcke bestimmt ihre

Zuordnung zu den unsystematischen, aber allgemein gebräuchlichen Gruppen wie Geweih-, Gehirn-, Pilz- oder Tischkorallen. Die zweite Vermehrungsart ist die geschlechtliche. Einmal im Jahr koordinieren alle Steinkorallen des Barrier Reef den Ausstoß von bunten Paketen von Eizellen und Spermien auf nur wenige Nächte nach einer Vollmondnacht im Frühling oder frühen Sommer – ein wahrhaft einmaliges Schauspiel.

Neben vielen anderen Tier- und Pflanzengruppen bewohnen leuchtend bunte Schwämme, über 4000 Arten verschiedener Weichtiere, darunter die bekannten Riesenmuscheln *(Tridacna)*, Krebstiere aller Größen und Formen, Seeigel, Seegurken und Seesterne die Unterwasserwelt des Barrier Reef. Zu den letzteren gehört auch die berüchtigte »Dornenkrone«, ein bis 60 cm durchmessender, mit Giftstacheln bewehrter Freßfeind der Korallenpolypen, dessen Massenvermehrung in den letzten 30 Jahren zur Verwüstung vieler Riffe führte. Am auffälligsten aber ist die Formen- und Farbenpracht vieler der über 1500 Fischarten des Riffkomplexes, zu deren häufigsten Familien Engelfische (Pomacanthidae), Riffbarsche (Pomacentridae), Gauk-

Die Polypen der Weichkorallen bilden keine Kalkskelette aus.

ler (Chaetodontidae) und Papageifische (Scaridae) gehören.

Die über 700 Korallen- und Festlandinseln der Meeresprovinz des Great Barrier Reef

Die Dornenkrone; dieser Seestern wurde zur Geißel australischer Korallenriffe.

Skelettstruktur einer Steinkoralle: Kalkstrahlen festigen die Wohnröhre.

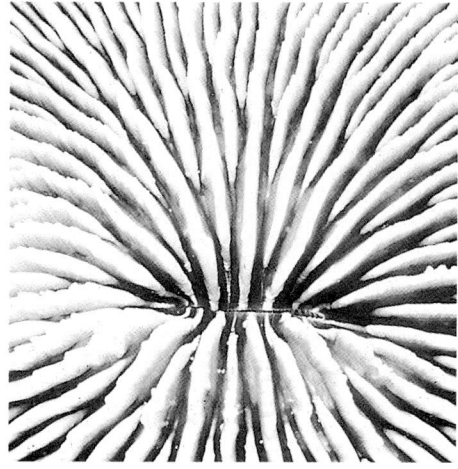

bilden eigene Lebensräume. Umgeben vom warmen, aquamarinblauen Wasser des Pazifischen Ozeans sind sie das Traumziel manches Australienbesuchers. Sie sind aber auch das Ziel vieler Meeresschildkröten, z. B. von Grünen Meeresschildkröten, Echten und Unechten Karettschildkröten, die einige ihrer Strände zur Eiablage aufsuchen. Ebenso beanspruchen Hunderttausende von Seevögeln mindestens 80 dieser Inseln für ihre teilweise riesigen Brutkolonien. Der Interessenskonflikt zwischen Tieren und erholungssuchenden Menschen ist so vielfach unvermeidlich. Die Einrichtung verschiedener Inselnationalparks löst nur teilweise die Probleme der zunehmenden Ausbreitung großer Ferienzentren, die nur in wenigen Fällen im Einklang mit ihrer Umgebung stehen.

Im Gebiet unterwegs

Viele Inseln des Barrier Reef sind mit Hilfe von organisierten Touren, Booten oder Flugzeugen erreichbar. Ebenso locken die Ferienzentren mit gelegentlichen Sonderangeboten bzw. festen »Reisepaketen« (mit Transport und Verpflegung), die unbedingt eine rechtzeitige Buchung erfordern. Für Naturfreunde besuchenswert sind u. a. die folgenden Inseln (von Süd nach Nord):

Lady Elliot Island (45 ha) ①: Südlichste Koralleninsel des Barrier Reef; Niststrände der Grünen Meeresschildkröte, Brutkolonien von Keilschwanz-Sturmtauchern, Eilseeschwalben und Brauntölpeln; sehr gute Riffe. **Unterkunft:** Lady Elliot Island Resort (auch mit Campingmöglichkeit); Anreise meist über Bundaberg oder Brisbane mit dem Flugzeug.

Heron Island (17 ha, Nationalpark) ②: Koralleninsel der vogelreichen Capricorn-Bunker-Gruppe; Niststrände der Grünen Meeresschildkröte, große Brutkolonie der Weißkopfnoddis (etwa 70 000 Vögel) in den *Pisonia*-Wäldern, Dunkelsturmtaucherkolonie; exzellente Riffe. **Unterkunft:** Heron Island Resort; Anreise über Gladstone per Helikopter oder Boot.

Hinchinbrook Island (etwa 624 km², Nationalpark) ③: Festlandinsel; Berge mit Höhen bis zu 1100 m, Wasserfälle, malerische Buchten und einsame Strände; Regen- und Trockenwälder, Heiden und ausgedehnte Mangrovenzonen; sehr gute Riffe um die nahegelegenen Brook Islands. **Unterkunft:** Hinchinbrook Island Resort und Campingmöglichkeiten im Nationalpark; Anreise über Cardwell per Boot, von Townsville und Cairns per Wasserflugzeug.
ACHTUNG: Seewespen-Saison von November bis März (s. S. 124) und Leistenkrokodile (s. S. 61) in den Mangrovengebieten!

Dunk Island (etwa 1200 ha, davon 730 ha Nationalpark) ④: Festlandinsel; Regenwald, Eukalyptuswälder, Mangroven und viele Orchideen; blaue Ulyssesfalter und über 100 Vo-

Grüne Meeresschildkröte bei der nächtlichen Eiablage am Sandstrand.

Einer der 1500 Fischarten des Great Barrier Reefs: der Harlekinfisch.

Ausgewachsene Exemplare der Riesenmuscheln werden bis zu 250 kg schwer.

gelarten; gute Wandermöglichkeiten. **Unterkunft:** Dunk Island Resort und Campingmöglichkeiten im Nationalpark; Anreise über Mission Beach per Boot, per Flugzeug von Townsville oder Cairns.
ACHTUNG: Die Insel liegt ebenfalls in der zwischen November und März von Seewespen »besuchten« Zone!

Michaelmas Cay (1,6 ha, Nationalpark) ⑤: Kleine Koralleninsel; wichtiger Nistplatz für etwa 20000 Rußseeschwalben, rund 8000 Noddis, Eil- und Rüppellseeschwalben; sehr gute Riffe. Keine Übernachtungsmöglichkeiten; Tagesausflüge per Boot von Cairns.
TIP: Einen Besuch wert ist auch das **Great Barrier Reef Wonderland** in Townsville, das größte Korallenriff-Aquarium der Welt!

Praktische Tips

Anreise: Siehe oben.

Klima/Reisezeit
Ausgeglichenes Meeresklima; Temperaturen im Sommer zwischen 20°C und 31°C, im Winter zwischen 13°C und 25°C; Hauptniederschläge im Sommer. Beste Besuchszeit: Frühling (September) bis Herbst (Mai) zur Fortpflanzungssaison der Meeresschildkröten und Seevögel, ansonsten ganzjährig.

Unterkunft: Siehe oben.

Adressen
▷ Queensland Government Travel Centre, Cnr. Adelaide & Edward St., Brisbane QLD 4000, Tel. (07) 3874 2800;
▷ Reef Headquarters, 2–68 Flinders Street, Townsville, QLD 4810, Tel. (07) 4750 0800;
▷ Queensland Parks and Wildlife Service, 10–12 MacLeod Street, P. O. Box 2066, Cairns QLD 4870, Tel. (07) 4052 3096.
Department on Environment:
▷ 160 Ann Street, P. O. Box 155, Brisbane QLD 4002, Tel. (07) 3227 8186;
▷ Centrepoint Building, 136 Goodoon Street, Gladstone, Tel. (07) 4972 6055.

9 Eungella Nationalpark

Wildnis der nebelverhangenen Gipfel, steilen Schluchten und rauschenden Bergbäche; ungewöhnliches subtropisch-tropisches Regenwaldmosaik; gute Beobachtungsmöglichkeiten für das seltene Schnabeltier; über 110 Vogelarten, darunter viele der bunten Regenwaldtauben; einziges Vorkommen des Magenbrüterfrosches und anderer interessanter Froscharten.

Eungella, das »Land der Wolken«, umschließt einen großen Teil der Clarke Range im Osten Zentralqueenslands. Die zerklüftete Bergkette steigt etwa 80 km westlich von Mackay steil aus der Zuckerküste auf und erreicht ihre höchsten Höhen im Mt. Dalrymple (1280 m). Der Nationalpark wird oft als der wildeste und majestätischste Queenslands bezeichnet und ist in weiten Teilen noch völlig unerschlossen. Seine knapp 50 000 ha bieten neben landschaftlicher Schönheit eine einmalige Mischung von tropischen und subtropischen Tier- und Pflanzenarten, die sich entlang der über 25 km Wanderwege im Südteil des Parks z. T. sehr gut beobachten lassen.

Die Clarke Range liegt innerhalb eines ehemals sehr aktiven vulkanischen Gebietes. Vor allem in der Zeit vor etwa 34–31 Mio. Jahren kam es hier wiederholt zu Hebungen und ungezählten Vulkanausbrüchen, die immer wieder neue Ströme hauptsächlich basaltischer Lava über das Land schickten. Aus diesem Material formten Erosionskräfte schließlich die heutigen bizarren Formen der dichtbewachsenen Bergkette. Wegen ihrer Unzugänglichkeit blieb sie weitgehend verschont von den umfassenden Ausholzungen zu Beginn des Zuckerrohranbaus im Pioneer Valley (zwischen Mackay und Eungella) im Jahre 1865.

Pflanzen und Tiere

Abgesehen von den offenen Eukalyptuswäldern des nordwestlichen Regenschattengebietes herrschen Regenwälder vor. Ein genauer Blick auf das Artenspektrum dieser Pflanzenformation zeigt eine Häufung tropischer Baumarten in den tieferen Lagen und eine klare Dominanz subtropischer Bäume in den höheren Regionen. Eungella liegt also genau im Grenzbereich der beiden großen Klimazonen der Tropen und Subtropen. Als weitere Besonderheit kommt die wiederholte Isolation des Gebietes während der Eiszeiten hinzu. Durch den Rückgang der Niederschläge in diesen Perioden bildeten sich große Trockenzonen aus, in denen Regen-

Lianenumschlungene Brettwurzeln sind ein häufiger Anblick in Regenwäldern.

wald nur noch auf hohen, immerfeuchten Berggipfeln oder in tiefen Schluchten überleben konnte. Die Pflanzen- und Tierwelt Eungellas war dann über Jahrtausende vom Kontakt mit anderen ähnlichen Formationen abgeschnitten, und eigene Arten bzw. Unterarten konnten sich entwickeln. Charakteristisch für die subtropischen Höhenwälder sind z. B. die »White Beech« *(Gmelina)*, die »Piccabeen Palm« oder die »Mackay Tulip Oak«, ein endemischer Brettwurzelbaumriese. Typische tropische Vertre-

ter unter den Bäumen des Tieflandes dagegen sind *Terminalia sericocarpa* und die »Alexandra Palm«. Im übrigen findet man die üblichen Regenwaldpflanzen wie Würgefeigen (S. 97), verschiedene Lianen, epiphytische Orchideen und Farne wie z. B. den »Elkhorn Fern«. Baumfarne *(Cyathea*; S. 117) und Fluß-Kasuarinen dominieren in der Bachbegleitvegetation. Eingestreut finden sich auch noch recht gute Bestände der »Red Cedar«, einem der beliebtesten australischen Nutzhölzer.

Neben gelegentlich anzutreffenden Großen Langnasenbeutlern, verschiedenen »Possums« (s. S. 142), Rotbeinfilandern und Dingos (S. 91), ist hier das oft gut zu beobachtende Schnabeltier (s. S. 81) die große Attraktion unter den Säugetieren. Bei Vogelliebhabern ist der Park für seine große Vielfalt an Regenwaldtauben bekannt. Pracht- und Königsfruchttauben, Glanzkäfertauben und Haubenfruchttauben gehören sicher zu den attraktivsten Arten. Häufig ist auch die große, einfarbig braune Kuckuckstaube. Entlang der

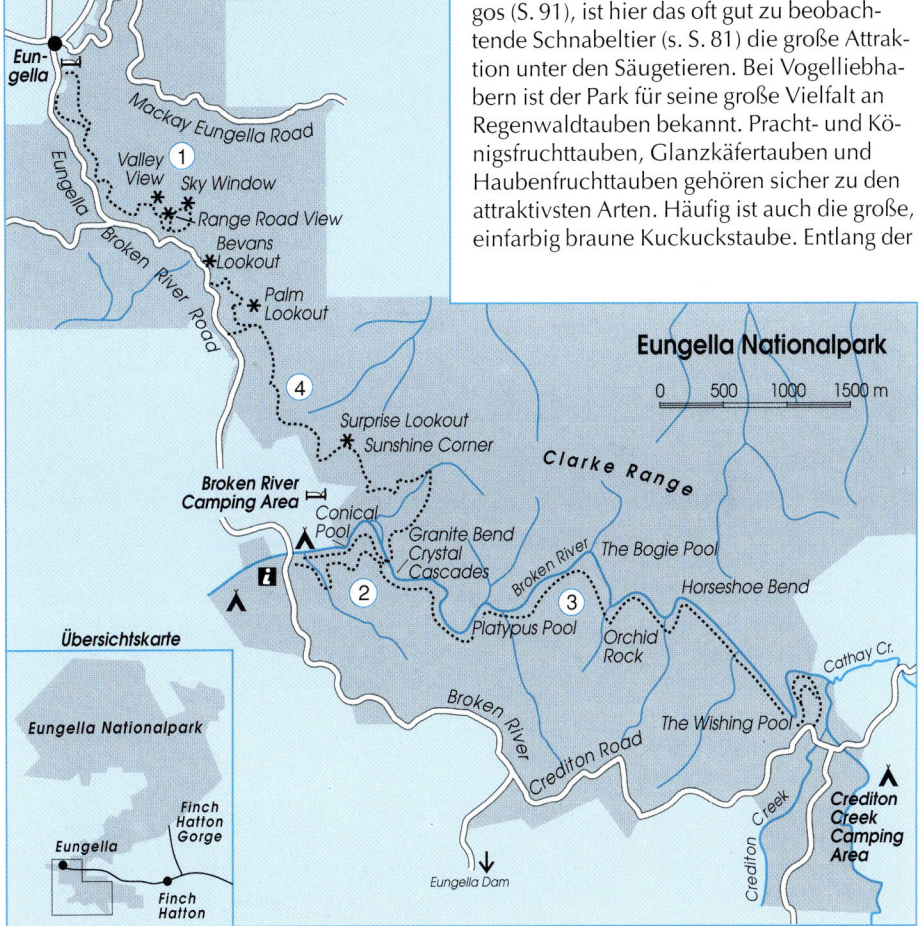

Große Langnasenbeutler gehen nachts auf Jagd nach Insekten und Weichtieren.

Weltweite Aufmerksamkeit erregte die Wiederentdeckung der Magenbrüterfrösche im Nationalpark. Vertreter dieser seltsamen Froschguppe waren erstmals 1972 in Südost-Queensland gefunden worden, galten aber schon 7 Jahren später wieder als ausgestorben. 1983 entdeckte man schließlich eine neue Art der Magenbrüter *(Rheobatrachus vitellinus)* im Finch Hatton Creek im südöstlichen Teil Eungellas. Die Weibchen dieser Frösche besitzen eine ganz besonders sichere Brutmethode: Sie verschlucken ihre Eier und stellen die Produktion von Magensäure bis zum Schlüpfen und »Ausspucken« der Kaulquappen ein. Durch die genauere Erforschung dieser sensationellen Technik erhofft sich nun die Wissenschaft ein neues, revolutionäres Mittel gegen Magengeschwüre.

Flußläufe immer wieder anzutreffen ist der farbenprächtige Azurfischer. Endemische Spezialitäten der Vogelwelt wie der erst vor wenigen Jahren beschriebene Eungella-Honigesser sind dagegen wesentlich schwerer zu finden.

Noch 2 weitere »normale«, endemische Froscharten wurden aus dem Finch Hatton Creek bekannt: der »Eungella« und der »Liem's Day-Frog« *(Taudactylus)*. Sie sind tagaktiv und können deshalb hier wie auch in anderen Flüssen der Region gut beobachtet werden.

Ausgefallenes Brutverhalten bei unscheinbarem Aussehen: Der Magenbrüterfrosch »bebrütet« seine Eier bis zum Ausschlüpfen der Kaulquappen im Magen.

Die Purpurbrust-Fruchttaube (links) und die Haubenfruchttaube (rechts) sind die beiden größten Taubenarten der Regenwälder des Kontinents.

Schnabeltier-Beobachtungen erfordern frühes Aufstehen und viel Geduld.

Im Gebiet unterwegs

Die beiden Hauptanlaufpunkte im erschlossenen Südteil des Nationalparks sind die **Finch Hatton Gorge** am Fuß des Gebirges und das etwa 1000 m hoch gelegene Gebiet um den **Broken River**.

Broken River: Bereits von der Hochstraße zwischen Eungella und Broken River lohnen sich einige kleinere Abstecher zu Aussichtspunkten wie **Sky Window, Range Road View** (300 m Rundweg) oder **Bevan's Lookout** ①. Von hier bieten sich spektakuläre Ausblicke auf das Pioneer Valley und die umgebenden Bergketten der Clarke Range.
Ausgangspunkt für die meisten Wanderungen ist aber das Ranger-Hauptquartier und Informationszentrum am Broken River, wo auch viele Broschüren und Karten erhältlich sind. Es liegt wie der benachbarte Campingplatz in einem von »Swamp Mahoganys« und »Forest Red Gums« dominierten offenen Eukalyptus-Waldstück. Solche Zvilisationszentren am Rande von Nationalparks werden immer von einigen typischen Kulturfolgern wie Buschhühnern (s. S. 68), Lachenden Hänsen (s. S. 148), Dickschnabel-Würgerkrähen (S. 115) oder Allfarbloris besucht. Auch nächtliche Besuche von z. B. Fuchskusus (S. 141) oder Roten Rattenkänguruhs sind hier durchaus zu erwarten.

Zufallsbegegnungen mit Schnabeligeln sind in ganz Australien jederzeit möglich.

Von den Wanderwegen empfiehlt sich zur Einführung zunächst der als Naturlehrpfad beschilderte **Rainforest Discovery Walk** (2,1 km, Rundweg) ②. Er enthält den Conical Pool, einen guten Beobachtungsplatz für das Schnabeltier, der für diese Zwecke vorzugsweise in den frühen Morgenstunden und am Spätnachmittag aufgesucht werden sollte. Weiter entlang des Broken River führt der sehr malerische **Broken River Track** (8,4 km einfach) ③, der sich sehr gut für Vogelbeobachtungen eignet. Unterwegs sind am Platypus Pool ebenfalls wieder Schnabeltierbeobachtungen möglich.
Vom Naturlehrpfad zweigt auch der **Palm Walk** ab (8,3 km einfach) ④. Neben schöner Regenwaldvegetation sind hier Ausblicke und – unvermeidlich – Vögel die Hauptattraktion.

Finch Hatton Gorge: Dieses Gebiet kann mit normalen Personenkraftwagen z. Z. noch nicht problemlos erreicht werden. Seine beiden Wanderwege zu den **Wheel of Fire Falls** (2,1 km einfach) und den **Dooloomai Falls** (3,6 km einfach) beginnen gemeinsam am Campingplatz am Eingang des Parks. Sie sind vor allem für Froschspezialisten und Wasserfallfreunde sehr empfehlenswert.

Praktische Tips

Anreise
Von Mackay über Marian, Gargett und Finch Hatton entlang des Pioneer Valleys hinauf nach Eungella, von dort noch 6 km bis Broken River; Abzweigung zur Finch Hatton Gorge kurz vor Finch Hatton rechts (10 km Piste). Für die gesamte Region empfiehlt sich die SUNMAP Tourist Map of Central Queensland.

Klima/Reisezeit
Subtropisch/tropisch; Hauptregenfälle von Dezember bis März, Berggipfel dann oft im Nebel; Niederschlagsmengen um 2000 mm/Jahr bei Broken River, etwas höher in den Gipfelregionen der Clarke Range im Norden,

wesentlich niedriger in den westlichen Trok-
kenzonen; Sommer warm bis heiß (Tagestemperaturen im Januar bis 30°C), Winter
kalt bis warm mit gelegentlichen Frosteinbrü-
chen in höheren Lagen. Beste Besuchszeit:
Mai bis November.

Unterkunft
3 Campingplätze des Nationalparks (Broken
River, Credition Creek, Finch Hatton Gorge
– Vorausbuchungen für »permit« ratsam);
private Lodge und Campingplatz in Broken
River, Chalet in Eungella, Campingplätze,
verschiedene Hotels und Motels in Mackay
sowie in den meisten anderen umgebenden
Ortschaften.

Adressen
▷ Queensland Government Travel Centre,
Cnr. Adelaide & Edward St., Brisbane
QLD 4000, Tel. (07) 3874 2800;
Department on Environment:
▷ 160 Ann Street, P. O. Box 155, Brisbane
QLD 4002, Tel. (07) 3227 8186;
▷ River & Wood St., P. O. Box 623, Mackay
QLD 4749, Tel. (07) 4951 8788;
▷ The Ranger, Eungella National Park,
Dalrymple Heights, QLD 4757,
Tel. (07) 4958 4532.

Blick in die Umgebung

Östlich bzw. nordöstlich des Eungella Nationalparks liegen 3 weitere interessante Gebiete: der winzige **Cape Hillsborough Nationalpark** mit attraktiven Felsküsten, Stränden
und Wanderwegen; der große, z. T. mit Tief-
landregenwald bestandene **Conway Nationalpark** und die **Whitsundays**, eine Gruppe von
über 70 kontinentalen Inseln, auf denen
Schutzgebiete und große Ferienkomplexe
heftig miteinander um die Vorherrschaft rin-
gen. Die Whitsundays gehören zu den beliebtesten Feriengebieten der Australier und
gelten als Paradies für Segler, Taucher und
Schnorchler.

Schnabeltier und Schnabeligel

Den ersten Beobachtern erschien das
Schnabeltier (vgl. Foto S. 79) als zoologi-
scher Scherz: »ein warmblütiges, fell-
tragendes Tier, das Milch absondert wie
ein Säugetier, Eier legt wie eine Eidechse,
Nahrung vom Boden der Flüsse mit
einem Entenschnabel sammelt und mit
einem Biberschwanz steuert...«. Der
heute bekannteste Vertreter der australischen Monotremen (s. S. 18) lebt in
klaren Gewässern im Osten Australiens
und taucht dort vorwiegend in den
Dämmerungsstunden nach bodenle-
benden Krebsen, Würmern und Insekten-
larven. Dabei dienen die mit Schwimm-
häuten versehenen Beine zum Antrieb
und der Schwanz als Steuerorgan. Tast-
rezeptoren am empfindlichen, weichen
Schnabel leiten die Berührungsreize;
Augen und Ohren sind beim Gründeln
geschlossen. Die Beute wird in Backenta-
schen gesammelt und erst an der Wasser-
oberfläche zwischen den Hornplatten des
Schnabels zerquetscht und geschluckt.
Den Tag verbringen Schnabeltiere in
selbstgegrabenen Höhlen oberhalb der
Wasserlinie. Zur Fortpflanzung legen die
Weibchen lange Tunnels mit einer Kam-
mer am Ende an, in der sie meist 2 Eier
ausbrüten. Die Jungen sind erst nach
4–5 Monaten selbständig.
Die stachelbewehrten **Schnabeligel** hingegen sind auf Ameisen und Termiten als
Nahrung spezialisiert und über ganz
Australien verbreitet. Mit ihren starken
Klauen öffnen sie die Nester und erbeuten
die Insekten mit Hilfe der langen klebrigen Zunge. Die Krallen dienen auch
zum schnellen Eingraben oder Festklam-
mern am Boden bei Gefahr.
Ein Schnabeligel-Weibchen legt nur ein
Ei und trägt das Milch saugende Junge in
einer Bauchtasche, bis sich seine
Stacheln entwickeln.

10 Carnarvon Nationalpark

Zerklüftetes, trockenes Tafelland mit z. T. ausgefallenen Felsformationen; bis zu 200 m tiefe, scharf eingeschnittene Schluchten; kristallklare Quellen; Galeriewälder entlang der Flußläufe; Oase der 30 km langen Carnarvon Gorge mit schmalen, spektakulären Seitenschluchten; bedeutende Felsmalereien der Ureinwohner (vor allem »stencil art«).

Dieser 223 000 ha große Nationalpark liegt rund 750 km nordwestlich von Brisbane im zentralen Hochland Queenslands. Er besteht aus den Sektoren **Salvator Rosa, Ka Ka Mundi, Mt. Moffatt** und **Carnarvon Gorge**. Die einzelnen Gebiete wurden jeweils zu unterschiedlichen Zeiten zu Nationalparks erklärt und schließlich unter einem Namen zusammengefaßt. Die bekannteste und am leichtesten zugängliche Attraktion ist die namensgebende Carnarvon Gorge im Osten.

Die 4 Schutzgebiete umfassen weite Teile des Consuelo Tablelands, das der hier tief im Landesinneren verlaufenden Great Dividing Range zugerechnet wird. Es entstand durch Aufschiebung hauptsächlich mesozoischer Sedimentschichten zu leicht gekippten Schollen, die ihren höchsten Punkt im Consuelo Peak (1232 m) erreichen. Der dominierende Sandstein ist z. T. von einer bis zu 300 m dicken Basaltkappe aus einer späteren vulkanischen Epoche bedeckt. Aus diesen Materialien schufen Wind und Wasser im Laufe der Jahrmillionen seltsame Kunstwerke, darunter z. B. den Spyglass Peak in Salvator Rosa oder den Cathedral Rock in Mt. Moffatt.

Als guter Regenfänger ist die Region unschätzbar wertvoll für die Wasserversorgung des trockenen Landesinneren: Wasser durchsickert den Sandstein bis zu undurchlässigen, tieferen Schieferschichten und wird entlang dieser dem westlich angrenzenden Great Artesian Basin zugeleitet. Hier tritt es dann in Form artesischer Quellen bzw. Brunnen wieder zutage. Wo ein solcher »Wasserleiter« angeschnitten wird, sickert das Wasser beständig in großen Mengen aus dem Gestein. Der Carnarvon Nationalpark zählt deshalb auch zu den wichtigsten Quellgebieten in Zentralqueensland. Viele der hier entspringenden Flüsse haben sich tief in das Tafelland eingegraben. So z. B. der Carnarvon Creek im östlichsten Teil des Parks: Über 30 km windet er sich zwischen bis zu 200 m hohen, steilabstürzenden Felswänden, die eine malerische Kulisse für das oasenhafte, üppige Grün der gleichnamigen Schlucht bilden.

◁ Bei der »stencil art«-Technik wird Farbe über die aufgelegten Objekte gesprüht. Hier ein Ausschnitt aus der Art Gallery in der Carnarvon Gorge.

Moss Garden – eine lauschige Ecke in einer Seiten-   ▷
schlucht der Carnarvon Gorge.

Die Ureinwohner nutzten das Gebiet bis zum Auftauchen erster weißer Viehzüchter um 1870. Für Mt. Moffatt ist ihre Anwesenheit vor bereits 19 500 Jahren nachgewiesen (Kenniff Cave). Heute findet man nur noch ihre Felskunst an Orten wie der Cathedral Cave und der Art Gallery in der Carnarvon Gorge. Beide Galerien gehören zu den größten Kunststätten in Zentralqueensland und zeigen eine der besten Kollektionen von »stencil art« (= Schablonenmalerei) in Australien.

Pflanzen und Tiere

Im krassen Gegensatz zu den trockenen, offenen Eukalyptuswäldern der Hochplateaus steht die dichte Vegetation der fruchtbaren Schluchten. Die **Carnarvon Gorge** gibt hierfür ein gutes Beispiel: Fluß-Kasuarinen und »Wheeping Red Bottle Brushes« säumen die Ufer, *Livistona*-Palmen der Art *L. nittida* und Feigen wie die Sandpapierfeige dominieren in den feuchteren Lagen, hochstämmige Eukalypten besiedeln die felsigen Böden. Im Unterwuchs häufig sind harte Gräser, Adlerfarne und die allgegenwärtigen Palmfarne der Art *Macrozamia moorei*. Die roten, im Rohzustand giftigen Nüsse dieser Pflanze wurden früher in Mengen von den Ureinwohnern präpariert und dann gefahrlos gegessen. Das Alter einiger dieser Palmfarne wird auf mehrere hundert Jahre geschätzt. Einen besonderen Reiz besitzen auch die entlang von Gesteinsrissen herausgewitterten schmalen Seitenschluchten der Carnarvon Gorge. Schatten und Feuchtigkeit haben hier einen einmaligen Zufluchtsort für Dutzende von Moosen, Lebermoosen und Farnen geschaffen, eine Welt, in der die Zeit stillzustehen scheint.

Allein im **Carnarvon Gorge** Sektor des Nationalparks wurden über 170 Vogel- und 30 Säugetierarten festgestellt. Häufiger zu sehen sind neben Östlichen Grauen Riesenkänguruhs (S. 111) vor allem die kleinen Hübschgesichtwallabies. Von den 5 Gleitbeutlerarten im Park findet man dagegen meist nur

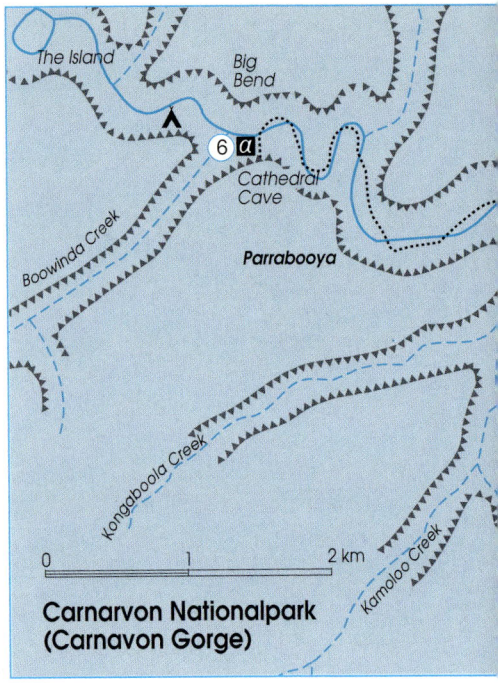

**Carnarvon Nationalpark
(Carnavon Gorge)**

Spuren, wie z. B. die Bisse des Kurzkopfgleitbeutlers (S. 141) an Eukalypten der »Spotted Gum«, deren Saft sie besonders lieben. Unter den Vögeln gibt es einige auffällige Arten wie den Königssittich (S. 98) oder die winzigen, bunten Staffelschwänze. Mit Glück kann man vielleicht auch einmal einen der seltsamen Eulenschwalme sehen, die nachts mit ihren riesigen »Froschmäulern« auf Jagd nach Insekten und Kleinsäugern gehen. Um die Rangerstation bzw. den nahegelegenen Campingplatz sind u. a. die diebischen Lachenden Hänse (s. S. 148) und Gimpelhäher (»Apostlebirds«) häufig. Letztere treten immer in Familiengruppen auf und bauen ein kommunales Lehmnest. Sie gehören zu der alten, endemisch australischen Familie der Schlammnestbauer (Corcoracidae). Bei Wanderungen entlang des Carnarvon Creek wird man auch gelegentlich den attraktiven Gewöhnlichen Wasserdrachen oder den bis zu 2 m langen Buntwaran (S. 35) sehen, die zweitgrößte Waranart Australiens.

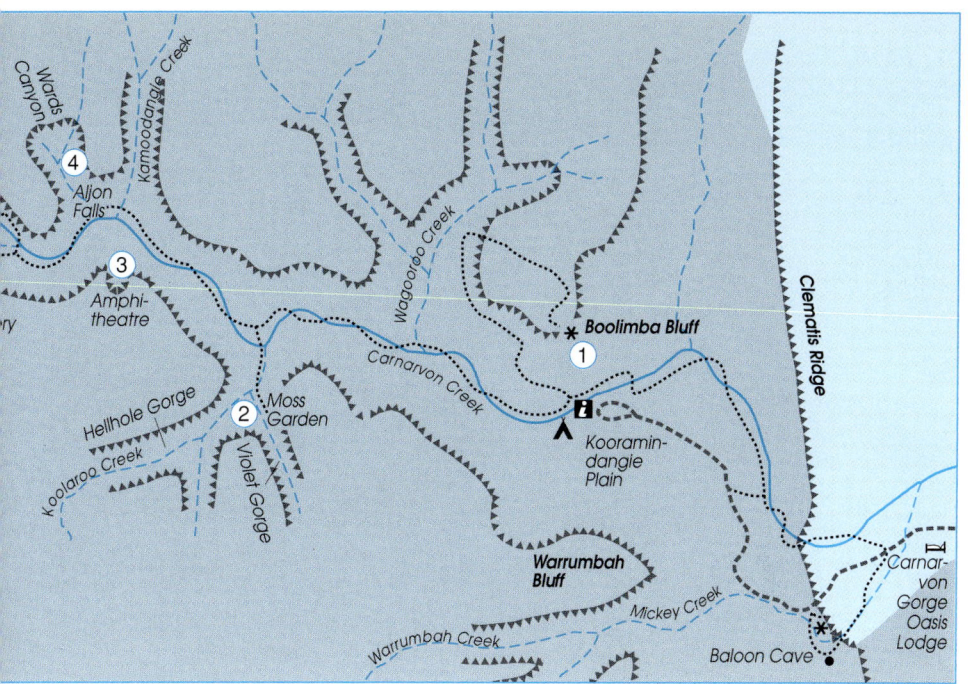

Im Gebiet unterwegs

Mit Ausnahme der Carnarvon Gorge ist dieser übergreifende Nationalparkriese nur wenig touristisch erschlossen. Für die meisten Anfahrten ist ein Allradfahrzeug notwendig, Selbstversorgung ist ein »Muß« (s. S. 224), und Wanderwege im Park sind kaum ausgebaut.
Deshalb hier nur einige kurze Hinweise:

Salvator Rosa: Sehenswerte Felsformationen in der weiteren Umgebung des Zusammenflusses von Nogoa River und Louisa Creek; ebenso beeindruckend die nahgelegenen Quellgebiete von Major Mitchell und Bellinda Springs.

Mt. Moffatt: Spektakuläre Blicke über die Plateaus und Schluchten des Consuelo Tafellandes (Kennif's Lookout); besuchenswerte Felsformationen und Höhlen; wildblumenreiche Grasebenen der Marlong Plain; Koalas und über 90 Vogelarten.

Für den weniger abenteuerlustigen Besucher aber gibt es nur ein Hauptzielgebiet im Park:

Carnarvon Gorge

Sie ist (meist) problemlos erreichbar, besitzt ein gutes Informationszentrum und ein sehr gut ausgebautes Wegenetz. Allerdings muß bei allen Wanderungen eine mehrmalige Durchquerung des Flußbettes einkalkuliert werden – bei normalen Wasserständen kein Problem . . .
Empfehlenswerte Ziele sind:

Boolimba Bluff (6,4 km) ①: Z. T. steiler Aufstieg zu einer etwa 200 m hohen Felsnase, dem »Bluff«; von hier hat man einen sehr guten Panoramablick über die Schlucht.

Moss Garden (7,2 km) ②: Sehenswert ist neben einem romantischen Wasserfall vor allem eine dicht mit verschiedenen Moosen, Lebermoosen und Farnen bewachsene, tropfende Felswand – ein angeschnittener »Wasserleiter«.

Der scheue Gewöhnliche Wasserdrache sitzt gerne auf Felsen und überhängenden Ästen entlang von Flußläufen. Bei Gefahr läßt er sich blitzartig ins Wasser fallen.

Amphitheatre (8,2 km) ③: Ein kleiner, über eine Stahlleiter zu erreichender Felsenrund, umgeben von bis zu 30 m hoch aufragenden Klippen, beeindruckend in seiner Stille.

Aljon Falls/Ward's Canyon (9,6 km) ④: Wasserfall, Baumfarne und ein prächtiges Exemplar des Riesenfarns (»King Fern«), dessen Wedel eine Länge von bis zu 6 m erreichen können.

The Art Gallery (11,2 km) ⑤: Die erste der 2 großen Felsgalerien mit sehr guten Beispielen von »stencil art«. Die zweite Galerie findet man in der Cathedral Cave ⑥, einem großen Felsüberhang weitere 3,7 km flußaufwärts. Hier endet dann das reguläre Wegenetz.

Praktische Tips

Anreise
Carnarvon Gorge: Von Roma im Süden über Injune und Wyseby (Carnarvon Developmental Road), 170 km Bitumen und etwa 75 km gute bis rauhe Piste, 2 Flußdurchque-

rungen; alternativ von Emerald im Norden über Springsure und Rolleston (nur 1 Flußdurchquerung). Karte: SUNMAP Tourist Map of Central Queensland.
Salvator Rosa: Ca. 200 km von Tambo im Westen oder knapp 180 km von Springsure im Nordosten (beides Schotterstraßen).
Mt. Moffatt: Von Roma im Süden über Mitchell (etwa 310 km) oder Injune (240 km), beides teilweise Pisten.

ACHTUNG: Vor allem nach Regenfällen vor der Anfahrt unbedingt bei Tankstellen, Polizei oder beim Automobilclub (RACQ) Straßenbedingungen erfragen!

Klima/Reisezeit
Hauptregenfälle von Dezember bis März; Sommer warm bis heiß (> 30 °C); Winternächte (Juni/Juli) auf den Plateaus z. T. frostig. Beste und einzig mögliche Reisezeit: Im Frühling (Oktober/November; Wildblumen und größte Vogelaktivität) bzw. Herbst und Winter.

Hübschgesichtwallabies – auch größeren Jungen schmeckt noch ein Schluck Milch ...

Palmfarne sind zweihäusig. Weibliche Pflanzen tragen die roten Nüsse.

Unterkunft

Carnarvon Gorge: 2 Campingplätze des Nationalparks (»permit« erforderlich, Vorbuchung anzuraten); Carnarvo Gorge Oasis Lodge, Tel. (07) 4984 4503.
Salvator Rosa: 2 einfache Campingplätze am Nogoa und Louisa Creek (letzterer nur mit Allradfahrzeug zugänglich, »permit« erforderlich).
Mt. Moffat: 6 einfache Campingplätze (»permit« und Vorreservierung erforderlich).

Adressen

▷ Queensland Government Travel Centre, Cnr. Adelaide & Edward St., Brisbane QLD 4000, Tel. (07) 3874 2800;
▷ Carnarvon National Park via Rolleston QLD 4702, Tel. (07) 4984 4519;
Department on Environment:
▷ 160 Ann Street, P. O. Box 155, Brisbane QLD 4002, Tel. (07) 3227 8186;
▷ 72 McDowall Street, P. O. Box 981, Roma QLD 4455, Tel. (07) 4622 4151;

▷ Ranger **Salvator Rosa:** Tel. (07) 4984 1716;
▷ Ranger **Mt. Moffat:** Tel. (07) 4622 4266.

Die attraktiven Eulenschwalme sind ein seltener Anblick.

11 Fraser Island

Größte Sandinsel der Welt; bis 240 m hohe, bewachsene Riesendünen und Wanderdünen; farbige Sandsteinklippen; über 200 km weiße »Traumstrände«; interessantes Vegetationsmosaik von Mangroven über Heideformationen bis zu Regenwäldern; über 40 idyllische Süßwasserseen; Rückzugsgebiet des bodenbrütenden Erdsittichs; wichtiger Rastplatz für durchziehende Watvögel.

Rund 270 km nördlich von Brisbane liegt dicht vor der Küste Queenslands die etwa 172 000 ha große Sandinsel Fraser Island. Entlang ihrer über 120 km langen, zentralen Nord-Süd-Achse ziehen sich Hunderte von dichtbewaldeten Sicheldünen, die zu den höchsten und ältesten Küstendünen der Welt zählen (bis 240 m und 140 000 Jahre). Wäh-rend das nördliche Drittel 1972 durch die Einrichtung des Great Sandy Nationalparks unter Schutz gestellt wurde, wird auf den übrigen Teilen weiterhin intensive Forstwirt-schaft betrieben. Diese seit ihren Anfängen um 1860 profitable Holzindustrie machte bisher alle Bemühungen um die Nominie-rung des einmaligen Inselparadieses für die »World Heritage List« der UNESCO (s. S. 71) zunichte.

Bis auf wenige markante Formationen vulka-nischen Rhyolitgesteins im Nordosten (z. B. Indian Head) und Sedimentgesteins im We-sten (Boon Boon Creek) besteht Fraser Island aus Sand. Dieser Sand, ein Erosionsprodukt der Great Dividing Range, wurde durch Flüsse zum Meer und von dort durch die vorherrschenden Südost-Passatwinde und Meeresströmungen entlang der Küste Rich-tung Norden transportiert. Schließlich blieb

Die weiche, vielschichtige Rinde der Papierrindenbäume schützt den Baum bei Feuer.

Schmetterlingslarven bohren die Zickzack-Gänge in die Rinde der »Scribbly Gum«.

Die Farbe der Blütenstände von Küstenbanksien (links) wechselt im Alter von hellgelb zu rostbraun. Ihre steinharten Früchte (rechts) öffnen sich erst durch Feuereinwirkung.

er an einigen herausragenden Felsnasen hängen, baute sich zu Dünen auf und wurde durch Pflanzenbesiedelung stabilisiert. Im Laufe der Jahrtausende erhöhten und überformten dann immer neue Dünen das Land – ein Prozeß, der bis heute andauert und z. T. gut zu beobachten ist (z. B. Hammerstone Sandblow am Lake Wabby).

Die unteren, leicht tonhaltigen Schichten, die sog. Teewah-Sande, verfestigten sich allmählich zu Sandstein, der heute am mittleren Teil der Ostküste in Form bizarrer, bunter Klippen (The Cathedrals, Pinnacles) zutage tritt. Ihr auffallendes rot-gelbes Farbspektrum verdanken sie eingelagerten Eisenoxiden. Im Kontrast hierzu stehen die weißen Oberflächensande, die die herrlichen, kilometerlangen Strände bilden. Wegen ihres teilweise hohen Gehalts an schweren Mineralien wie Rutil, Monazit, Zirkonium und Ilmenit wurden sie auf Kosten der Dünenlandschaft von 1971 bis 1976 kommerziell ausgebeutet.

Zu den Hauptattraktionen des Inselinneren zählen über 40 verträumte Süßwasserseen, die zwei sehr unterschiedliche Erscheinungsbilder zeigen. So findet man in den tieferen Lagen die als »window lakes« bezeichneten kristallklaren Grundwasserseen (Lake McKenzie, Lake Birrabeen), in den oberen Bereichen dagegen die teefarbenen »perched lakes«. Diese letzteren, bis zu 130 m hoch gelegenen Seen entstanden über wasserundurchlässigen Schichten von mit Lehm und Torf verbackenem Sand in windgeformten Dünendepressionen. Einer von ihnen, Lake Boomanjin, zählt mit 190 ha zu den größten ihrer Art auf der Welt.

Pflanzen und Tiere

Rund 650 Pflanzenarten wurden bisher für die Insel beschrieben. Aus dem Mosaik der Vegetationsgemeinschaften von Mangroven bis zu subtropischen Regenwäldern sind vor allem erwähnenswert:

☐ Küstennahe Strauch- und Heideformationen: Im Westteil bestimmen mit »Northern Cypress Pines« vermischte Banksien das Bild. Besonders eindrucksvoll ist die Wildblumenblüte im Frühjahr.

☐ Trockenere, offene Waldgemeinschaften der mittleren Lagen: Eukalypten wie z. B. die

Strandfahrten entlang der Ostküste von Fraser Island sind bei starker Brandung nicht unproblematisch.

»Scribbly Gum« dominieren in der Baumschicht, Küstenbanksien im Unterwuchs und Papierrindenbäume der Art *Melaleuca quinquenervia* in den sumpfigen Niederungen.
□ Wälder und Regenwälder der höheren Dünen: Wichtige Baumarten sind u. a. »Blackbutt«, die forstlich am intensivsten genutzte Eukalyptusart (gute Bestände z. B. am Lake McKenzie), Araukarien und der »Satinay«. Dieser letztere, bis über 70 m hohe Baumriese ist endemisch für Fraser Island und den benachbarten Festlands-Nationalpark Cooloola. Der »Satinay« gehörte früher zu den gesuchtesten Hölzern. Wegen seiner enormen Widerstandsfähigkeit gegen Bohrmuscheln wurde er in den 1920er Jahren beim Ausbau des Suezkanals verwendet und erlangte dadurch Weltruhm.
Zu den häufiger anzutreffenden Säugetieren Fraser Islands zählt der Dingo, dessen hiesige Population als die reinblütigste von ganz Australiens gilt. Wildpferde (»Brumbies«) sind ebenfalls eine besondere Attraktion der Insel.

Diese Nachkommen von Flüchtlingen aus einer um 1879 auf der Insel begonnenen Pferdezucht bildeten in Anpassung an ihre sandige Umwelt sehr weiche, verbreiterte Hufe aus. Eine Fortbewegung auf den härteren Böden des Festlands ist ihnen dadurch mittlerweile fast unmöglich. Spezifische Anpassungen zeigen auch die sog. »Acid Frogs« *(Litoria)*, die sich in den sauren Gewässern der Insel z. T. zu neuen Arten entwickelten. Unter den über 240 Vogelarten finden sich Besonderheiten wie Schwarzbrust-Laufhühnchen, Mangrovehonigesser und – vor allem – der Erdsittich. Dieser inzwischen selten gewordene Papagei hält sich gern am Boden auf und brütet auch dort. Herausragende Bedeutung besitzt Fraser Island in seiner Funktion als Rastplatz und Tankstelle für Tausende durchziehender Watvögel. So wurden im Sommer 1983 im Meeresarm der Great Sandy Strait über 14 000 Zugvögel gezählt, darunter etwa 3000 Mongolenregenpfeifer und rund 2000 Isabellbrachvögel.

Im Gebiet unterwegs

Die Insel darf nach Erwerb eines »permit« des Fraser Island Recreation Boards ausschließlich mit Allradfahrzeugen besucht werden. Da Geländefahrten hier z. T. recht tückisch sein können, sollten sich vor allem Allrad-Neulinge zunächst um Expertenrat bemühen.
Alternativ besteht die Möglichkeit des Rückgriffs auf organisierte Touren bzw. eines stationären Aufenthalts mit Fußwanderungen (unbedingt im voraus buchen!).

Allradfahrten

Mit entsprechender Einführung, Ausrüstung (s. S. 224) und einer guten Karte wie z. B. der SUNMAP Tourist Map of Fraser Island verse-

»Northern Cypress Pines« sind weitverbreitet in Australien. Sie bevorzugen trockenen, sandigen Boden. ▷

Von den Ureinwohnern mitgebracht, von Viehzüchtern verfolgt: der Dingo.

Konvergenz

Konvergenzen sind gleichgerichtete Anpassungen (in Ernährungsweise, Aussehen, Form oder Verhalten), die von stammesgeschichtlich nicht verwandten Organismen unabhängig voneinander in ähnlichen Lebensräumen entwickelt wurden. So ist beispielsweise die »ökologische Planstelle« »nektarsaugender Vogel« in Australien von den Honigessern, in Afrika von Nektarvögeln, in Amerika von den Kolibris und in Hawaii von den Kleidervögeln besetzt.
Musterbeispiele von Konvergenz zu den plazentalen Säugern bieten die australischen Beuteltiere: Beutelmäuse vertreten Spitzmäuse, Beutelmarder die Marder, Wiesel und Katzen. Der ausgestorbene Beutelwolf verhielt sich wie ein plazentaler Wolf, und der Beutelmull lebt wie ein Maulwurf. Selbst das »Fliegen« wurde von den Beutelgleitern entwickelt, die damit z. B. den afrikanischen Flughörnchen vergleichbar sind.
Ähnliche Lebensweisen müssen aber nicht zu einem ähnlichen Körperbau führen. Z. B. sind die großen Känguruharten typische Weidegänger wie die Antilopen Afrikas oder die Büffel Nordamerikas. Ihre Körperform und Fortbewegung ist aber eine grundsätzlich andere.

hen, lohnt sich neben dem Besuch der Strände auch eine Erkundung der Panoramapisten des Inselinneren. Beginnend am Informationszentrum der **Central Station** sind z. B. empfehlenswert:

Northern Circuit (30 km) ①: Von der Central Station über Lake McKenzie und Lake Wabby zum Strand.

Southern Circuit (30 km) ②: Von der Central Station über die Seen Jennings, Birrabeen, Benaroon und Boomanjin zum Strand bei Dilli Village.

Hier ebenfalls einige empfehlenswerte Beispiele aus dem südlichen Teil der Insel:

Wanggoolba Creek Boardwalk (500 m): Beginnt an der Central Station; angenehmer einführender Spaziergang durch die Regenwaldregion; viele Epiphyten und Vogelstimmen (Weg nicht in der Karte verzeichnet). Tip: einen Abstecher zu den »Satinays« im Pile Valley anschließen.

Lake Wabby Trail (3 km) ③: Vom Aussichtspunkt am Lake Wabby zum Strand; uralte Papierrindenbäume am See (mindestens 2000 Jahre) und schöne Ausblicke – u. a. auf die riesige Hammerstone Wanderdüne, die langsam den See zuschüttet.

Lake Boomanjin Trail (7 km) ④: Vom See nach Dilli Village; abwechslungsreiche Vegetationsformationen mit guten Beobachtungsmöglichkeien für Vögel, wie z. B. Rotrücken-Staffelschwanz oder Dornastrild.

ACHTUNG: Sandfliegen, Bremsen und Stechmücken können vor allem nach Regenfällen zur Plage werden, deshalb vorsorgen!

Praktische Tips

Anreise
Von Brisbane Richtung Norden (Bruce Highway) über Gympie nach Rainbow Beach, bzw. über Maryborough nach Hervey Bay oder River Heads; dann mit Fähren bzw. Boot übersetzen. Karte: SUNMAP Tourist Map of South-East Queensland. Auch Charterflüge zum Orchid Beach oder Toby's Gap Airstrip sind möglich.

Klima/Reisezeit
Subtropisches Meeresklima; Niederschläge bis maximal 1800 mm/Jahr, hauptsächlich Dezember bis Juni; kältster Monat (Juli) mit Temperaturen zwischen 14°C und 21°C; Sommertemperaturen selten über 30°C. Beste Reisezeit: Zur Wildblumenbüte (Juli bis September) oder im Sommer (Zugvögel).

Unterkunft

Hotels, Motels, Resorts und Campingplätze in den touristischen Zentren von Dilli Village, Eurong, Happy Valley, Cathedral Beach und Orchid Beach; Campingplätze der Forst- und Nationalparkbehörden bei Lake Boomanjin, Central Station, Lake McKenzie, Lake Allom und im Great Sandy Nationalpark (Dundubara, Wathumba Creek, Waddy Point) – für alle braucht man jeweils ein Camping-»permit« (am besten gleich zusammen mit dem Insel- »permit« besorgen).

Adressen

▷ Rainbow Beach & Cooloola Coast & Fraser Island Tourist Information Centre, 8 Rainbow Beach Road, Rainbow Beach, Tel. (07) 5486 3227;
Department of Environment:
▷ Rainbow Beach Road, P. O. Box 30, Rainbow Beach QLD 4851, Tel. (07) 5486 3160;
▷ Ranger: Eurong (07) 4127 9128; Dandubara (07) 4127 9138; Waddy Point (07) 4127 9190;
▷ Inskip Point bei Rainbow Beach, Tel. (07) 5486 3154, Urangan Boat Harbour/Hervey Bay, Tel. (07) 4125 4444; River Heads, Tel. (07) 4125 5155.

Isabellbrachvögel finden Rastplätze und Nahrung bei Fraser Island.

Blick in die Umgebung

Rainbow Beach, der Hauptausgangspunkt für den Besuch Fraser Islands, gilt auch als Tor zu dem 40 900 ha großen **Cooloola Nationalpark**. Mit ausgedehnten Stränden, hohen Dünen, Seen und farbigen Sandsteinklippen bietet dieser Park ein ähnliches Landschaftsbild wie die Insel, und auch die Tier- und Pflanzenwelt entsprechen sich in weiten Teilen. Hauptfortbewegungsmittel ist wieder das Geländefahrzeug.

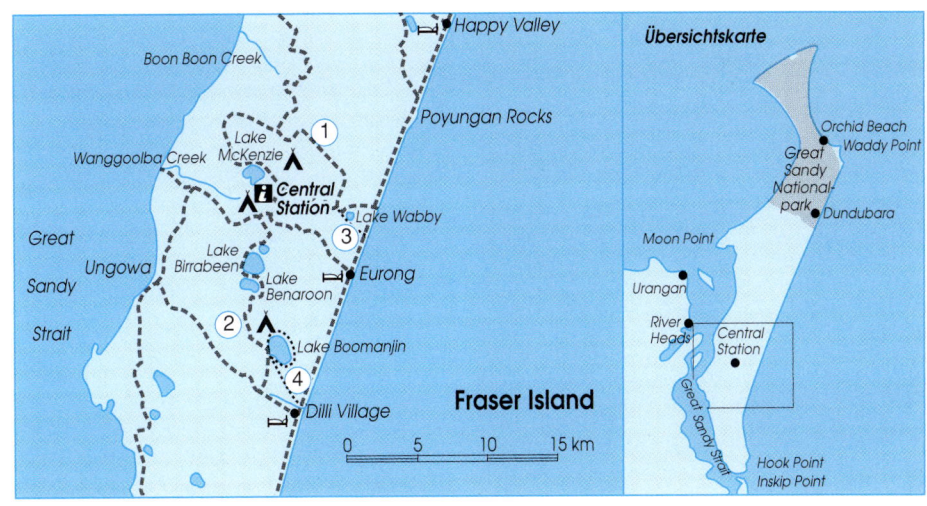

Wildromantische Berglandschaft; über 500 malerische Wasserfälle; üppige subtropische Vegetation; Südbuchen- wälder in höheren Lagen; spektakuläre Ausblicke von den Bergrücken; etwa 190 Vogelarten, darunter Königssittich, Schwarzleierschwanz und Seidenlau- benvogel; sehr gut ausgebautes Netz von Wanderwegen.

Dieser attraktive Nationalpark im äußersten Südosten des Bundesstaates Queensland liegt nur rund 100 km von Brisbane entfernt. Er umfaßt ein etwa 20 000 ha großes, über- wiegend subtropisches Waldgebiet in den sog. Border Ranges, einer Reihe zerklüfteter Bergketten, die sich bis in den benach- barten Bundesstaat Neusüdwales hinein- ziehen.

Die Entstehungsgeschichte der geologisch re- lativ jungen Border Ranges beginnt vor 23 – 20 Mio. Jahren mit der Wanderung der australischen Platte über einen »hot spot« (= stationärer, vulkanisch aktiver Punkt im Erdmantel). Dünnflüssige Basaltlava durch- brach die Erdkruste im Gebiet des heutigen Tweed Valleys (Neusüdwales), und es ent- stand ein über 2000 m hoher Schildvulkan, dessen Lavaströme sich weit über das meso- zoische Sedimentgestein des Umlands ergos- sen. Nach seinem Erlöschen zerfraßen Wind und Wasser den riesigen Berg, von dem heute nur noch der Lavapfropf der einstigen zentralen Magmakammer (der Mt. Warning, 1156 m) und die ihn halbkreisförmig umge- benden Border Ranges als letzte Überreste seiner Flanken erhalten blieben. Die wilde Schönheit der Steilabbrüche und Plateaus, der Wasserfälle und Schluchten dieses über 1100 m hohen steinernen Amphitheaters zählt zu den Hauptattraktionen der verschie- denen Nationalparks des Gebiets. Fruchtbarer vulkanischer Boden, mildes Klima und ausreichende Niederschläge lock- ten schon in den 1840er Jahren die ersten Siedler in die dichtbewaldeten Bergketten der Border Ranges. Neben Rodungen für Schaf- und Rinderfarmen, Bananen- oder Maisfelder wurde vor allem Nutzholzein- schlag großen Stils betrieben. Dank der Be- mühungen früher Naturschützer gelang es schließlich 1915 diesem Raubbau mit der Gründung des Lamington Nationalparks Ein- halt zu gebieten.

Gelbohrkakadus leben in den Wäldern Südostaustraliens.

Blick über die dichtbewaldeten Bergketten der Border Ranges.

Pflanzen und Tiere

Die ausgedehnten subtropischen Regenwälder, für die der Park zu Recht Berühmtheit erlangte, findet man vor allem in seinen niederschlagsreicheren südöstlichen Teilen bis in Höhen von etwa 1000 m. Charakteristisch sind große Würgefeigen und Brettwurzeln ausbildende Baumriesen wie »Tulip Oak« oder *Pseudoweinmania lachnocarpa*. Sie sind besetzt mit einer Unzahl von epiphytischen Moosen, Farnen und Orchideen wie z. B. der »King Orchid«. In den mittleren Stockwerken dominieren Schlinger und Kletterer, die mit über 30 Arten im Park vertreten sind. Der Wald wird deshalb auch oft als Lianenwald (»vine forest«) bezeichnet. Je nach Exposition, Boden und Höhenlage finden sich noch viele weitere Pflanzengemeinschaften im Park, darunter die inselartig eingestreuten Wälder der Südbuche *Nothofagus moorei*. Diese Vertreterin der alten Flora Gondwanalands (s. S. 10) und Zeugin einer

früheren, wesentlich kühleren Epoche konnte hier in Höhen über 1100 m überleben.

Der vielfältigen Pflanzenwelt entsprechend, präsentiert sich auch die Tierwelt mit einem großen Artenreichtum. Allein in der Bodenregion des Regenwaldes findet sich schon viel Interessantes: Falltürspinnen legen ihre Bauten in kleinen, lehmigen Schrägen am Weg an, Landegel bewohnen die feuchteren Zonen und werden besonders nach Regenfällen sehr aktiv (!), und gelegentlich zeigen sich die schwarzen »Land Mullets«, die größten Stachelechsen Australiens; im Gebüsch verstecken sich Zweigalleen des Seidenlaubenvogels (s. S. 100), und immer wieder stößt man auf Scharrspuren des Buschhuhns (s. S. 68) oder des selteneren, für diese Region endemischen Schwarzleierschwanzes. Dieser letztgenannten Vogelart fehlen die beiden typischen, leierartigen Schwanzfedern ihres nahen Verwandten aus dem südlicheren Australien (S. 140), doch ist auch sie

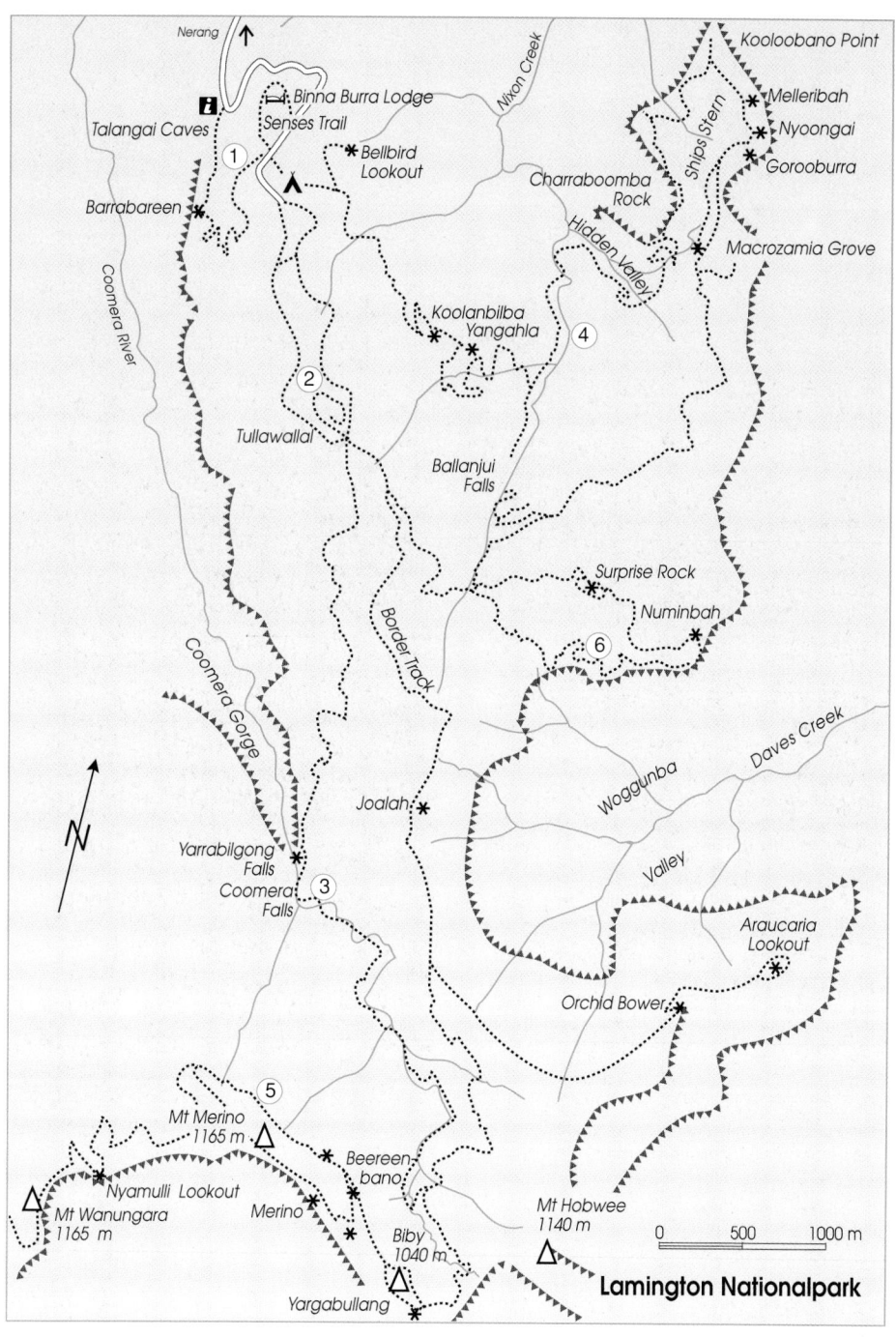

Nerang

Binna Burra Lodge

Senses Trail

Talangai Caves

Bellbird
Lookout

Barrabareen

①

Kooloobano Point

Melleribah

Nyoongai

Ships Stern

Gorooburra

Charraboomba
Rock

Macrozamia Grove

Nixon Creek

Hidden Valley

Coomera River

Koolanbilba
Yangahla

④

②

Tullawallal

Ballanjui
Falls

Surprise Rock

Numinbah

⑥

Border Track

Daves Creek

Woggunba

Valley

Coomera Gorge

Joalah

Araucaria
Lookout

Yarrabilgong
Falls

Coomera
Falls

③

Orchid Bower

N

⑤

Mt Merino
·1165 m

Beereen
bano

Nyamulli Lookout

Merino

Mt Wanungara
1165 m

Biby
1040 m

Mt Hobwee
1140 m

Yargabullang

0   500   1000 m

Lamington Nationalpark

ein guter und lauter Stimmenimitator. Der Schwarzleierschwanz ist deshalb oft eher zu hören als zu sehen.

Viele der verbreiteteren Tierarten lassen sich bereits gut in der Umgebung der Lodges und Zeltplätze beobachten, wo sie auch angefüttert werden. Vor allem in den frühen Morgen- und Abendstunden trifft man dort auf Rotnackenfilander, Kurzkopfgleitbeutler oder Fuchskusus (S. 141), auf Allfarbloris, Pennantsittiche (S. 146) und Dickschnabel-Würgerkrähen (S. 115). Auch die auffälligen rotgrünen Königssittiche werden regelmäßig gesichtet.

Im Gebiet unterwegs

Ein ausgedehntes, gut ausgebautes Wegenetz mit einer Gesamtlänge von etwa 160 km bietet hervorragende Möglichkeiten, sich den Park zu Fuß zu erschließen. Ausgangspunkte für alle Wanderungen sind die beiden touristischen Zentren im westlichen und östlichen Teil (O'Reilly's Green Mountains Resort bzw. Binna Burra Mountain Lodge). Panora-

Asplenium australasicum ist einer der häufigsten epiphytischen Farne im Park.

mastraßen durch den Park gibt es außer den Zufahrten zu diesen Zentren nicht.

Alle Wanderwege in der östlichen Parkhälfte beginnen an der Binna Burra Mountain Lodge, dem benachbarten Zeltplatz oder dem nahegelegenen Besucherzentrum des Nationalparks. Obwohl die einzelnen Wege sehr gut ausgebaut und beschildert sind, empfiehlt sich immer die Mitnahme einer der dort erhältlichen, ausführlicheren Wanderkarten.

Einen guten ersten Eindruck vermitteln 2 kürzere Rundwege:

Caves Circuit (5,5 km) ①: Neben unterschiedlichen Pflanzengesellschaften bietet dieser Weg schöne Ausblicke und verschiedene vulkanische Gesteinsformen (exponiert in höhlenartigen Überhängen). Er beginnt mit einem Rundgang um die Binna Burra Lodge entlang des **Senses Trails**, eines 700 m langen Naturlehrpfades mit Führungsseil für Sehbehinderte, den man sich ruhig mal mit verbundenen Augen »erfühlen« sollte.

Tip: In den offenen Eukalyptuswäldern zwischen dem Barrabareen-Aussichtspunkt und den Talangai-Tuffhöhlen wurden vor allem in den Sommermonaten schon häufiger Koalas beobachtet.

Einem Netzwerk gleich umschlingen die »stammbildenden« Wurzeln der Würgefeige ihr Opfer.

Parken nur für Busse und Königspapageien-Paare (links das farbenprächtige Männchen)!

<u>Tullawallal Circuit</u> (6,5 km) ②: Der Weg beginnt oberhalb des Zeltplatzes und folgt zunächst dem **Border Track** (sehr schöner Verbindungsweg zum O'Reilly's Resort im Westteil des Parks). Er führt durch dichten subtropischen Regenwald und bietet u. a. Würgefeigen, Brettwurzelbäume, Lianen und eine Unzahl von epiphytischen Nestfarnen. Das eigentliche »Tullawallal«, ein kleiner Fleck isolierten Südbuchenwaldes, wird über einen Seitenabstecher erreicht. Der erste und letzte Teil des Rundweges ist identisch mit dem **Rainforest Circuit**.

Von den längeren Wanderwegen sind 2 besonders empfehlenswert:

<u>Coomera Circuit</u> (19 km) ③: Ganztageswanderung ins Tal des Coomera mit vielen Wasserfällen und dem blauen Lamington-Flußkrebs als Hauptattraktionen.
VORSICHT: Landegel und einige Flußdurchquerungen!

Grünlaubenvögel (»Catbirds«!) haben einen typischen »Katzengesang«.

Der attraktive »Red-Eyed Tree Frog« verläßt die höheren Baumregionen nur zu Paarungszwecken.

Ship's Stern Circuit (19,3 km) ④: Ganztages-
wanderung durch verschiedene Waldformationen hinunter zum Nixon Creek und Hidden Valley (große Bestände von »Piccabeen
Palms«) mit Abstecher zu den Lower Ballanjui Falls; Rückweg über die Ship's Stern
Range mit vielen schönen Aussichtspunkten
und Wildblumen im Frühjahr.

Für Vogelspezialisten sind noch der **Mt. Merino Track** ⑤ (24 km; Rostbauch-Dickichtvogel) und der **Dave's Creek Circuit** ⑥
(13 km; Braunkopf-Lackvogel) zu erwähnen.

Der Seidenlaubenvogel bevorzugt Blau zum
Ausschmücken seines Balzplatzes.

Praktische Tips

Anreise
Von Brisbrane Richtung Süden (Pacific High-
way) über die Tamborine Mountains (ver-
schiedene Nationalparks) nach Canungra;
von hier aus entweder in den Westteil des
Parks (O'Reilly's Green Mountains Resort;
Vorsicht: z. T. Schotterpiste) oder zur östlich
gelegenen Binna Burra Mountain Lodge.
Karte: SUNMAP Tourist Map of South-East
Queensland. Anmerkung: Es gibt auch gute
Busverbindungen zwischen Brisbane und
den touristischen Zentren im Park.

Klima/Reisezeit
Feucht subtropisch; Niederschläge bis
2500 mm/Jahr, hauptsächlich im Sommer-
halbjahr (Oktober bis März); Rest des Jahres
kühler bis kalt in den höheren Lagen und
überwiegend sonnig. Beste Reisezeit: Frühling (September/Oktober; Wildblumenblüte),
Wintermonate (beste Wetteraussichten) oder
Herbst (März/April; Wasserfälle »voller«).

Unterkunft
Binna Burra Mountain Lodge & Mountain
Campsite, Beechmont via Nerang, Queensland 4211, Tel. (07) 5533 3622 oder
(1-8 00) 0742 60 (für Lodge- und Zeltplatz-
buchungen); O'Reilly's Rainforest Guest
House, Canungra, Queensland 4275,
Tel. (07) 5544 0644; Zeltplatz des Nationalparks in den Green Mountains.

Adressen
▷ Queensland Government Travel Centre,
  Cnr. Adelaide & Edward St., Brisbane
  QLD 4000, Tel. (07) 3221 6111;
Department on Environment:
▷ 160 Ann Street, P. O. Box 155, Brisbane
  QLD 4002, Tel. (07) 3227 8197;
▷ Rangerstation Binna Burra,
  Tel. (07) 5533 3584;

Die zu den Känguruhs gehörenden Rotnackenfilander sind
Waldrandbewohner.

▷ Rangerstation Green Mountains,
Tel. (07) 5544 0634.

Blick in die Umgebung

In den Border Ranges befinden sich noch eine ganze Reihe weiterer »subtropischer« Schutzgebiete; so der **Springbrook National-park** und der **Tamborine Nationalpark** östlich von Lamington. Beide gehören zu Queens-land und bieten bequeme Wege und schöne Aussichtspunkte.

Im angrenzenden Neusüdwales setzt sich die Kette der Nationalparks in den Border Ran-ges fort. Mit Ausnahme des **Nightcap Natio-nalparks** sind alle leicht zugänglich und meist durch Panoramapisten erschlossen. Beson-ders empfehlenswert sind eine Gipfelwande-rung im **Mt.Warning Nationalpark** oder eine Fahrt durch den **Border Ranges Nationalpark** auf dem Tweed Range Scenic Drive.

Mit Zustimmung der Weibchen nutzt ein Graulaubenvogel-Männchen seine Laube über mehrere Jahre. Die weißen Schmuckstücke des Tanzplatzes werden dabei immer wieder neu arrangiert und ergänzt.

Laubenvögel

Diese mit den Paradiesvögeln nahe verwandten Vögel überraschen durch ihr einmaliges Balzverhalten. Die Männchen errichten im Zentrum ihres Territoriums säulen- bzw. tunnelförmige Lauben oder »Apartments«, mit denen sie die Weib-chen zur Paarung anlocken. Dabei verwenden die Architekten Zweige, Gras oder Moos und schmücken das Gebäude samt Vorplatz mit Federn, Steinen, Schneckengehäusen und auch künst-lichen Objekten wie Wäscheklammern, Münzen oder Strohhalmen. Manche bemalen die Laube auch mit Beeren oder Holzkohle. Die Farben der Schmuck-stücke sind artspezifisch und entsprechen weitgehend den Gefiederfarben des Männchens.

Weibchen zeigen ihre Paarungsbereit-schaft, indem sie sich von den tanzenden Männchen in die Laube locken lassen, wo dann die Befruchtung stattfindet. Für die Brut bauen die Weibchen ein eigenes Nest abseits der Laube und ziehen die Jungen alleine auf.

13 Sturt Nationalpark

Interessantes Halbwüstengebiet am östlichen Rand der Strezlecki Desert; rollende rote Sandhügel; ausgedehnte Kies- und Geröllebenen; Tafelberge des Jump-up Country; verschiedene beispielhafte Trockenpflanzen-Assoziationen; Blütenmeer nach Regenfällen; gute Beobachtungsmöglichkeiten für Rote Riesenkänguruhs, Emus, Australische Trappen, Keilschwanzadler und Bartagamen.

Dieser Anfang der 70er Jahre im äußersten nordwestlichen Zipfel von Neusüdwales eingerichtete Nationalpark umfaßt einen 344 000 ha großen Ausschnitt des abgelegensten und trockensten Teils des Bundesstaates. Er wurde benannt nach Captain Charles Sturt, dem ersten Weißen, der auf der Suche nach dem damals vermuteten großen Inlandsee diese Region durchstreifte. Seine 1844/45 mit Pferden und Ochsen durchgeführte Expedition scheiterte an Hitze und Trockenheit. Sturt schrieb dazu: »Die Hitze trocknete das Holz so aus, daß sämtliche Schrauben aus unseren Kisten fielen und die Horngriffe unserer Instrumente wie auch unsere Kämme zersplitterten. Der Boden war so erhitzt, daß sich Streichhölzer entzündeten, wenn man sie fallen ließ.«

Tibooburra, das 330 km nördlich der Silberstadt Broken Hill gelegene Eingangstor zum Nationalpark, ist heute als der Hitzepol von Neusüdwales bekannt. Sommerliche Höchsttemperaturen zwischen 45 °C und 50 °C sind hier keine Seltenheit.

Die gesamte rund 147 000 km² unfassende »Far Western Region« von Neusüdwales wird im Norden und Westen von 2 m hohen Zäunen gegen die Nachbarstaaten Queensland bzw. Südaustralien abgegrenzt. Ursprünglich zum Schutz gegen Kanincheninvasionen errichtet, dienen sie heute hauptsächlich der Dingokontrolle. Die endlosen Ebenen des Gebietes werden überwiegend

In Ruhestellung verläßt sich die Bartagame auf ihre Tarnfärbung.

Der Hunderte von Kilometern lange Dingo-Zaun zwischen Queensland und Neusüdwales wird sorgfältig gewartet. Nach Durchfahren Tore schließen!

als Weideflächen genutzt, wobei in den trockensten Zonen die dünne Vegetationsdecke nur einen Besatz von etwa einem Schaf pro 10 ha zuläßt. Auch der Nationalpark war früher Weideland; die Vegetation hat sich aber seit der Unterschutzstellung gut erholt. Der Park bietet nun Raum und Nahrung für eine reichhaltige Tierwelt und erlaubt einen Einblick in die Schönheiten und die Schrecken der inneraustralischen Halbwüsten.

Im zentralen Teil des Schutzgebietes liegt das sog. Jump-up Country, eine Reihe flacher Erhebungen, die bis zu 150 m aus dem Umland aufragen. Die obersten Sandstein- bzw. Konglomeratschichten dieser Tafelberge der Grey Range wurden durch Verkieselung zu einer widerstandsfähigen Gesteinskruste verhärtet. Durch die schnellere Verwitterung der unterliegenden, weicheren Sedimentschichten werden diese Platten nun immer wieder zum Einsturz gebracht; die Tafelberge verwandeln sich in runde Hügel, und der zerkleinerte Gesteinsschutt der Krusten verteilt sich auf den angrenzenden Ebenen, den »gibber plains«. Diese lebensfeindlichen, teilweise zu Steinpflastern verbackenen Kies- und Geröllwüsten zählen zu den charakteristischen Erscheinungen im Ostteil des Parks. Weiche, rote Sandhügel im Wechsel mit abflußlosen Tonpfannen und ausgedehnten Grasländern dagegen sind die typischen Landschaftsformen der westlichen Regionen. Eine letzte erwähnenswerte Formation sind

Nichts geht mehr: Unterwegs im »trockenen« Australien...

Korbblütler wie die weißgelben »Poached Egg Daisies« und die gelben »Yellow Tops« sind typische »Regenblüher«. Sie überdauern die Trockenzeiten als Samen.

die auffälligen, malerisch verwitterten Granitblöcke um Tibooburra, von denen das Städtchen seinen Ureinwohnernamen erhielt.

Pflanzen und Tiere

5 Lebensraumtypen und ihre entsprechenden Pflanzengemeinschaften werden im Park beschrieben:

☐ Typische Bewohner des Jump-up Country sind niedrige Sträucher wie z. B. der Emubusch (Eremophila) und verschiedene Akazienarten, von denen eine bezeichnenderweise den Namen »Dead Finish« (= tot und am Ende) trägt.

☐ Nur noch die extremsten Trockenspezialisten sind in der Lage, die Kiesflächen am Fuß der Tafelberge zu besiedeln. Zu ihnen zählen Salzbüsche (Atriplex), »Bluebushes« (Maireana) und einheimische Gräser wie »Copperburr« (Bassia) oder »Mitchell Grass« (Astrebla).

Fahrten durch blühende Halbwüsten sind ein einmaliges Erlebnis.

☐ Wie nahezu überall im Park ist Mulga (S. 54) die führende Baum- bzw. Strauchart der Sanddünen und Grasebenen. Dazwischen mischen sich verschiedene Proteen wie »Needlewood« oder »Beefwood«.

☐ Am auffallendsten ist die Vegetation der trockenen Flußläufe und Seen, deren Hauptelement, der verbreitete Fluß-Eukalyptus (S. 36), wichtige Nistplätze für viele Höhlenbrüter bietet.

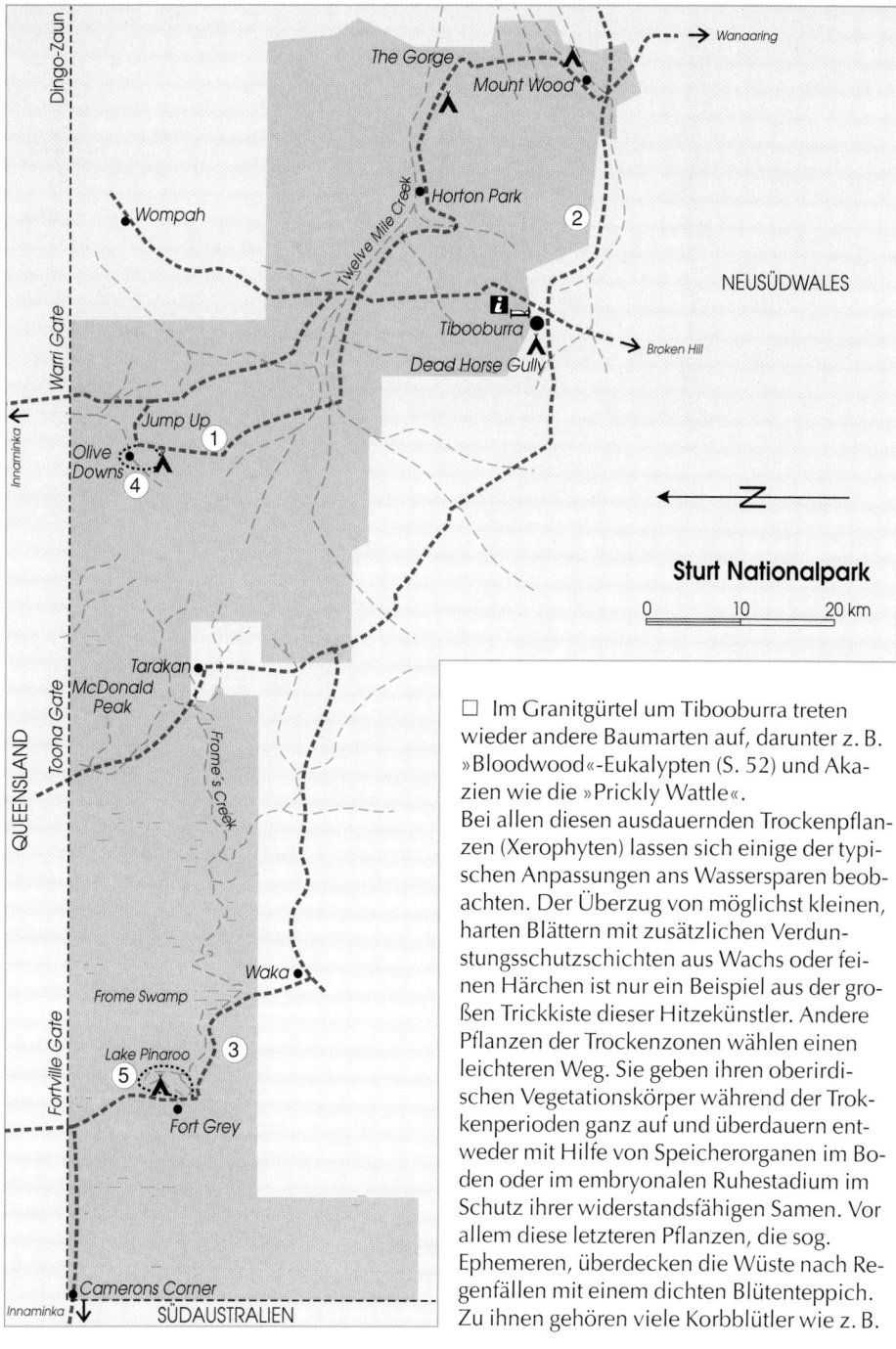

Dingo-Zaun

The Gorge

Mount Wood

→ Wanaaring

Wompah

Horton Park

②

Warri Gate

Innaminka ←

NEUSÜDWALES

Tibooburra

Dead Horse Gully

→ Broken Hill

Jump Up

①

Olive
Downs

④

← ↗ Z

Sturt Nationalpark

0   10   20 km

Tarakan

McDonald
Peak

QUEENSLAND

Toona Gate

Frome's Creek

Waka

Frome Swamp

Lake Pinaroo

③

⑤

Fortville Gate

Fort Grey

Camerons Corner

Innaminka ↓

SÜDAUSTRALIEN

☐ Im Granitgürtel um Tibooburra treten
wieder andere Baumarten auf, darunter z. B.
»Bloodwood«-Eukalypten (S. 52) und Akazien wie die »Prickly Wattle«.
Bei allen diesen ausdauernden Trockenpflanzen (Xerophyten) lassen sich einige der typischen Anpassungen ans Wassersparen beobachten. Der Überzug von möglichst kleinen,
harten Blättern mit zusätzlichen Verdun-
stungsschutzschichten aus Wachs oder feinen Härchen ist nur ein Beispiel aus der großen Trickkiste dieser Hitzekünstler. Andere
Pflanzen der Trockenzonen wählen einen
leichteren Weg. Sie geben ihren oberirdi-
schen Vegetationskörper während der Trok-
kenperioden ganz auf und überdauern entweder mit Hilfe von Speicherorganen im Boden oder im embryonalen Ruhestadium im
Schutz ihrer widerstandsfähigen Samen. Vor
allem diese letzteren Pflanzen, die sog.
Ephemeren, überdecken die Wüste nach Regenfällen mit einem dichten Blütenteppich.
Zu ihnen gehören viele Korbblütler wie z. B.

die weißgelbe »Poached Egg Daisy«.
Rote Riesenkänguruhs sind die wohl häufigsten großen Säugetiere des Parks. Die Wahr-
scheinlichkeit einer Beobachtung ist hier vor
allem in den frühen Morgen- und späten
Nachmittagsstunden sehr groß. Im Gebiet
der Tafelberge lassen sich oft auch die kom-
pakter gebauten Bergkänguruhs beobachten.
Trifft man in den offenen Ebenen auf Emus
(S. 199), kann man diese neugierigen, großen Laufvögel gelegentlich sogar zu sich her-
anlocken, indem man ihre Aufmerksamkeit
z. B. mit einem hinter einem Busch hervor
geschwenkten roten Taschentuch fesselt. Ab
etwa Juli sieht man manchmal Emuväter mit
ihren Jungen über das Grasland ziehen, denn
wie beim Strauß liegt hier die Hauptverant-
wortung für die Aufzucht des Nachwuchses
beim Männchen. Weitere attraktive, große
Vogelarten sind die Australische Trappe
(S. 197) und der Keilschwanzadler. Beide Arten hatten und haben schwer unter menschlicher Verfolgung zu leiden, die eine als »Fein-
schmeckergericht«, die andere als oft zu Unrecht verschriener Schafräuber. Um die
trockenen Flußläufe und Seen bieten sich vor
allem nach Regenfällen hervorragende Beobachtungsmöglichkeiten für kleinere Vogelarten wie den bekannten Nymphensittich oder
den Blutbauchsittich.
Auch die Reptilienwelt ist in Halbwüstenge-
bieten reichlich vertreten und gelegentlich
kann man z. B. eine Bartagame auf einem Ast
beim Sonnenbaden ertappen.

Im Gebiet unterwegs

Ausgangspunkt für alle Unternehmungen ist
die alte Goldgräbersiedlung Tibooburra
(etwa 150 Einwohner) bzw. das Informationszentrum des Nationalparks, wo jede
Ausfahrt vorher mit dem Ranger abgesprochen werden sollte. Der größte Teil der Pisten im Nationalpark (insgesamt rund
300 km) ist wie die Anfahrtspiste zwar begrenzt auch mit normalen PKWs befahrbar,
doch nur ein Allradfahrzeug garantiert ein
sicheres Vorankommen. Dies gilt insbeson-

»Dialog« zwischen zwei der häufigen
Nacktaugenkakadus...

dere im Falle von Regen, der völlig unvorhersehbar einsetzen kann. Bei länger anhalten-
den heftigen Niederschlägen allerdings verwandeln sich weite Teile des Gebietes in
Inlandseen, Flüsse beginnen plötzlich zu fließen, und die Pisten werden zu wahren
»Schlammrutschen«. Jede Fortbewegung ist
dann oft über Tage unmöglich. Deshalb nur
mit voller Outback-Ausrüstung (s. S. 226)
und zusätzlichen Lebensmitteln starten.
3 empfehlenswerte Fahrten im Park sind die
Gorge Loop Road ①, die **Jump Loop Raod** ②
und der Ausflug nach **Fort Grey** und **Came-
ron's Corner** ③. Die ersten beiden Rundfahr-
ten sind jeweils etwa 100 km lang und führen
ins Jump-up Country um Mt. Wood bzw.
Olive Downs, durch Kiesebenen und zum
weitverzweigten Flußbett des Twelve Mile
Creek. Unterwegs lohnen sich verschiedene
Ausflüge zu Fuß entlang der Flußläufe und
Schluchten oder z. B. auf dem **Jump-up Walk**
④. Für beide Fahrten sollte man mindestens
jeweils ½ Tag einplanen. Der letzte Weg
schließlich führt in den Westteil des Parks
und ist nur als 2-Tagesausflug sinnvoll. Die
Sanddünenlandschaft des Dreiländerecks
und der unter Vogelfreunden bekannte (meist
trockene) **Lake Pinaroo** ⑤ sind hier die
Hauptattraktionen. Vom Campingplatz bei

Portrait des Keilschwanzadlers, des größten Greifvogels Australiens.

Junge Rote Riesenkänguruh-Männchen: Schmuserei oder erstes Kampftraining?

Fort Grey führt ein empfehlenswerter Wanderweg um diesen See.

Praktische Tips

Anreise
Von Broken Hill über den Silver City Highway nach Tibooburra (330 km Piste, 5 bis 6 Stunden). Karte: CMA Touring Map of the Outback. Nach Broken Hill per PKW, Bus, Zug (Indian Pacific, Silver City Comet) oder Flugzeug.

Klima/Reisezeit
Kontinentalklima mit unregelmäßig fallenden, geringen Niederschlägen (< 200 mm/Jahr), Temperaturen im Mittel zwischen 27 °C und 13 °C, sommerliche Extreme bis 50 °C und Frostnächte im Winter. Beste Reisezeit: Mai bis September (Wintermonate).

Unterkunft
2 einfache Hotels und 1 Motel in Tibooburra und Milparinka; Campingplätze des Nationalparks in Dead Horse Gully, Mt. Wood, Olive Downs und Fort Grey; Hotels, Motels und Campingplätze in Broken Hill.

Adressen
▷ Tourist Information Centre, Corner Bromide & Blende Streets, P. O. Box 286, Broken Hill, NSW 2880, Tel. (08) 8087 6077.
National Parks & Wildlife Service:
▷ Regional Office, 183 Argent Street, Broken Hill, NSW 2880, Tel. (08) 8088 5933;
▷ District Office, Briscoe Street, c/o P. O., Tibooburra 2880, Tel. (08) 8091 3308.

Blick in die Umgebung
Etwa 55 km nördlich von Broken Hill zweigt rechts vom Silver City Highway eine Piste zum **Mootwingee Nationalpark** ab. Dieses knapp 70 000 ha große Schutzgebiet bietet Sandsteinformationen, Felsmalereien und Felsritzungen der Ureinwohner sowie verschiedene Wanderwege. Seine Bergketten sind in den Spätnachmittagsstunden ein sicherer Platz für die Beobachtung von Bergkänguruhs.

14 Warrumbungle Nationalpark

Steil aufragende Felsnadeln, mächtige Steinkuppeln und andere vulkanische Formationen; ausgedehnte Trockenwälder auf den flacheren Bergrücken; Rotsteiß-Mistelesser und verschiedene Papageienarten; Östliche Graue Riesenkänguruhs und Koalas; zahlreiche Reptilien, darunter 3 Arten von Flossenfüßern; Akazien- und Wildblumenblüte im Frühjahr; gute Wandermöglichkeiten.

Die Warrumbungles (= »krumme Berge«) liegen rund 500 km nordwestlich von Sydney unweit des Städtchens Coonabarabran, und damit im Übergangsgebiet von den trockenen Ebenen des Landesinneren zu den grünen Bergketten und Küsten im Osten. Sie gehören zu den jüngeren Gliedern einer ganzen Kette vulkanisch überformter Gebiete im Nordosten von Neusüdwales, die größtenteils als Folge der Auffaltung der Great Dividing Range entlang von Verwerfungslinien entstanden. Bekannt wurde das Gebiet in erster Linie wegen seiner bizarren Felsentürme, Zinnen und steinernen Dome, die schon früh zahlreiche Bergwanderer anlockten. Durch deren unermüdlichen Einsatz kam es schließlich 1953 zum Einschluß dieses geologischen »Mekkas« in einen Nationalpark, der seither durch Aufkäufe und Regeneration von Land immer wieder erweitert wurde. Das mittlerweile über 21 000 ha große Schutzgebiet bildet heute eine wichtige Zufluchtsstätte für über 190 Vogelarten, etwa 70 Arten von Reptilien und Amphibien und eine große Anzahl von Säugetieren.

Blick über die Ebenen des Nationalparks auf den Belougery Split Rock.

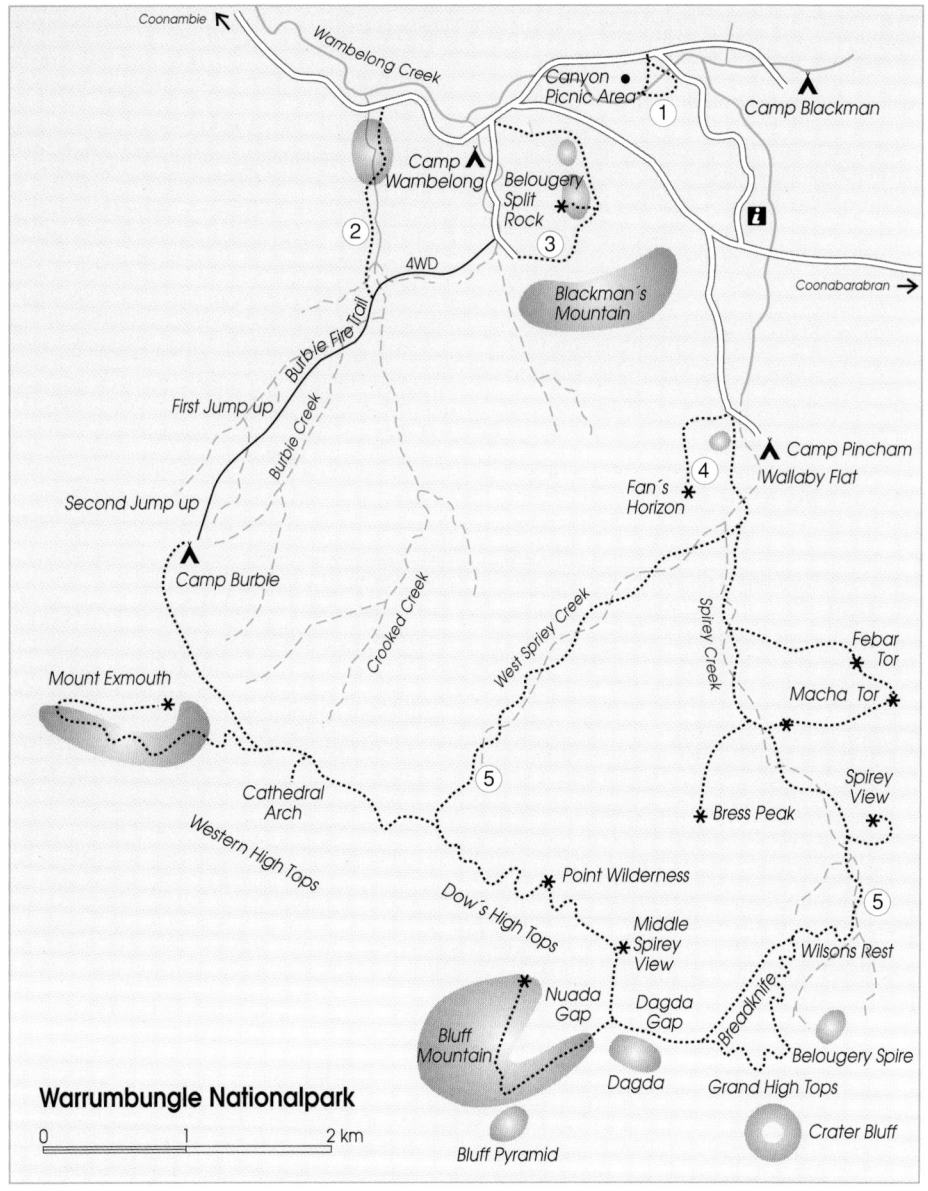

Der vulkanische Teil der Warrumbungles entstand vor 17–13 Mio. Jahren. Über eine Fläche von etwa $1200 \, km^2$ ergoß sich flüssiges Gestein aus ganzen Serien kleinerer Eruptionskanäle über die mesozoischen Sedimentschichten des aufgeschobenen Tafellandes. Gelegentlich wurde der ruhige Fluß der Lava durch Ausbildung von Pfropfen in den Vulkanschloten unterbrochen. Dann führte der sich aufbauende Druck zu gewaltigen Gasexplosionen, bei denen Asche, Schlacken, Lavabomben, Gesteinstrümmer und Bimsstein weit in die Umgebung geschleudert wurden. So bildete sich allmählich ein Schichtsystem von basaltischen oder trachytischen Lavadecken im Wechsel mit dicken Lagen pyroklastischen Materials aus. Am Ende der vulkanischen Epoche füllten sich die Eruptivgänge und Schlote ein letztes Mal mit zähflüssigem Trachyt, der als hartes, kristallines Gestein der Erosion bis heute Widerstand leistet. Aus ihm bestehen die bekanntesten Felsnadeln des Nationalparks wie Breadknife, Crater Bluff (1094 m) oder Belougery Spire (1057 m). Alle anderen vulkanischen Gesteinsformationen wie der weichere Basalt und die verschiedenen Lagen verbackenen Auswurfmaterials wurden wesentlich stärker erodiert, und in vielen Gebieten treten wieder die unterliegenden Sandstein- bzw. Konglomeratschichten zutage.

Die »Motherumbah«-Akazie ist an ihren sichelförmigen »Blättern« erkennbar.

Pflanzen und Tiere

Dem bunten Durcheinander der Gesteine und Böden entspricht die Vegetationsvielfalt des Schutzgebietes. Über 620 Blütenpflanzenarten wurden in der letzten provisorischen Pflanzenliste des Parks verzeichnet. Unter ihnen sind typische Vertreter sowohl der westlichen Trockengebiete als auch der niederschlagsreicheren Regionen im Osten. Die Warrumbungles werden deshalb oft als Treffpunkt von West und Ost bezeichnet. Alle diese Pflanzenarten ordnen sich bestimmten Vegetationsformationen zu, deren Vorkommen sowohl durch die Böden, als auch durch Exposition und Höhenlage bestimmt wird. Indikatorarten sind meist Eukalypten wie z. B. »Narrow-Leafed Ironbark«, die wohl häufigste Baumart des Parks. Sie ist typisch für die offenen Wälder der Sandsteinböden vieler Berghänge. Ein weiteres Beispiel sind die mit knapp 30 Arten vertretenen Akazien, von denen die »Knife-Leafed Wattle« immer auf exponiertem vulkanischem Gestein zu finden ist, während die »Western Golden Wattle« reichere, sandige

Mischböden bevorzugt. Eine sehr auffällige Akazie ist auch die häufige »Motherumbah«, deren große, goldgelbe Blütenähren im Frühling besonders eindrucksvoll sind.
Die in ganz Australien weitverbreiteten grünen Halbschmarotzer aus der Familie der Loranthaceae sind auch im Nationalpark mit mindestens 9 Arten vertreten. Jede dieser Misteln hat ihren spezifischen Wirtsbaum, dessen Blattform sie meist imitiert. Eng mit ihnen zusammen lebt der Rotsteiß-Mistelesser, der einzige Vertreter der südostasiatischen Familie der Dicaeidae in Australien. Seine Hauptnahrung sind die Mistelbeeren, die den Verdauungstrakt des Vogels schnell passieren, ohne je in den als blinden Sack ausgebildeten Magen zu gelangen. Die noch immer klebrigen Samen werden dann vom Vogel direkt auf den Ästen abgesetzt. Die Beutelnester der nomadischen Rotsteiß-Mistelesser sind gelegentlich im Park zu finden. Andere verbreitete Brutvögel sind verschiedene Papageienarten, darunter der nach dem Wellensittich wohl häufigste Papagei Australiens, der Rosakakadu oder »Galah«. Er ist ein regelmäßiger Besucher der Campingplätze, in deren Nähe auch häufig kleinere Arten, beispielsweise der Singsittich oder der

Blick von Fan's Horizon auf einen Ausschnitt der Grand High Tops; links im Bild der Belougery Spire, rechts der Crater Bluff.

ruhs, deren Population in den letzten Jahren sehr stark angestiegen ist. Zusammen mit Bergkänguruhs und Rotnackenwallabies erscheinen sie in den späten Nachmittagsstunden zu Hunderten zur Futtersuche auf den offenen Grasflächen der Talböden. Ein weiterer beliebter Bewohner des Parks ist der Koala (s. S. 156), der immer wieder in den Galeriewäldern des Wambelong oder des Spirey Creek gesichtet wird. Zu seinen Lieblingseukalypten gehört die »White Box«, deren zerkratzte Stämme dem Kundigen einen Besuch des nachtaktiven Kletterkünstlers verraten.

Auch Reptilien sind entlang der Wanderwege immer wieder anzutreffen, darunter Blauzungenskinke der Art *Tiliqua scincoides* und einige Vertreter der für Australien endemischen Flossenfüßer (s. S. 21). Diese bis zu 60 cm langen, fußlosen Eidechsen sind leicht mit Schlangen zu verwechseln. Charakteristisch für den am Belougery Split Rock häufigen Spitzkopf-Flossenfuß ist der spitz ausgezogene Kopf.

farbenprächtige Rosella, leicht zu beobachten sind.
Ebenfalls kaum zu übersehen ist die große Menge an Östlichen Grauen Riesenkängu-

Die »Golden Wattle«, Nationalblume Australiens, gehört zu den schönsten Akazien.

Ein Männchen des Rotsteiß-Mistelessers neben seinem Beutelnest.

Wie auch andere Kakadu-Arten verbünden sich
Rosakakadus außerhalb der Fortpflanzungszeit oft zu
großen Schwärmen.

Im Gebiet unterwegs

Die einzige Panoramapiste ist der den Nationalpark durchquerende **John Renshaw Drive**.
Von ihm aus empfiehlt sich vor der Abfahrt in
das Tal des Wambelong Creek (aus Coonabarabran kommend) ein kurzer Fußmarsch
zum gut beschilderten **Whitegum Lookout**
(1 km). Dieser Aussichtspunkt bietet bei klarem Wetter einen hervorragenden Blick über
die spektakulären vulkanischen Gesteinsformationen des Parks, die zusammenfassend
auch als »Grand High Tops« bezeichnet werden. Nächster Anlaufpunkt ist dann das Informationszentrum im Tal, in dem zunächst
alle organisatorischen Belange eines Parkbe-
suches zu regeln sind (z. B. Eintrittsgeld,
Campinggebühren).
Im zentralen Teil des Nationalparks gibt es
Wanderwege für jeden Zeitplan und jede
Stufe körperlicher Fitneß. Einige empfehlenswerte Beispiele sind:

Wambelong Nature Track (1 km) ①: Dieser
einführende Rundweg beginnt an der Canyon Picnic Area. Er eignet sich gut für Vogelbeobachtungen entlang des Wambelong
Creek. Ein weiterer »Vogelweg« ist der **Burbie Canyon Walk** (etwa 2 km) ② in den frühen
Morgenstunden.

Split Rocks Circuit (4,6 km) ③: Der Rundweg
beginnt am Camp Wambelong und führt hinauf zum Trachyt-Dom des Belougery Split
Rock. Er bietet einen guten Einstieg in die
verschiedenen Pflanzengemeinschaften des
Parks und umfassende Panoramablicke.

Fan's Horizon (3,6 km) ④: Der Aufstieg vom
Camp Pincham auf den Rücken der Mamos
Mountains ermöglicht einen näheren Blick
auf die Grand High Tops mit z. B. Belougery

Auch größere Känguruh-Junge lassen sich gern noch in
Mutters Beutel transportieren. Hier das Östliche Graue
Riesenkänguruh.

Spitzkopf-Flossenfüße leben räuberisch. Ihre Hauptbeute sind kleine Eidechsen.

Spire und Breadknife im Süden und dem 1206 m hohen Mt. Exmouth im Westen.

Grand High Tops Circuit (etwa 14 km) ⑤: Diese Tageswanderung durch das Felsenmeer der Grand High Tops gilt als der Höhepunkt eines Besuches der Warrumbungles. Sie beginnt und endet am Camp Pincham und kann teilweise anstrengend werden. Erweiterungen durch Abstecher wie z. B. zum Bluff Mountain sind jederzeit möglich.

Praktische Tips

Anreise
Von Sydney über Lithgow in den Blue Mountains, Mudgee und Dunedoo nach Coonabarabran, von dort noch 35 km größtenteils asphaltierte Straße bis zum Informationszentrum des Nationalparks.

Klima/Reisezeit
Frost in Winternächten, im Sommer sehr heiß; Niederschläge im Mittel 900 mm/Jahr, hauptsächlich im Winter (Juni, Juli). Beste Reisezeit: Mitte August bis November (Frühlingsblüte).

Unterkunft
Verschiedene Hotels, Motels und Campingplätze in Coonabarabran und anderen Ortschaften der Umgebung; 4 Campingplätze im Nationalpark: Camp Burbie (Zufahrt nur für Allradfahrzeuge), Pincham (nur Zelte), Wambelong und Blackman.

Adressen
▷ Tourist Information Centre, Newell & Oxley Hwys, Coonabarabran, Tel. (02) 6842 1441.
National Parks & Wildlife Service:
▷ Head Office, 43 Bridge Street, Hurstville, NSW 2220, Tel. (02) 9585 6333;
▷ District Office, 56 Cassilis Street, P. O. Box 39, Coonabarabran 2357, Tel. (02) 6842 1311/6842 1909;
▷ Visitor Center, Tel. (02) 6825 4364.

Weitverbreitet über die Faunenregion der Notogaea (s. S. 17) ist der Kuckuckskauz.

15 Barrington Tops Nationalpark

Bezaubernder Ausschnitt der Bergwelt von Neusüdwales; subalpine Torfmoore und Schnee-Eukalypten-Gemeinschaften auf den Hochplateaus; ausgedehnte Südbuchenbestände in geschützten Bergsätteln; buntes Regenwaldmosaik in den tieferen Lagen; Wasserfälle und viele Aussichtspunkte; Lebensraum von Nacktnasenwombat, Koala und Riesengleitbeutler; gute Beobachtungsmöglichkeiten für den Leierschwanz.

Nur etwa 320 km nördlich von Sydney, am Rande des bekannten Weinanbaugebietes des Hunter Valleys, erhebt sich das Bergmassiv von Barrington Tops. Mit Höhen bis über 1550 m bildet es die Wasserscheide zwischen dem Hunter River im Süden und dem Manning River im Norden, deren wichtigste Quellflüsse hier in z. T. eindruckvollen Wasserfällen zu Tal stürzen. Die bewaldeten Hänge, Steilabbrüche und Plateaus dieses südlichsten Ausläufers der Mt. Royal Range kontrastieren scharf mit dem ausgeräumten Umland. Als »Restposten der Natur« in der dichtbesiedelten Region des Hunter stellt der 1969 eingerichtete und heute über 39 000 ha große Nationalpark ein äußerst wichtiges Refugium für die Tier- und Pflanzenwelt dar. Er umfaßt alle Höhenstufen des Gebirges und bietet, zusammen mit den ihn unmittelbar umgebenden, forstwirtschaftlich genutzten Wäldern, 43 Säuger- und über 200 Vogelarten Wohnraum und Unterschlupf. Die geologische Geschichte des Barrington

Auch Hochmoore gehören zu Australiens wechselvoller Landschaft. Hier ein Blick auf den Polblue Swamp im Morgennebel.

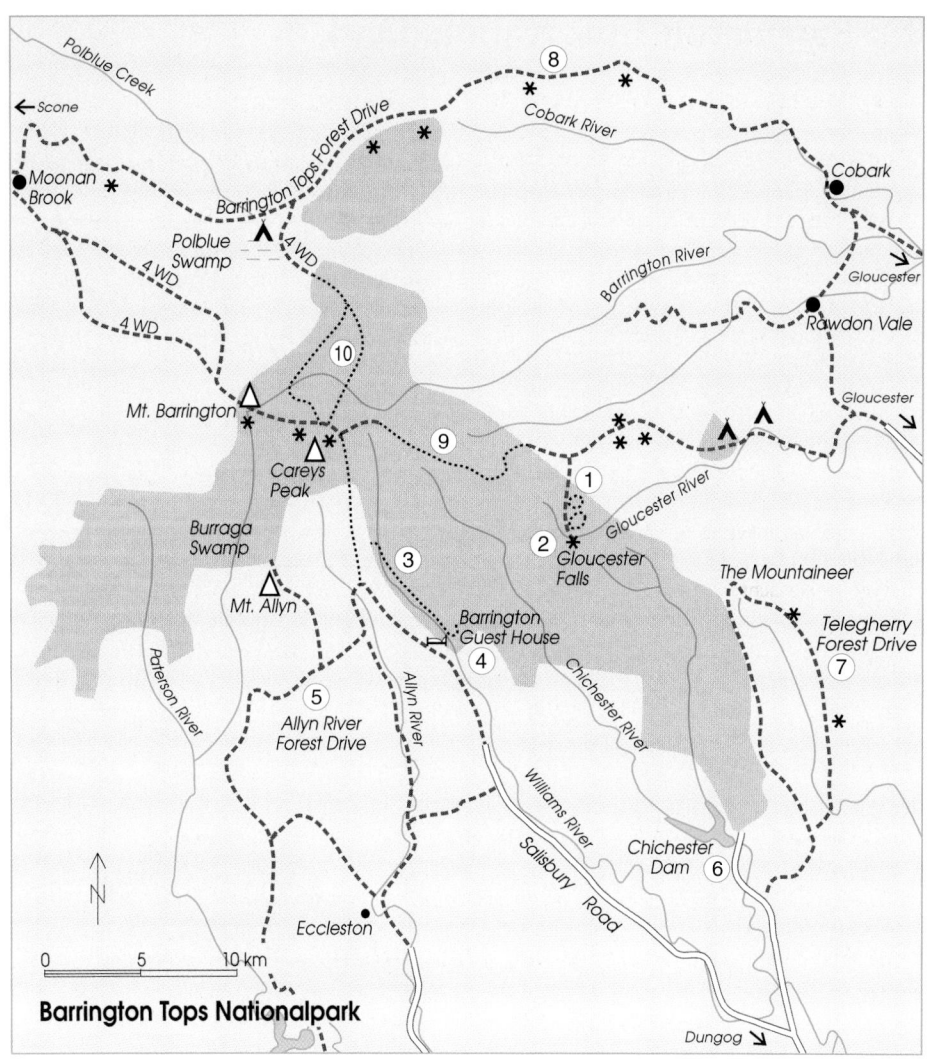

Polblue Creek

← Scone

Moonan *
Brook

8

Cobark River

*   *

*

*

Barrington Tops Forest Drive

Polblue
Swamp

4 WD

4 WD

Λ

4 WD

10

Mt. Barrington

Careys
Peak

Burraga
Swamp

Mt. Allyn

9

Cobark

Barrington River

Gloucester

Rawdon Vale

Gloucester

1

*   *

Λ Λ

*   *

Gloucester River

2

3

Gloucester
Falls

The Mountaineer

Telegherry
Forest Drive

7

*

Paterson River

5

Allyn River
Forest Drive

Allyn River

Barrington
Guest House

4

Chichester River

Williams River

Salisbury Road

Chichester
Dam

6

↑
N

0   5   10 km

Eccleston

Barrington Tops Nationalpark

Dungog ↘

Massivs ist wechselvoll. Aufgefaltete, paläo-
zoische Sedimente wurden zunächst von
Granodiorit überlagert, einem quarzreichen
Tiefengestein, das durch Risse und Spalten
des älteren Grundgesteins nach oben quoll.
Darüber wieder stülpte vor etwa 53 Mio. Jahren der Schildvulkan des Mt. Barrington eine
Kappe von Basalt. Nachfolgende Erosion
wirkte vor allem auf diesen jüngsten Fels und
exponierte stellenweise wieder ältere Schich-

ten. Zurück blieb ein Mosaik verschiedener
Gesteine und Böden als Ursache und Grund-
lage für das bunte Gemisch von Pflanzengesellschaften dieses landschaftlichen einmalig
schönen Gebietes.

Pflanzen und Tiere

Neben den wechselhaften Bodenbedingun-
gen bestimmen Höhenlage und Nieder-

schlagsverteilung das Vegetationsmuster:

☐ **Hochplateaus:** Die Pflanzengemeinschaften zeigen eine enge Beziehung zu den südlicheren Plateaus von Kosciusko (s. S. 130) bzw. Tasmanien (s. S. 163). *Sphagnum*-Moore und subalpines Waldland mit Berg- und Schnee-Eukalypten (S. 132) dominieren. Der Alpine Wasserfarn erreicht hier seine nördliche Verbreitungsgrenze.

☐ **Obere Schluchten und geschützte Bergsättel:** In Höhen über 900 m beherbergen sie ausgedehnte Südbuchen-Gemeinschaften *(Nothofagus moorei).*

☐ **Exponierte Hänge und Talregionen:** Verschiedene, von Eukalypten dominierte Übergangswälder herrschen vor. Harthölzer wie »Messmate« oder die »Sydney Blue Gum« gehören zusammen mit noch weiteren Eukalyptusarten zu den Hauptnutzbäumen des umgebenden Forsts.

☐ **Untere Schluchten und geschützte Täler:** Vor allem an den Oberläufen der Zuflüsse des Hunter River im Süden finden sich kleine Taschen subtropischen Regenwaldes umgeben von einfacher strukturierten, warmgemäßigten Regenwäldern. Diese vielfältigen Pflanzengesellschaften sind durch das Auftreten von Würgefeigen (S. 97) und ihren großen Reichtum an epiphytischen Moosen und Farnen charakterisiert. Im Unterwuchs häufigere Baumarten wie »Rose Maple« oder »White Walnut« stoßen hier an ihre südliche Verbreitungsgrenze.

Einige Arten der einheimischen Säugetiere sind z. T. auch tagsüber aktiv. Vor allem an nebeligen, ruhigen Tagen auf den Plateaus tauchen immer wieder Schemen von Östlichen Grauen Riesenkänguruhs (S. 111), Rotnackenwallabies oder sogar Nacktnasenwombats (S. 157) aus dem Wald auf. Die Beobachtung eines Koalas (s. S. 156) dagegen erfordert ein scharfes Auge und viel Glück. Andere kleinere Baumbewohner lassen sich besser während eines nächtlichen Rundganges mit einem Scheinwerfer bzw. einer starken Taschenlampe aufspüren. Dabei trifft man in den Eukalyptuswäldern der Übergangzonen und des Gloucester Tops

Dickschnabel-Würgerkrähen sind leicht an ihren intensiv gelben Augen erkennbar.

Plateaus auch häufiger auf den Riesengleitbeutler, den größten Vertreter der »fliegenden Beuteltiere«. In den Regenwäldern werden mit Einbruch der Dämmerung Rotnakkenfilander (S. 99), Gewöhnliche Ringbeutler und Fuchskusus (S. 141) munter. Sie sind dann z. B. in der Umgebung des Barrington Guest Houses gut zu beobachten.

Der Star unter den großen Vogelarten ist der Leierschwanz (S. 140). Die Beobachtung einer Balz dieses stimmgewaltigen Schaukünstlers in den Herbst- und Wintermonaten zählt zu den unvergeßlichsten Naturerlebnissen in Australien und ist in Barrington Tops sicher einen Versuch wert. Ebenfalls weit im Park verbreitet sind Buschhühner (s. S. 68), Gelbohrkakadus (S. 94) und Dickschnabel-Würgerkrähen (»Currawongs«). Letztere sind zusammen mit den bunten Pennantsittichen (S. 146) ein häufiger Gast von Picknick- und Campingplätzen. Die meisten anderen, kleineren Waldvögel sind sehr unauffällig, so z. B. die der Singdrossel ähnliche Erddrossel oder der Graufächerschwanz.

Im Gebiet unterwegs

Barrington Tops und die umgebenden Waldgebiete lassen sich sowohl mit dem Auto auf ausgedehnten Forstpisten als auch zu Fuß gut erschließen. Das Streckennetz wird zunehmend verbessert und ist bei trockenem Wetter problemlos befahrbar. Als Karte empfiehlt sich die »CMA Touring Map of the Hunter«.

Ein Gartenfächerschwanz (»Willy Wagtail«) auf seiner »Warte«.

Ausgangspunkte für alle Unternehmungen sind der Campingplatz am Gloucester River im Ostteil (**Gloucester Area**), das Barrington Guest House im Südteil (**Williams River Area**) und die Forststraße zwischen Gloucester und Scone an der Nordgrenze des Parks (**Barrington Tops Area**).

Gloucester Area: Zufahrt über eine bereits teilweise asphaltierte schmale Straße, die 10 km südlich von Gloucester von der Hauptstraße abzweigt. Da einige Flußdurchquerungen anliegen, ist dieses Gebiet bei hohen Wasserständen gesperrt. Vom Campingplatz (sehr schön, 3 kurze Wanderwege in der Umgebung) führt dann eine etwa 18 km lange Piste hinauf zum Plateau von Glouce-

Die bis 40 cm lange »Jacky Lizard«, eine Agame.

ster Tops. Unterwegs empfiehlt sich ein Stop für den **Antarctic Beech Forest Walk** ①, einen etwa 1stündigen Wanderweg durch dichten Südbuchenwald. Am Ende der Piste beginnt schließlich der sehr schöne **Gloucester Falls Walk** (1 Stunde) ②. Er bietet verschiedene Vegetationsformationen, Ausblicke und Wasserfälle entlang des Gloucester Rivers.

Williams River Area: Dieses Regenwaldgebiet etwa 40 km nördlich von Dungog ist auf einer weitgehend asphaltierten Straße problemlos zu erreichen. Es empfehlen sich der **Rocky Crossing Walk** (etwa 4 Stunden) ③ und der **Fern Tree Creek Walk** (1 Stunde) ④. Beide beginnen am Barrington Guest House. Aber auch Fahrten auf verschiedenen Forstpisten mit interessanten kürzeren Wanderwegen sind empfehlenswert. So z. B. der **Allyn River Forest Drive** (ab Guest House) ⑤ mit dem Rainforest Walking Trail, kombiniert mit einem Ausflug zum Mt. Allyn (8 km) und einer kurzen Wanderung zum Burraga Swamp. Der für seine Glockenvögel bekannte **Chichester Dam** ⑥ und der von seiner Zufahrtsstraße abzweigende **Telegherry Forest Drive** ⑦ sind ebenfalls einen Abstecher wert.

Barrington Tops Area: Die Fahrt entlang des **Barrington Tops Forest Drive** (140 km) ⑧, einer gut ausgebauten Forstpiste von Gloucester nach Scone an der Nordgrenze des Nationalparks, ist unbedingt lohnend. Sie gibt einen guten Einblick in die subalpine Zone des Parks und bietet faszinierende Ausblicke, schöne Waldformationen, Tierwelt und einige kurze Wanderwege. Von hier aus kann man über Allradpisten auch das eigentliche Plateau-Wandergebiet von Barrington Tops erreichen (Abzweigung nahe des Polblue Swamps). Unternehmungen hier erfordern Zeit und eine gute Ausrüstung, da es oft auch im Sommer zu Wetterstürzen kommen kann. Die beiden Hauptwege sind der **Link Trail** (Verbindungsweg zwischen den Plateaus von Barrington und Gloucester, 9 Stunden) ⑨ und der **Barrington Tops Walk** (7 Stunden) ⑩.

Baumfarne sind in allen Regenwald-Typen Australiens zu Hause.

Praktische Tips

Anreise
Von Sydney über den Pacific Highway nach Raymond Terrace nördlich von Newcastle; hier links nach Dungog und Gloucester abbiegen. Alternative Anfahrt von Sydney über Windsor und die Putty Road entlang des Wollemi Nationalparks nach Singleton im Hunter Valley; von dort dann über den New England Highway nach Scone oder über Gresford nach Dungog und Gloucester.

Klima/Reisezeit
In den Wintermonaten (Juni/August) gelegentliche Schneefälle und Frost auf den Plateaus, ansonsten ähnliche Temperaturen wie in Sydney (s. S. 123); Niederschläge um 1500 mm/Jahr, insgesamt relativ gleichmäßig über das Jahr verteilt. Beste Reisezeit: Frühling bis Herbst.

Unterkunft
Barrington Guest House, Salisbury via Dungog, NSW 2420, Tel. (02) 4995 3212; Campingplätze am Gloucester River; verschiedene Hotels, Motels, Resorts und Campingplätze im Hunter Valley und anderen Ortschaften der Umgebung; beschränktes »bushcamping«, z. B. am Allyn River.

Adressen
▷ Tourism New South Wales, 55 Harrington Street, P. O. Box 7050, Sydney NSW 2000, Tel. (02) 9931 1111.
National Parks & Wildlife Service:
▷ Head Office, 43 Bridge Street, Hurstville, NSW 2220, Tel. (02) 9585 6333;
▷ Informationszentren in den Ortschaften des Gebietes; Hunter, Raymond Terrace, Dugong, Gloucester.

16 Sydney und Umgebung

Taronga Zoological Park, Koala Park Sanctuary, Sydney Aquarium und Royal Botanic Gardens; Küstenheiden, Seevögel und Aussichtspunkte des Sydney Harbour Nationalparks; Frühlingsblüte und Vogelwelt des Royal Nationalparks; Lagunen und Wälder, Koalas und Schnabeligel des Ku-ring-gai Chase Nationalparks; Felsritzungen, Sandsteinklippen und Weißbauchseeadler des Brisbane Water Nationalparks.

Sydney, mit rund 3,5 Mio. Einwohnern Australiens größte und berühmteste Stadt, ist Hauptstadt des 801 700 km² umfassenden Bundesstaates Neusüdwales. Sie ist die älteste und mit ihrer Lage an der 54 km² großen Jackson Bay wohl auch die schönste Großstadt des Kontinents, weithin bekannt für Attraktionen wie die Hafenbrücke oder das Opernhaus. Die Geschichte Sydneys begann 1788 mit der Ankunft der ersten englischen Sträflingstransporte unter Captain Arthur Phillip. Nach harten Anfängen, wie z. B. zur Zeit des Rum Corps um 1800, wurde mit der Gründung von Australiens erster Universität (1850) Sydneys Entwicklung zur Weltstadt eingeleitet.

Heute gilt die heimliche Hauptstadt des Kontinents als Zentrum für Handel, Industrie, Handwerk, Sport, Kunst und Vergnügen, oder für den echten »Sydneysider« schlicht als die beste Adresse auf Erden. Trotz aller neuerdings auftretenden Smog- und Verkehrsprobleme hält Sydney einen ungeahnten »grünen« Rekord: Es besitzt mehr Schutzgebiete in seiner Umgebung (in ha/Kopf) als jede andere Metropole der Welt. 2 der insgesamt 12 Nationalparks um Sydney, der Blue Mountains und der Barrington Tops Nationalpark, sind auf S. 125 bzw. S. 113 besprochen, 4 weitere werden neben anderen Attraktionen im folgenden empfohlen.

Pflanzen und Tiere

Frischgelandete Europäer werden sich zunächst fast wie zu Hause fühlen: Heimische Baumarten wie Ahorn und Platanen säumen viele Straßen, Haustauben, Haussperlinge und Grünfinken besiedeln Häuser und Parks, auf deren Teichen sich Stockenten unter die nahe verwandten einheimischen Augenbrauenenten (S. 193) mischen. Neben einigen weiteren Importen, wie den stark dominanten Indischen Hirtenstaren (S. 144), begrüßen aber auch die ersten typischen Australier den Gast: Flötenvögel, Drosselstelzen und die eleganten, kleinen Gartenfächerschwänze (S. 116) sind nur einige der Besucher der Grünanlagen Sydneys. Wie in allen Hafenstädten trifft man außerdem auf Möwen wie die häufige Weißkopflachmöwe oder die große Dickschnabelmöwe.

Freilebende Säugetiere sind nur selten zu beobachten, obwohl neben den eingeführten Hausmäusen und -ratten auch zunehmend australische Säuger in die Städte vordringen, so z. B. der als Rosenknospendieb verrufene Gewöhnliche Ringbeutler (S. 141).

Im Gebiet unterwegs

Für jeden Besucher Sydneys ist zunächst ein Besuch des **Taronga Zoological Parks** ① empfehlenswert. Er liegt schräg gegenüber vom Stadtzentrum auf der anderen Seite der Jackson Bay und läßt sich bequem mit einer Fähre vom Circular Quay aus erreichen. In seinem australischen Teil gibt er mit Schnabeltier-, Koala- und Nachttierhaus einen guten Überblick über die einheimische Fauna. Wer der Versuchung nicht widerstehen kann, einmal einen Koala zu streicheln, ist mit dem Besuch eines der kleineren, privaten Tierparks gut beraten. Ein Beispiel ist das **Koala Park Sanctuary** ② im Stadtteil West Pennant Hills (25 km vom Zentrum).

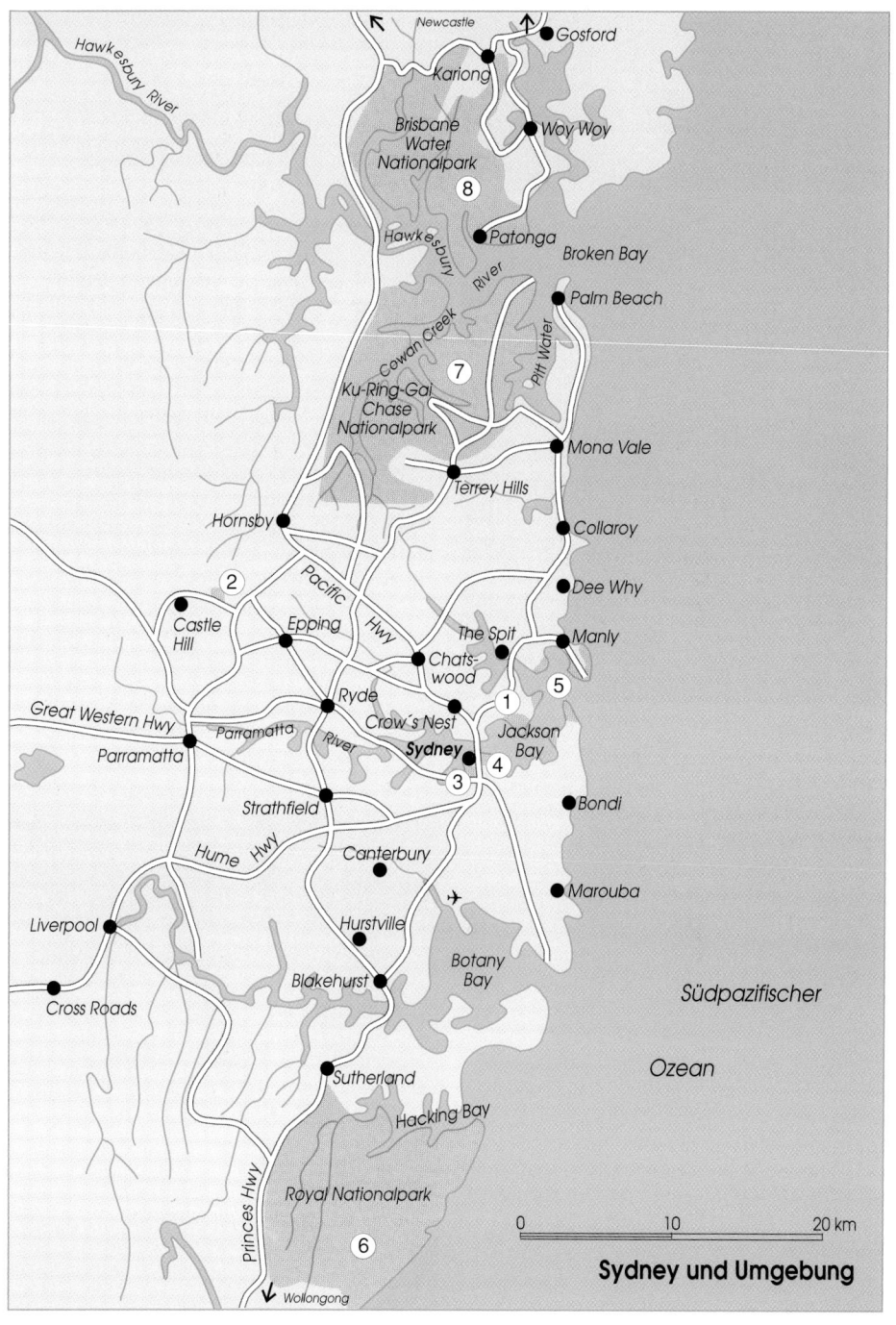

Sydney und Umgebung

Malerisches kleines Tal im Ku-ring-gai Chase Nationalpark nördlich von Sydney.

Von den attraktivsten Nationalparks Sydneys liegen einer in, 3 weitere in unmittelbarer Umgebung der Stadt:

Sydney Harbour Nationalpark (395 ha) ⑤: Dieses Schutzgebiet umfaßt eine ganze Reihe kleiner Inseln, Parks, Landzungen und bis zu 90 m hohe Klippen um den Eingang zur Jackson Bay. Auf der südlichen Seite der Bucht liegen der Nielson Park und South Head, auf der nördlichen Seite Ashton Park (direkt beim Zoo), Middle Head, Dobroyd Head und North Head. Zu allen Punkten führen Panoramastraßen, und vor allem die letzten beiden Landspitzen bieten neben Wanderwegen durch natürliche Küstenheiden fantastische Ausblicke über die Jackson Bay und die City. North Head eignet sich besonders in den Wintermonaten gut für die Beobachtung von Seevögeln wie Albatrossen, Sturmtauchern und Australtölpeln.

Royal Nationalpark (15 069 ha) ⑥: Australiens erster Nationalpark nur 35 km südlich der Stadt (Anfahrt über den Prince's Highway)

Eine neue Attraktion in Sydney ist das zur 200-Jahr-Feier eröffnete **Sydney Aquarium** ③ in Darling Harbour (Anfahrt z. B. mit der Monorail). Hier kann man von Unterwassertunneln aus die Tierwelt des Hafens von Sydney bzw. der offenen Meere Australiens bewundern. Auch die Lebensgemeinschaften der Inlandgewässer und des Great Barrier Reef sind zu sehen.
Für Vogel- und Pflanzenliebhaber immer lohnend ist ein Spaziergang durch die **Royal Botanic Gardens** ④ direkt hinter dem Opernhaus. An dieser Stelle lagen in den Gründungszeiten die ersten Gemüsegärten Sydneys. Gelegentlich trifft man hier auch auf 2 der insgesamt 3 in Australien vertretenen Ibisarten, den Molukken- und den Stachelibis.

»Smooth-Barked Angophoras« fallen durch ihre weiche, orangefarbene Rinde auf.

Abendstimmung an der Steilküste nördlich von Sydney. Blick vom Mt. Bouddi Lookout östlich des Brisbane Water Nationalparks auf die Klippen am Eingang der Broken Bay.

entstand bereits 1879. Das im südlichen Teil angehobene Sandsteinplateau des Parks bietet Strände und Klippen, verschiedene Pflanzenformationen von Regen- und Hartlaubwäldern bis zu kleinen Oasen von *Livistona*-Palmen der Art *L. australis* und den dominanten Heiden. Letztere sind besonders bekannt für ihre prachtvolle Frühlingsblüte (August/September). Unter den 200 Vogelarten findet man auch die großen Wongatauben, Gelbhaubenkakadus (S. 20) und Neuhollandkrähen, deren klagender Ruf ebenso unüberhörbar und unverwechselbar ist wie das Gelächter der »Kookaburras« (s. S. 148). Die großen Buschfeuer vom Januar 1994 trafen den Park

»Christmas Bells« blühen im Frühsommer in den Küstengebieten von Neusüdwales.

16 Sydney und Umgebung ———————————————— 121

Der etwa krähengroße Flötenvogel verrät sich durch seinen melodischen Gesang.

allerdings schwer: wie auch im Ku-ring-gai Chase Nationalpark verbrannten über 90% der Vegetation.

Ku-ring-gai Chase Nationalpark (14 838 ha) ⑦: Das Schutzgebiet liegt nur etwa 30 km nördlich der Stadt am Südufer des Hawkesbury River. Die schönste Zufahrtsstrecke führt entlang der nördlichen Surfstränden bis zur Abzweigung in Mona Vale. Wie das gesamte Gebiet um Sydney ist auch der Park ein Teil

des Hawkesbury Sandsteinplateaus, in das Flüsse vor allem während der Meeresspiegelabsenkung der letzten Eiszeit tiefe Täler gruben. Mit dem Ende der Kälteperiode und dem Anstieg des Meeresspiegels füllten sich diese Täler dann mit Wasser. So entstand das Netzwerk von Lagunen um die Mündung des Hawkesbury – und Sydney's Jackson Bay. Die Vegetation gleicht der des Royal Nationalparks. Häufige Arten sind Grasbäume *(Xanthorrhoea)*, Kasuarinen, Proteen und »Smooth-Barked Angophoras«, verschiedene Australische Heiden, Schmetterlingsblütler und duftende *Boronias* wie die »Native Rose«. Sumpfwallabies (S. 140), Koalas (s. S. 156) und Schnabeligel (s. S. 81) werden gelegentlich beobachtet. Die Vogelwelt ist mit etwa 180 Arten vertreten. West Head bietet herrliche Blicke über die Broken Bay, während z. B. der Bobbin Head Track zu Felsritzungen der Ureinwohner führt.

Brisbane Water Nationalpark (11 372 ha) ⑧: Am Nordufer des Hawkesbury River, direkt gegenüber vom Ku-ring-gai Chase und etwa 70 km von Sydney (Pacific Highway) liegen die über 250 m hohen Klippen und Plateaus von Brisbane Water. Die wichtigsten Anlaufpunkte sind hier Girrakool im Norden (sehr informativer Rundwanderweg) und die Straße von Kariong über Woy Woy nach Pa-

Zur Nahrungssuche folgen Weißkopflachmöwen den Schiffen. Sie dringen auch oft weit ins Landesinnere vor.

Die Drosselstelze (»Peewee«): ein typischer australischer Kulturfolger.

16 Sydney und Umgebung

Eine der drei in Australien vorkommenden Ibisarten: der Stachelibis. Er ist manchmal in Parks zu sehen.

tonga. Von letzterer führt bei Bulgandry ein kurzer Fußweg zu großen Sandsteinflächen mit eindrucksvollen Felsritzungen – eine der bekanntesten von über 250 Kunst- und Wohnstätten der Ureinwohner im Park. Kurz vor dem Ende der Straße in Patonga empfiehlt sich außerdem ein Abstecher zum Warrah Trig. Von den hohen, steilen Klippen dieses Aussichtspunktes sind oft kreisende Weißbauchseeadler zu beobachten. Dieser Teil des Parks ist auch bekannt für seine »Waratah«-Blüte im August/September (S. 125), die dann viele Honigesser und andere Blütenbesucher anlockt.

Praktische Tips

Anreise: Siehe oben.

Klima/Reisezeit
Temperaturen zwischen 18 °C und 26 °C im Sommer (Januar) und zwischen 8 °C und 16 °C im Winter (Juli); Niederschläge um 1200 mm/Jahr, verstärkt im Herbst und Winter. Beste Besuchszeit: Frühling bis Herbst.

Adressen
▷ Tourism New South Wales, 55 Harrington Street, P. O. Box 7050, Sydney NSW 2000, Tel. (02) 9931 1111;
▷ National Parks & Wildlife Service, Head Office, 43 Bridge Street, Hurstville NSW 2220, Tel. (02) 9585 6333;
▷ Ranger/Informationszentren der einzelnen Ausflugsziele: Taronga Zoological Park, Tel. (02) 9969 2777; Koala Park Sanctuary, Tel. (02) 9184 3141; Sydney Aquarium, Tel. (02) 9262 2300; Royal Botanic Gardens, Tel. (02) 9231 8125; Sydney Harbour Nationalpark/Nielsen Park, Tel. (02) 9337 5511; Royal Nationalpark/Audley, Tel. (02) 9542 0666; Ku-ring-gai Chase Nationalpark/Kalkari, Tel. (02) 9457 8900; Brisbane Water Nationalpark/Gosford, Tel. (02) 4324 4911.

Zwei mit Vorsicht zu genießende Tiere des bevölkerungsreichen Südostens: die Östliche Tigerotter (links) und die nur etwa 6 cm große »Sydney Funnel-Web Spider« (rechts).

Gefährliche Australier

Seinen Ruf als »giftigster Kontinent der Welt« genießt Australien nicht zu Unrecht. Vertreter verschiedener Tiergruppen tragen dazu bei.

Etwa 25 der australischen **Schlangenarten** gelten als gefährlich für Menschen, einige davon gehören zu den giftigsten der Welt. So soll der Biß eines Taipans genügend Gift freisetzen, um 220 Schafe zu töten. Den Gift-Weltrekord aber hält die »Fierce Snake«. Ihr Biß reicht für den Tod von 250 000 Mäusen aus! Weitere todbringende Arten sind »Brown Snakes«, Tigerottern, die Todesotter und die Kupferkopfschlange (S. 139). Obwohl Seren vorhanden sind, ist ihre rechtzeitige Verfügbarkeit in abgelegenen Gebieten des australischen Busches zweifelhaft. Information und Vorsicht sind deshalb der beste Schutz.

Aus dem **Spinnenreich** waren Trichternetzspinnen (»Funnel-web Spider«) und Rotrückenspinnen (»Red-back Spider«) für mehrere Todesfälle vor der Einführung von Seren verantwortlich. Während Trichternetzspinnen hauptsächlich auf den feuchteren Osten Australiens beschränkt sind, bewohnen Rotrückenspinnen die Trockengebiete. Trotz ihrer geringen Größe von maximal 15 mm können diese Spinnen Tiere bis zur Größe von Skinken und Hausmäusen überwältigen, wobei ihr Gift das Nervensystem angreift. Im Raum Sydney ist vor allem die »Sydney Funnel-web Spider« gefürchtet, da sie als Gebäudebewohner immer wieder in Kontakt mit Menschen kommt.

Die **Seewespe**, eine bläulich schimmernde Würfelqualle mit etwa 20 cm Schirmdurchmesser, ist eine wahre Geißel der Küsten Nord- und Nordostaustraliens. Das Gift ihrer bis zu 3 m langen Tentakel wirkt kombiniert neurotoxisch-hämolytisch und kann in wenigen Minuten zum Tode führen. Seewespen sind besonders häufig in den Sommermonaten (November bis März) in den Küstengewässern anzutreffen. Schwimmen bedeutet zu dieser Jahreszeit ein ernsthaftes Risiko, da die Tiere wegen ihres transparenten Körpers auch im klaren Wasser nur schwer zu sehen sind. Viele der Strände Nordaustraliens sind in den Sommermonaten deshalb für Badende gesperrt.

17 Blue Mountains Nationalpark

Über Hunderte von Metern schroff abfallende Sandsteinklippen und dramatische Wasserfälle; kilometerlange,
monumentale Schluchten; zahllose,
faszinierende Aussichtspunkte; Wildblumenblüte auf den Plateaus im Frühjahr; »Blue Gum«-Wälder im Grose
Valley; großes Angebot von Wanderwegen und Panoramastraßen; reichhaltige Vogelwelt mit über 100 Arten.

Nur 100 km von Sydney, am westlichen
Rand des Cumberlandbeckens, beginnt das
»Land der Blauen Berge«, eines der am meisten fotografierten Naturwunder Australiens.
Die landschaftliche Schönheit des zerrisse-
nen, bis über 1000 m hohen Sandsteinplateaus wird in dem heute auf über 237 000 ha
erweiterten Blue Mountains Nationalpark be-
wahrt. Er erhielt seinen Namen von dem bei
klarem Wetter hier oft zu beobachtenden,
charakteristischen »blauen Dunst«, der sich
durch die Verdunstung und Konzentration
ätherischer Eukalyptusöle an windstillen
Tagen bildet. Die Region zählt zu den beliebtesten Ausflugszielen der »Sydneysider«
und ist touristisch gut erschlossen.
Die Entstehungsgeschichte der Blue Mountains begann mit der Ablagerung einer mehrere hundert Meter mächtigen Sandstein-
schicht im Trias. Hebungen am Ende des
Tertiärs und nachfolgende Erosion schufen
schließlich ein System von Schluchten, Fels-

Die »Hairpin Banskia« wächst u. a. auf den
Sandsteinplateaus der Blue Mountains.

Die prächtige Blüte der »Waratah« ist das floristische
Emblem von Neusüdwales.

Den europäischen Würgern im Verhalten ähnlich: der Graurücken-Würgatzel.

türmen und Klippen, das teilweise an die Formationen des Grand Canyons in den Vereinigten Staaten erinnert. Zwei Drittel des geschätzten ursprünglichen Volumens des Sandsteinplateaus wurden bereits von Flüssen abgetragen, die sich z. T. über 600 m tief bis zu den unterliegenden Kohlelagern in das Gestein fraßen. Das Fortschreiten der Erosion zeigen neuere Wandabbrüche wie z. B. in der Nähe des Cyclorama Points bei Katoomba aus dem Jahre 1931.

Pflanzen und Tiere

Das Vegetationsspektrum der Blauen Berge reicht von Heiden, Sümpfen und windzerzausten Trockenwäldern auf den Plateaus bis hin zu den feuchtigkeitsliebenden Pflanzengemeinschaften am Grunde der Schluchten, unter denen die Wälder der »Blue Gum« die größte Berühmtheit erlangten. Eine Wanderung durch einen guten Bestand dieser hochaufragenden, glattstämmigen Eukalyptusriesen sollte für jeden Pflanzenfreund die Mühe eines Abstiegs ins Grose Valley wert sein. Einfacher zu erforschen ist die Vegetation der exponierten höheren Lagen. Neben kleinwüchsigeren Eukalypten der Mallee-Formation (s. S. 16) und Akazien wie z. B.

der »Sydney Wattle« beherrschen vor allem Proteen verschiedener Gattungen die Plateaus. »Hairpin Banksias«, »Dagger Hakeas« und »Waratahs« sind einige der häufigeren Arten. Im Unterwuchs findet man verschiedene Australische Heiden (Epacris) mit meist roten oder weißen Blütenständen (S. 154). Im Frühjahr mischen sich darunter weitere Farbtupfer, wie die leuchtend gelben Blüten der Goodenia decurrens oder das Blau der Dampiera stricta.

Während Säugetiere wie das Östliche Graue Riesenkänguruh (S. 111) oder die verschiedenen im Park vertretenen »Possums« (s. S. 142) relativ selten gesichtet werden, sind Vögel überall problemlos zu beobachten. Unter den kleineren Blütenbesuchern und Insektenfängern findet man u. a. Mangrove-Dickköpfe, Gelbbauch-Dornschnäbel und verschiedene Vertreter der Honigesser. Zwei auffällige Arten sind hier der Rotnacken-Honigesser, mit seinem feinen, langgebogenen Schnabel, und der große Lärmlederkopf. Aus den übrigen Nahrungsgruppen ist z. B. der Graurücken-Würgatzel erwähnenswert. Dieser Vertreter der sog. »Fleischervögel« hat den Namen von seiner Methode der Nahrungsaufbereitung: kleinere erjagte Vögel oder Eidechsen werden in Einzelteile zerlegt und dann portioniert verspeist. Zusammen mit anderen, bekannteren Arten wie den Flötenvögeln (S. 122) und den Würgerkrähen (S. 115) gehören die »Fleischervögel« zu der notogaeischen Familie der Cracticidae.

Im Gebiet unterwegs

Das Angebot an Wanderwegen und Panoramastraßen durch die Blauen Berge ist kaum überschaubar, die Menge der Aussichtspunkte schier unendlich. Bei Fahrten mit dem eigenen PKW empfiehlt sich die sehr informative »R. A. BROADBENT Tourist Map Blue Mountains« oder großräumigere Karten, wie z. B. »GREGORY's 200 km Around Sydney«. Nicht Motorisierte können auf ein äußerst vielfältiges Angebot verschiedenster Veranstalter zurückgreifen.

Am stärksten kommerzialisiert ist das Gebiet um **Katoomba** (1017 m). Hier finden sich touristische Attraktionen wie die Scenic Railway oder der Scenic Skyway und einige der bekanntesten Ausblicke und Felsformationen. Zumindest eine Fahrt auf dem **Cliff Drive** ① zu den Steilabbrüchen entlang des Jamison und des Megalong Valleys ist hier ein »Muß«. Der Cliff Drive biegt in Leura von dem Western Highway ab und erreicht diesen wieder hinter Katoomba. Er ist gut beschildert und führt zu einer ganzen Kette von Aussichtspunkten, zwei Wasserfällen und den Zinnen der **Three Sisters** in der Nähe des Echo Point, **dem** Fotomotiv der Blue Mountains. Von den vielen möglichen Wanderungen ist hier z. B. folgender empfehlenswert ②: Über den **Giant Stairway** (Echo Point) hinunter und über den **Federal Pass Walk** im Talgrund des Jamison (rechts halten, Regenwald) bis zur Bahnstation, Auffahrt zum Plateau mit der Scenic Railway, und Wanderung zurück zum Echo Point über den **Prince Henry Cliff Walk** (etwa 4 Stunden).

Weniger vermarktet und ein idealer Ausgangspunkt für Wanderungen im Nationalpark ist **Blackheath** (1065 m). Hier befindet sich auch das große Informationszentrum der Nationalparkbehörden, das Blue Mountains Heritage Centre. Die meisten Wege beginnen und enden an den Aussichtspunkten von **Evans Lookout, Govetts Leap, Pulpit Rock** und **Perry's Lookdown**, die alle mit dem Auto erreichbar sind. Überall hat man herrliche Ausblicke über das bewaldete Grose Valley und auf verschiedene Wasserfälle, wie die Horseshoe oder die Bridal Veil Falls.

Weitere empfohlene Wanderwege

Grand Canyon Nature Track (4–5 Stunden) ③: Rundweg vom Evans Lookout mit Abstieg in die schmale Schlucht des Grand Canyon, zurück über Neates Glen und die Zufahrtsstraße zum Aussichtspunkt. Besonderheiten: idyllische Regenwaldtaschen mit vielen Moosen, Farnen und kleinen Wasserfällen in

Blue Mountains Nationalpark

der Schlucht; die Vogelwelt ist u. a. mit dem Leierschwanz (S. 140) vertreten.

Braeside Track und Evans Lookout/Govetts Leap Clifftop Walk (etwa 4 Stunden) ④: Rundweg vom Evans Lookout entlang der Klippen Richtung Govetts Leap bis zur Kreuzung mit dem Braeside Track, dann links das Flüßchen Govetts Leap Brook hinauf bis zur nächsten Wegekreuzung, wieder links Richtung Zufahrtsstraße zum Evans Lookout und über diese zurück zum Ausgangspunkt. Besonderheiten: Plateauvegetation mit vielen Wildblumen im Frühjahr, gute Vogelbeobachtungsmöglichkeiten und einige Eidechsen (»Jacky Lizards«; S. 116).

Perry's Lookdown/Blue Gum Forest (etwa 5 Stunden) ⑤: Dies ist der kürzeste Weg zum »Blue Gum«-Wald im Grose Valley. Nach einem steilen Abstieg (etwa 300 m Höhenunterschied) erreicht man die Talsohle. Der Rest des Weges bis zum Wald bzw. zum Grose River ist dann eher erholsam. Gelegentlich kann man Leierschwänze und (im Tal) Wildpferde beobachten; es empfiehlt sich diese Wanderung auszudehnen und mit einem Picknick im Wald zu verbinden. Der kürzeste Weg aus dem Tal führt zurück zu Perrys Lookdown.

Under The Cliff Walk (2–3 Stunden) ⑥: Start bei den Wentworth Falls und steiler Abstieg bis zur Basis der Fälle, dann durch farnreiche Waldtaschen und entlang überhängender Felsen zu einem kleineren Wasserfall; von dort Aufstieg zum Plateau und zurück zum Wentworth Parkplatz.

Praktische Tips

Anreise
Von Sydney: per Auto über den Great Western Highway; per Zug mit der Western Line ab Sydney's Central Station (mehrmals täglich); per Bus (verschiedene Veranstalter) oder per Luft (Blue Mountains Air Charter).

Klima/Reisezeit
Im Winter (Juni bis August) kalt bis frostig auf den Plateaus, im Sommer oft sehr warm; Hauptniederschläge im Herbst und Winter. Beste Reisezeit: September bis November (Frühlingsblüte).

Unterkunft
Resorts, Lodges, Motels, Hotels, Guesthouses und Campingplätze in den meisten Gemeinden der »City of the Blue Mountains«; verschiedene Campingplätze des Nationalparks.

Adressen
▷ Tourism New South Wales, 55 Harrington Street, P. O. Box 7050, Sydney NSW 2000, Tel. (02) 9931 1111;

▷ Tourist Information Centre, Echo Point, Katoomba 2780, Tel. (02) 4782 0799;
▷ Glenbrook Visitor Centre, Bruce Road, Glenbrook NSW 2773, Tel. (02) 4739 2950;
▷ National Parks & Wildlife Service, Head Office, 43 Bridge Street, Hurstville NSW 2220, Tel. (02) 9585 6333;
▷ Blue Mountains Heritage Centre, Govetts Leap Road, P. O. Box 43, Blackheath 2785, Tel. (02) 4787 8877.

Blick in die Umgebung

In den an die Blauen Berge angrenzenden Bergketten der Great Dividing Range befinden sich 2 weitere Schutzgebiete: der **Kanangra-Boyd Nationalpark** im Süden und der **Wollemi**, der mit über 487 000 ha zweitgrößte Nationalpark von Neusüdwales im Norden. In ersterem lohnt sich ein Besuch der Kanangra Walls und unterwegs ein Abstecher zu den großen Tropfsteinhöhlen der **Jenolan Caves.** Der Wollemi Nationalpark ist in weiten Teilen unerschlossen, bietet aber im Südteil einen »Glow Worm«-Tunnel. Ein Wanderweg zu diesem von Pilzmückenlarven *(Arachnocampa richardsae)* »beleuchteten« Tunnel zweigt von der Wolgan Road nach Newnes ab (Taschenlampe!).

Die Felsformation der Three Sisters ist das bekannteste Fotomotiv der Blue Mountains.

18 Kosciusko Nationalpark

Höchste Berge Australiens; durch Gletscherwirkung geprägte Landschaft (Seen, Täler); Kältepol des Kontinents mit Schnee und Frost im Winter; Ursprungsgebiet großer Flüsse; Australiens größtes Gebiet mit alpiner Vegetation und Schnee-Eukalypten; Lebensraum vieler Beuteltiere, darunter der Bergbilchbeutler; über 200 Vogelarten.

Das »Dach Australiens«, der 690 000 ha große Kosciusko Nationalpark, liegt in Neusüdwales 450 km südwestlich von Sydney. Im Süden grenzt er an den Bundesstaat Victoria, im Norden an das Territorium der Bundeshauptstadt Canberra. Mit einer Ausdehnung von 160 x 40 km ist er seit seiner Gründung im Jahre 1967 einer der größten Nationalparks und umschließt die höchsten Berge des Landes: 11 Gipfel sind über 2000 m hoch, der Mt. Kosciusko erreicht als höchster Berg Australiens 2229 m. Der Park ist das Quellgebiet einiger wichtiger Flüsse wie des Murray, des Murrumbudgee und des in die Tasman Sea entwässernden Snowy River. Im Winter ist das Gebiet auf etwa 100 000 ha schneebedeckt und gilt als »Mekka« für Australiens Skifahrer.
Als Teil der Great Dividing Range entstand das Kosciusko-Plateau durch Zyklen von Hebungen und nachfolgender Erosion während der letzten 400–300 Mio. Jahre. Die oberste Schicht aus metamorphisierten Meeressedimenten (die auf eine Überflutung Südostaustraliens vor der Gebirgsauffaltung hindeuten) wurde dabei größtenteils abgetragen und exponierte darunter liegendes Granitgestein. Während der letzten Eiszeit bedeckten Gletscher etwa 50 km² der Landschaft und hinterließen nach ihrem Rückzug ausgehobelte, wassergefüllte Becken oder durch Moränen

aufgestaute Seen sowie einige typische U-förmige Täler.
Wegen des rauhen Klimas und des Mangels an eßbaren Pflanzen und Tieren wurde das Gebiet von den Ureinwohnern nur zum Sammeln der protein- und fettreichen Bogong-Schmetterlinge besucht. Ab 1830 nutzten Europäer die grasreichen Hänge der alpinen Zone als Sommerweide für Rinder und Schafe. Dies führte schnell zum Ruin der empfindlichen Pflanzendecke und zu starker Bodenerosion, so daß ein umfangreiches und aufwendiges Programm nötig wurde, um die schlimmsten Schäden zu beheben.

Pflanzen und Tiere

Da der Nationalpark Höhenstufen von 200 bis 2000 m umfaßt, ist die Flora entsprechend vielfältig. Häufigste Bäume der unteren Hänge sind je nach Niederschlagsmenge Akazien, Eukalypten wie »Candlebarks« oder »Manna Gums« und »Northern Cypress Pines« (S. 91). Ab 600 m findet man »Alpine Ashes«. In der alpinen Stufe ab 1800 m führen kurze Vegetationsperioden, Kälte, Wind und Schnee zu Zwergwuchs. Die charakteristischen Pflanzengesellschaften reichen hier von trockenen Heiden bis zu von *Sphagnum*-Moosen dominierten Mooren. Einziger Baum ist der Schnee-Eukalyptus, der auch den härtesten Winterfrösten trotzt.
Etwa 20 Säugetierarten leben im Park, darunter als Besonderheit Bergbilchbeutler. Die nur 10–11 cm großen Tiere bewohnen als einzige australische Säuger die alpine Stufe. Sie überstehen das extreme Winterklima durch Kältestarre (Torpor) bzw. eingetragene Vorräte. Wärmere Zonen bevorzugen Nacktnasenwombat (S. 157), Schnabeltier und Schnabeligel (s. S. 81) sowie verschiedene »Possums« (s. S. 142).
In den Wäldern der tieferen Lagen wurden über 200 Vogelarten nachgewiesen: von

Blick über den Lake Albina auf dem Kosciusko-Hochplateau in etwa 2000 m Höhe. Auch im Dezember kann hier noch Schnee liegen.

kleinen Trugschmätzern, Honigessern und Baumläufern bis zu großen Gelbohrkakadus (S. 94), Wongatauben und Leierschwänzen (S. 140). Vogelspezialisten können mit der Beobachtung der farbenprächtigen Diamant-amadine oder des nicht minder auffälligen Goldflügel-Honigessers rechnen. Viele Vögel besuchen die alpine Stufe im Sommer, so z. B. die Helmkakadus, die gerne die Früchte der Schnee-Eukalypten essen.

Ganzjährige Bewohner der alpinen Region sind die kontrastreich gefärbten Corroboree-Scheinkröten. Nur im Sommer hingegen findet man dort zwei typische Insektenarten: Kosciusko-Grashüpfer und Bogong-Schmetterlinge. Die Grashüpfer ändern ihre Körperfarbe entsprechend der Außentemperatur von dunkelblau bis blaugrün, um Wärme zu regulieren. Bogong-Schmetterlinge sind, in Knäueln zusammengeballt, tagsüber oft in Höhlen und unter Felsüberhängen zu finden.

Im Gebiet unterwegs

Mit dem Auto

Einen ausführlichen Überblick über Landschaft, Topographie und Vegetation bietet der **Alpine Way** von Jindabyne über Thredbo nach Khancoban (112 km) oder weiter bis Kiandra (200 km). Etwa 40 km noch nicht asphaltierte Schotterstraße stellen nur bei Schnee ein ernsthaftes Problem dar. Ins Kerngebiet der höchsten Gipfel, zum Nationalpark-Hauptquartier und zu den Ausgangspunkten interessanter Wanderwege führt die **Summit Road** (Abzweigung hinter Jindabyne über Sawpit Creek bis Charlotte Pass). Nach Kiandra und in den Nordteil des Parks führt der **Snowy Mountains Highway** von Cooma bis Tumut (185 km).

Karte: BP Road Map Canberra and the A. C. T.

Zwischen den Schnee-Eukalypten der Australischen Alpen besitzt Skifahren einen besonderen Reiz.

Wanderungen

☐ Der **Naturlehrpfad Sawpit Creek** (etwa 2 km) ① startet hinter dem Nationalparkgebäude und gibt anhand eines Informationsblattes Erklärungen zur Flora und Fauna. Offener Eukalyptuswald bietet gute Vogelbeobachtungsmöglichkeiten von z. B. Pennantsittichen (S. 146) und Rotlappen-Honigessern. Der Marsch kann auf dem **Pallaibo Track** ausgedehnt werden, der vom Lehrpfad abzweigt, und dauert dann etwa 3 Stunden.

☐ Ein abwechslungsreicher und informativer Weg zum Mt. Kosciusko ist der **Summit Walk** (8 km einfach) ② vom Charlotte Pass entlang der alten, 1909 gebauten Kosciusko-Straße.

Schnee-Eukalypten sind an die extremen Lebensbedingungen des Winters angepaßt. Sie wachsen in der alpinen Stufe zwischen 1500 m und 1800 m Höhe.

![Blowering Reservoir landscape photograph]

Blowering Reservoir: ein beliebtes Ausflugsziel im Norden des Nationalparks.

Helmkakadus sind im Sommer sogar in Höhen   ▷
über 2000 m anzutreffen.

Knorrige Schnee-Eukalypten an der Baum-
grenze, das Tal des Snowy River und verschiedene alpine Pflanzengesellschaften liegen am Wege. Der Aufstieg zum Mt. Kosciusko beginnt am Rawson Pass und folgt der
alten Straße.
☐ Ein Alternativweg zum Gipfel ist der **Main
Range Walk** (12 km einfach) ③, ebenfalls ausgehend vom Charlotte Pass. Er führt ins Zentrum des alpinen Gebiets über windexpo-
nierte Bergrücken und vorbei an den durch
Moränen aufgestauten Seen Blue Lake, Club
Lake und Lake Albina. Der Rückweg zum
Charlotte Pass kann auf dem oben beschrie-

In *Sphagnum*-Moospolstern leben die nur   ▷
3 cm großen Corroboree-Scheinkröten.

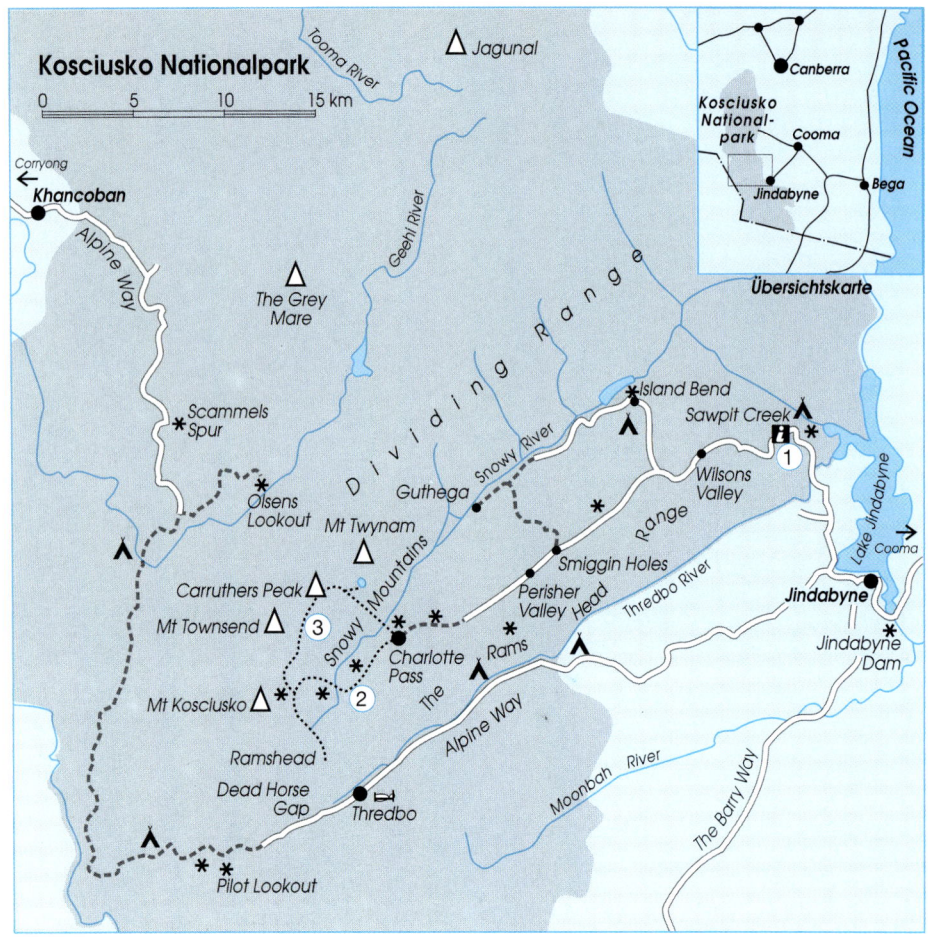

Kosciusko Nationalpark

0 5 10 15 km

Übersichtskarte

benen Summit Walk erfolgen, was die Unter-
nehmung zu einem 20 km langen ausgefüll-
ten Tagesrundmarsch macht!

ACHTUNG:

▷ Ausrüstung für **alle** Wetterbedingungen
sollte stets mitgeführt werden, auch im
Sommer!
▷ Bei Wetterverschlechterung umkehren,
besonders auf dem Main Range Walk!
▷ Die Vegetationsdecke ist schnell zerstört,
deshalb auf den Wegen bleiben!

Empfehlenswert im Nordteil des Parks

Die Reste des ehemaligen Ortes Kiandra und
der **Goldseeker's Track**. Dieser führt etwa
3 km durch subalpine Vegetation mit Relikten aus der Zeit des Goldrausches 1859/60.
Die **Yarrangobilly Kalksteinhöhlen** etwa 20 km
nördlich Kiandra: 5 der insgesamt 250 bekannten Höhlen im Tal des Yarrangobilly
River sind zugänglich. Führungen werden
angeboten, Besucherzentrum, Parkplätze
und Wanderwege sind vorhanden.

Praktische Tips

Anreise
Vom Osten über Cooma südlich Canberra; vom Westen über Albury–Tallangatta–Corryong; vom Norden über Tumut. Busverbindungen von Cooma zu den Skiorten.

Klima/Reisezeit
Kühl und niederschlagsreich mit ausgeprägten Jahreszeiten. Durchschnittstemperaturen im Hochsommer (Januar) 10 °C, im Winter (Juli) 1,6 °C; absolute Minima unter − 20 °C. Niederschlag stellenweise bis 3000 mm gleichmäßig über das Jahr verteilt; Schnee von Juni bis Oktober (Schneekettenpflicht!). Beste Reisezeit: Zum Wandern und für Naturbeobachtungen von Frühjahr bis Herbst (November bis April).

Unterkunft
Hotels und Motels in den Orten des Skigebiets (vor allem Thredbo). Campingmöglichkeit beim Besucherzentrum Sawpit Creek.

Adressen
National Parks & Wildlife Service:
▷ Cooma Visitor Centre, 119 Sharp Street, Tel. (02) 6452 1108;
▷ National Parks & Wildlife Service, Head Office, 43 Bridge Street, Hurstville, NSW 2220, Tel. (02) 9585 6333;
▷ National Park Visitor Centre, Sawpit Creek, Summit Road, Tel. (02) 6456 1700;
▷ Snowy Region Visitors Centre, Kosciusko Road, Jindabyne, NSW 2627, Tel. (02) 6450 5600;
▷ Nebenbüros in Tumut, Tel. (02) 6457 5214, Perisher, Tel. (02) 6947 4200, und Khancoban, Tel. (02) 6076 9373.

Blick in die Umgebung

Der im Süden an das Kosciusko-Plateau angrenzende **Snowy River Nationalpark** schützt ein natürliches, unzerstörtes Flußtal mit Klippen, Schluchten, Wasserfällen und ausgedehnten Wäldern. Hier liegt eine der letzten Zufluchtsstätten des in Victoria bedrohten Bürsten-Felsenkänguruhs. Die Zufahrt zum Süden erfolgt von Orbost über die Yalmy Road; in den Nordteil des Parks gelangt man über den Bonang Highway oder von der Buchnan-Jindabyne-Straße aus.
Etwa 100 km westlich des Kosciusko liegt der **Hume-Stausee**, dessen feuchte Wiesen und abgestorbene Bäume (z. B. bei Tallangatta) ideale Plätze für Vogelbeobachtungen und -fotografie sind (speziell Wasservögel). Zufahrt über Khancoban–Corryong.

»Alpine Marsh Marigolds« lieben wasserreiche Standorte im Hochland.

»Derwent Speedwell«, ein Rachenblütler, wächst in den Wäldern der tieferen Lagen.

19 Mt. Buffalo Nationalpark

1720 m hohes Granitmassiv mit mächtigen Felsformationen wie Torpedo, Monolith und Cathedrale; steile Schluchten und malerische Wasserfälle; Ausblicke auf die Victorianischen Alpen; dichte Wälder an den Hängen, alpine Vegetation auf dem Gipfelplateau; Sumpfwallabies; 140 Vogelarten, darunter Leierschwänze; Panoramastraße und über 70 km Wanderwege im Park.

Mit 31 000 ha umfaßt der Mt. Buffalo Nationalpark einen mächtigen Gebirgsstock, der sich rund 1000 m über das Niveau des Umlandes erhebt. 330 km nordöstlich von Melbourne gelegen ist er als Teil der Victorianischen Alpen ein beliebtes Ausflugs- und Skigebiet.

Der Mt. Buffalo entstand vor 400 – 300 Mio. Jahren, als noch junge Sedimente eines ehemaligen Meeres weite Teile Südostaustraliens bedeckten. Geschmolzene granitische Gesteinsmassen drangen vom Erdinneren in die Sedimentschichten ein und erstarrten vor dem Erreichen der Oberfläche. Spätere Erosion räumte das weichere Sedimentgestein aus und exponierte den Granitpfropf. Wasser, Eis, Wind und Hitze vollendeten ihr Werk, zerkleinerten auch den Granit zu Blöcken aller Größen und Formen und schufen die heutige typische Landschaft des Berges.

Der Gipfel des Mt. Buffalo (genannt: »das Horn«) erreicht 1720 m Höhe; er überragt ein Plateau von etwa 10 × 7 km Ausdehnung. Von weitem ähnelt der Berg einem Büffel im Profil und bekam so seinen Namen.

Häufiger Nebel am Mt. Buffalo läßt Eukalyptuswälder gespenstisch erscheinen.

Torpedo Rock, ein von der Verwitterung zu ungewöhnlicher Form modellierter Granitblock.

Pflanzen und Tiere

Etwa 450 Pflanzenarten wurden im National-park festgestellt; sie bilden je nach Höhen-lage und Gesteinsart eigene Gesellschaften. Von Eukalypten dominiert werden die Hart-laubwälder an den Flanken des Gebirgs-stocks. Auf dem Sedimentgestein der unte-ren, trockenen Höhenlagen sind »Manna Gums« und »Peppermint Gums« der Art *Eucalyptus radiata* die bestandsbildenden Ar-ten. »Manna Gums« sind leicht kenntlich an ihrer streifenförmig abblätternden Rinde, »Peppermint Gums« erfüllen besonders an heißen Tagen die Luft mit dem pfefferminz-artigen Geruch ihrer ätherischen Blattöle. Die feuchten, dichten Eukalyptuswälder der höheren Lagen bestehen hauptsächlich aus »Candlebarks«, »Alpine Ashes« und Berg-Eukalypten. Das Plateau beherrschen die wi-derstandfähigen Schnee-Eukalypten (S. 132) zusammen mit einer Bodenvegetation, die je nach Feuchtigkeit aus Schneegras, Heidefor-mationen oder *Sphagnum*-Moosen und Seg-gen besteht. Sie wird zur Blütezeit im De-zember/Januar stellenweise zum Blüten-teppich.

Die dichten Wälder des Mt. Buffalo sind der

Nur Flammenbrustschmätzer-Männchen zeigen diese Farbenpracht.

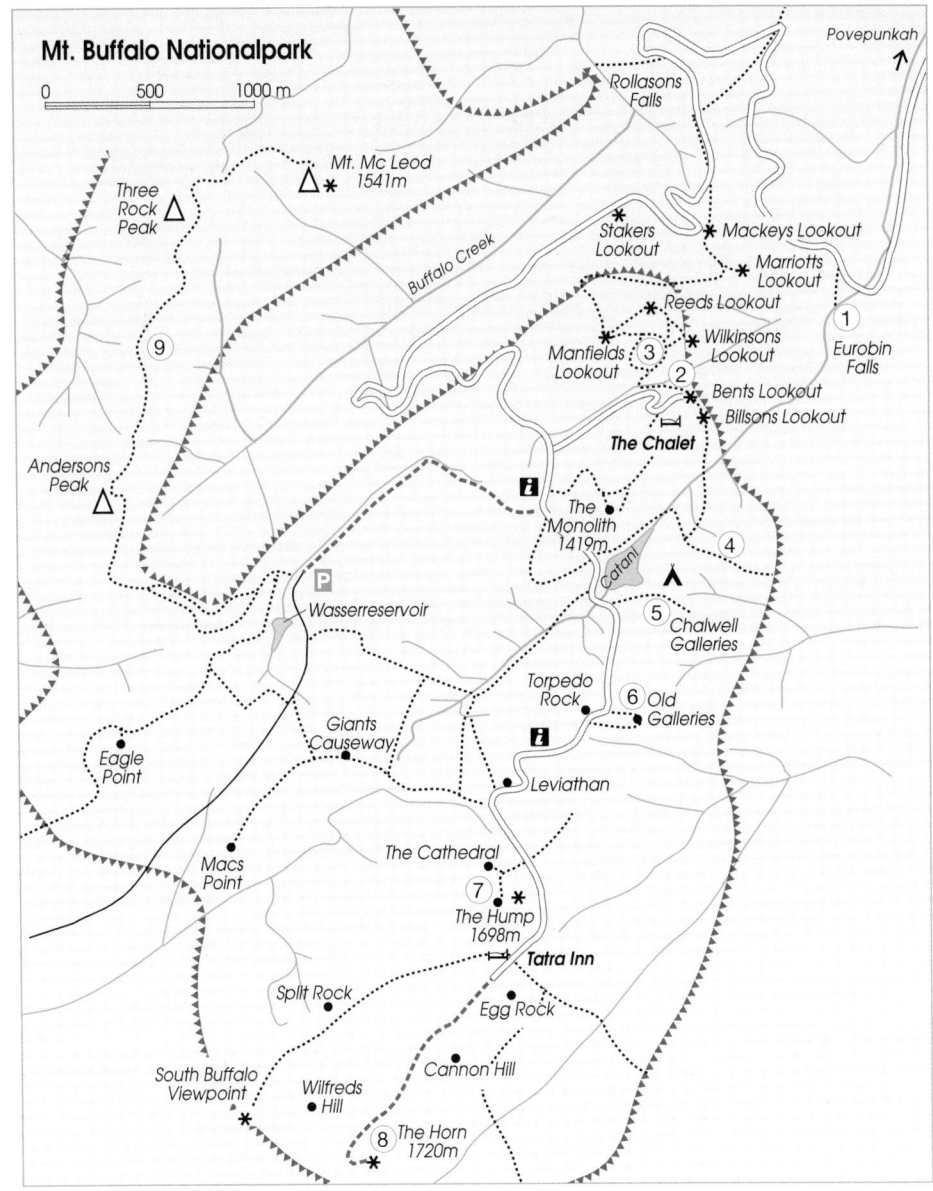

Mt. Buffalo Nationalpark

0   500   1000 m

Povepunkah

Rollasons Falls

Mt. Mc Leod 1541m

Three Rock Peak

Buffalo Creek

Stakers Lookout

Mackeys Lookout

Marriotts Lookout

Reeds Lookout

9

Manfields Lookout   3   Wilkinsons Lookout

2

Bents Lookout

Billsons Lookout

The Chalet

Eurobin Falls

1

Andersons Peak

The Monolith 1419m

Catani

4

Wasserreservoir

Chalwell Galleries

5

Torpedo Rock

Old Galleries

6

Giants Causeway

Eagle Point

Leviathan

Macs Point

The Cathedral

The Hump 1698m

7

Tatra Inn

Split Rock

Egg Rock

South Buffalo Viewpoint

Wilfreds Hill

Cannon Hill

The Horn 1720m

8

Lebensraum verschiedener Beuteltiere: Sumpfwallabies bevorzugen die tieferen Lagen und halten sich gerne an Wasserfällen auf. Nacktnasenwombats (S. 157) sind bis hoch zum Plateau verbreitet. Das Blätter-dach bietet verschiedenen »Possums« (s. S. 142) reichlich Nahrung und Versteck: Bergkusus, Fuchskusus, Gewöhnliche Ringbeutler sowie alle vier Arten der Beutelgleiter sind hier zu Hause.

Kupferkopfschlangen lieben die Nähe des Wassers. Ihr Biß ist lebensgefährlich!

140 Vogelarten wurden im Nationalpark beobachtet. Mt. Buffalo ist bekannt für seinen Bestand an Leierschwänzen. Individuen dieser außergewöhnlichen Stimmenimitatoren werden oft auf der Straße, bei Rast- und Campingplätzen gesehen und vor allem gehört.

Zu den häufiger beobachteten Papageien gehören Helmkakadus (S. 133) und Pennantsittiche (S. 146). Letztere wurden von Besuchern angefüttert (z. B. beim Chalet). Andere attraktive Vögel sind Flammenbrustschmätzer und Prachtstaffelschwänze (S. 170). Man findet sie auf dem Plateau, wo sich auch Gesellschaftskrähen und Graubartfalken gerne aufhalten.

Infolge des kühlen Klimas gehören Reptilien nicht zu den häufigen Bewohnern des Parks, jedoch tolerieren z. B. Kupferkopfschlangen und Östliche Tigerottern (s. S. 124) kühle Temperaturen und sind an warmen Sommertagen durchaus anzutreffen – und dann mit Vorsicht zu genießen!

Wie in anderen Gebirgsgegenden Südostaustraliens besuchen Bogong-Schmetterlinge den Mt. Buffalo während der warmen Sommermonate.

Im Gebiet unterwegs

Seit 1908 existiert eine Straße im Mt. Buffalo Nationalpark. Sie führt als **Nature Drive** vom Eingang des Parks durch alle Vegetationszonen bis zum höchsten Punkt, dem »Horn«. Mittels eines Informationsblattes erfährt der Besucher Interessantes aus Flora, Fauna und Geologie der Gegend und wird auf Besonderheiten, Ausblicke und Wanderwege aufmerksam gemacht. Von der Straße aus sind einige gut markierte, meist kurze Wanderwege zu erreichen, von denen z. B. folgende sehr empfehlenswert sind:

Eurobin Falls (1,5 km) ①: Sie liegen kurz hinter dem Eingang zum Park und bestehen aus einer Serie von Wasserfällen, umrahmt von weißstämmigen »Manna Gums« und Baumfarnen. Mit Glück können Sumpfwallabies beobachtet werden.

Gorge Views (1,5 km) ②: Sie bieten Ausblicke auf die Schlucht (The Gorge). Vom Bents-Parkplatz beim Chalet folgt der Weg dem Felsabbruch. Die nördliche Wand der Schlucht (North Wall) fällt hier über 400 m senkrecht ab.

Der Leierschwanz benutzt sein auffälliges Schwanzgefieder zur Balz, die in die Monate Februar bis Mai fällt.

Bevorzugt wasserreiches Gelände als Lebensraum: das Sumpfwallaby.

Naturpfade **Gorge** (2 km) ③ und **Viewpoint** (4 km) ④: Informationsblätter beziehen sich auf Markierungen am Rand und erklären typisches zur Flora und Fauna. Zum Gorge-Naturpfad vom Bents-Parkplatz, zum Viewpoint-Pfad vom Damm des Catani-Sees.
Chalwell Galleries ⑤ und **Old Galleries** ⑥ (je 2 km): Beide Wege winden sich, von »Alpine Ashes« und Schnee-Eukalypten gesäumt, durch Spalten riesiger Granitblöcke und lassen die Arbeit der Verwitterung an diesem Gestein erkennen. Leierschwänze sind hier oft zu sehen. An der Parkstraße liegt Torpedo Rock, ein länglich abgerundeter Granitblock.
Cathedral und **The Hump** (2 km) ⑦: Ausgehend vom Cathedral-Picknickgebiet sind die gewaltigen Granitformationen schnell erreicht. Im Sommer halten sich Bogong-Schmetterlinge in Massen in Höhlen und unter Felsüberhängen auf.
Ein steiler Weg führt vom Parkplatz zum **Horn** (1,5 km) ⑧, dem mit 1720 m höchsten Punkt des Mt. Buffalo und gestattet eindrucksvolle Ausblicke auf die Victorianischen Alpen.

Einige Beispiele aus der vielfältigen Gruppe der »Possums«: der winzige, nektarliebende Federschwanz-Gleitbeutler (oben links), ein Fuchskusu mit Jungem (oben rechts), der bis 50 m weit »fliegende« Kurzkopfgleitbeutler (unten links) und der bis in die Stadtgärten vordringende Gewöhnliche Ringbeutler (unten rechts).

Possums

Unter dem Sammelbegriff »Possums« (nicht zu verwechseln mit den Opossums in Südamerika!) verbirgt sich eine Vielzahl von maus- bis affengroßen Kletter-, Gleit- Ring- und Honigbeutlern, deren Lebensweisen sich in vielen Punkten ähneln (vgl. Fotos S. 141). Ihr Hauptverbreitungsgebiet sind die Waldgebiete im Osten und Südwesten Australiens. Ausnahmen sind die im felsigen Gelände der Kimberleys und des Arnhemland-Plateaus lebenden Felsenringbeutler und die Bergbilchbeutler der alpinen Zonen Südostaustraliens (s. S. 130). Possums sind gute Kletterer, wobei die Ringbeutler ihren beweglichen Schwanz zusätzlich als 5. Extremität einsetzen. Die Gleitbeutler entwickelten auffaltbare »Fallschirmhäute« zwischen Vorder- und Hinterbeinen. Damit kann z. B. der Kurzkopfgleitbeutler »Flüge« bis zu 50 m zurücklegen und dabei auch plötzliche Kurskorrekturen vornehmen.

Alle Possums sind nachtaktiv und verbringen den Tag in teils selbst gepolsterten Baumhöhlen oder auf Ästen. Ihre Nahrung ist hauptsächlich pflanzlich, wobei sich einige Arten wie der Honigbeutler Südwestaustraliens (S. 183) auf Blütennektar und Pollen spezialisiert haben. Sie sind damit auch wichtige Pflanzenbestäuber. Kuskusse (s. S. 58) ernähren sich vorwiegend von Insekten, Eiern und Vögeln. Fuchskusu und Gewöhnlicher Ringbeutler folgten dem Menschen in die Städte und sind dort in Parks und Gärten zu finden.

Etwa 10 km einfach sind es zum **Mt. McLeod** im Westen des Parks ⑨. Ausgangspunkt: der Parkplatz am Reservoir Road Gate. Zur Blütezeit im Dezember/Januar ist diese Gegend ein lohnendes Ziel. Vom Gipfel des 1541 m hohen Berges kann man das gesamte Plateau des Mt. Buffalo bis zum Horn übersehen.

Praktische Tips

Anreise
Von Wangaratta (im Nordwesten) oder Bright (im Südosten) über den Ovens Highway bis Porepunkah (Einfahrt zum Park). Karten: »RACV Map Victoria« oder »SHELL Victoria Road Map«. In den Wintermonaten (Juni bis Oktober) herrscht Schneekettenpflicht.

Klima/Reisezeit
Ähnlich dem des Kosciusko-Plateaus (s. S. 135) mit warmen Tagen und kühlen Nächten im Sommer; Frost und Schnee im Winter. Beste Reisezeit: Für Wanderungen und Naturbeobachtungen von Frühling bis Herbst (Oktober bis April).

Unterkunft
Auf dem Campingplatz am Ufer des Catani-Sees (geöffnet Anfang November bis Ende April) und in den Hotels »The Chalet« und »Tatra Inn«. Vorausbuchung empfohlen.

Adressen
▷ Victorian Visitor Information Centre, Little Collins & Swanston St., Melbourne VIC 3000, Tel. (03) 9658 9955;
▷ Parks Victoria Information Centre, 378 Cotham Road, Kew VIC 3101, Tel. (03) 9816 7066;
▷ Bright Visitor Centre, 119 Gavan St., Bright VIC 3741, Tel. (03) 5755 2275.

Blick in die Umgebung

Im **Bogong Nationalpark** etwa 40 km südöstlich des Mt. Buffalo liegen Victorias höchste Berge (bis 1986 m). Landschaftlich sehr reizvoll mit alpiner Zone ähnelt er in Flora und Fauna dem Kosciusko Nationalpark (s. S. 130). Zufahrt auf dem Ovens Highway über Bright oder vom Süden über Omeo.

20 Melbourne und Umgebung

Royal Botanic Gardens und Melbourne Zoo; Koalas und Wildblumen der Brisbane Ranges; Basaltsäulen des Organ Pipes Nationalparks; Wasserfälle und Wälder des Kinglake Nationalparks; Glockenvögel des Healesville Sanctuary; Königs-Eukalypten, Farnhaine und Leierschwänze der Dandenong Ranges; Küstenformationen des Point Nepean Nationalparks.

1836/37 als freie Siedlung am Yarra-Fluß gegründet ist Melbourne Hauptstadt des »Gartenstaates« Victoria, des mit nur 227 600 km² zweitkleinsten Bundesstaates des Landes.

Bereits 1880 fand hier die erste Weltausstellung statt; von 1901 bis 1927 fungierte Melbourne als Hauptstadt Australiens, und 1956 beherbergte es die 16. Olympischen Sommerspiele. Mit etwa 3 Mio. Einwohnern ist Melbourne heute die zweitgrößte Stadt des 5. Kontinents nach Sydney und erhebt Anspruch auf die führende Rolle in Sachen Mode, Gastronomie, Kultur und Finanz. Bekannt sind die großen Pferderennen des Melbourne Cup, das 1984 fertiggestellte Victorian Arts Centre und die ausgedehnten Park- und Gartenanlagen der Stadt, wie z. B. die Fitzroy oder die Flagstaff Gardens. Darüber hinaus liegen in unmittelbarer Umgebung viele für Naturliebhaber sehr attraktive Ausflugsziele, die problemlos zu ereichen sind.

Exponierte Basaltsäulen im Organ Pipes Nationalpark nordwestlich von Melbourne.

Blick auf die Dandenong Ranges.

◁ Die importierten Indischen Hirtenstare verbreiten sich immer stärker.

Pflanzen und Tiere

Der wichtigste »natürliche« Aspekt von Großstädten ist sicher ihre Vogelwelt. So wurden in der gesamten Melbourner Region, d. h. von den Brisbane Ranges im Westen bis zum Kinglake Nationalpark im Nordosten und der Port Philip Bay im Süden insgesamt etwa 300 Vogelarten beobachtet, die sich auf die unterschiedlichsten Habitate verteilen. In der Stadt selbst dominieren eingeführte Arten wie Amseln, Stare, Haustauben und Indische

Hirtenstare neben australischen Kulturfolgern wie Drosselstelzen und Flötenvögeln (S. 122). Ebenso besiedeln Rotlappen-Honigesser, Prachtstaffelschwänze (S. 170) und Spitzschopftauben viele Parks und Gärten. Unter den Säugetieren sind Importe wie z. B. die Wanderratte überall im Stadtgebiet verbreitet, aber auch einige einheimische Säugetiere wie Fuchskusus (S. 141) oder Graukopf-Flughunde sind bereits zu eingesessenen Bewohnern der Grünanlagen Melbournes geworden.

Im Gebiet unterwegs

In der Stadt selbst sind vor allem die bereits 1846 gegründeten **Royal Botanic Gardens** ① besuchenswert. Auf ihren etwa 36 ha Fläche findet man über 10 000 Pflanzenarten aus der ganzen Welt, eine kleine Kolonie von Graukopf-Flughunden im Fern Gully (Sommermonate) und ein breites Vogelspektrum. Nähere Informationen dazu gibt es beim Besucherzentrum im Erdgeschoß des Herbariums (Eingang F, Birdwood Ave., South-Yarra). Ein weiterer empfehlenswerter Weg führt in den **Melbourne Zoo** (Elliott Ave., Royal Park) ②. Er bietet über 400 australische und exotische Tierarten und ein großes Schmetterlingshaus.
Die übrigen Ziele liegen etwas außerhalb der Stadt:

<u>Brisbane Ranges Nationalpark</u> (7500 ha) ③: Dieses etwa 80 km westlich von Melbourne gelegene Plateau gehobenen Sedimentgesteins fällt im Osten steil zum Rowsley-Grabenbruch ab. Es ist berühmt für seinen Wildblumenreichtum (über 400 Blütenpflanzenarten) und deshalb besonders im Frühling einen Besuch wert. Verschiedene Säugetiere, darunter Östliche Graue Riesenkänguruhs (s. S. 111) und wiederangesiedelte Koalas (s. S. 156) sind häufiger zu beobachten, ebenso wie viele der insgesamt 170 registrierten Vogelarten. Hauptanlaufpunkt ist die **Anakie Gorge** im Ostteil, die einen sehr guten Rundwanderweg bietet.

Die Spitzschopftaube, ein Kulturfolger in Parks, Gärten und auf Farmen.

<u>Organ Pipes Nationalpark</u> (85 ha) ④: Der Nationalpark-Zwerg im Nordwesten der Stadt ist leicht über den Calder Highway zu erreichen (rund 25 km vom Stadtzentrum). Seine Hauptattraktion sind spektakuläre Basaltsäulenformationen als Zeugen einer etwa 1 Mio. Jahre zurückliegenden Epoche vulkanischer Aktivität. Ein kurzer Wanderweg vom Parkplatz führt direkt zu diesen »Orgelpfeifen« am Jacksons Creek.

<u>Kinglake Nationalpark</u> (11 270 ha) ⑤: Dieses dreiteilige Schutzgebiet liegt in der Great Dividing Range etwa 70 km nordöstlich von Melbourne. Die offenen Eukalyptuswälder der exponierten Bergrücken und Hänge kontrastieren scharf mit der dichten farnreichen Vegetation der feuchteren geschützten Schluchten. An Säugetieren werden gelegentlich Nacktnasenwombats (S. 157) und Sumpfwallabies (S. 140) gesichtet, unter den

Dandenong Ranges Nationalpark (1920 ha) ⑦:
1987 wurden die 3 verbliebenen Haupt-Waldgebiete der nur etwa 40 km östlich von Melbourne gelegenen Bergketten der Dandenongs zu einem einzigen Nationalpark zusammengefaßt. Bestandsaufnahmen im Doongalla Forest, Fern Tree Gully und Sherbrooke Forest belegen das Vorkommen von allein 130 einheimischen Vogel- und 31 Säugetierarten im neuen Park. Mit seiner Einrichtung wurde versucht ein landschaftlich einmalig schönes Stück Natur für die Naherholung der Melbourner zu erhalten – trotz des Drucks der immer näher rückenden Vororte, und trotz der zunehmenden Belastungen für die einheimische Tierwelt durch Exoten wie Hunde, Katzen und Füchse.
Eingeführte Tierarten wirkten bereits ganz entscheidend beim Rückgang der Leierschwanzpopulation (S. 140) des Sherbrooke Forest mit. Nur noch 30 der ehemals 55 Leierschwanzbrutpaare wurden in den letzten Jahren beobachtet. Trotzdem sind sie vor allem zur Balzzeit im Spätherbst und Winter noch eine große Attraktion. Sherbrooke Fo-

häufigeren Vogelarten finden sich Pennantsittiche und Goldbauchschnäpper (S. 158). Verschiedene empfehlenswerte Wanderwege führen durch die Jehosaphat Gully Section und zu den 45 m hohen Masons Falls.

Healesville Sanctuary ⑥: Ca. 65 km östlich von Melbourne liegt Healesville bzw. der 1921 von Sir Colin MacKenzie als Tierforschungsstation begründete gleichnamige Zoo. Eingebettet in natürliche Vegetation gehört er zu den besten Anlagen dieser Art in ganz Australien und bietet mit über 200 Säugetier-, Vogel- und Reptilienarten, einem Schnabeltierhaus, großen Flugvolieren und einem Nachttierhaus einen ausgezeichneten Einstieg in die einheimische Tierwelt. Eines seiner »ohrenfälligsten« Merkmale ist eine große Population freilebender Glockenvögel.

Der Weißstirn-Schwatzvogel gehört zu den Honigessern. Er lebt gesellig.

Die gewaltigen Königs-Eukalypten in den Dandenong Ranges östlich von Healesville lassen Autos zwergenhaft erscheinen.

Der Lachende Hans (»Laughing Kookaburra«) ist Australiens bekanntester Eisvogel. Im Bild ein Albino (links) und ein normal gefärbtes Exemplar (rechts).

Lachender Hans
(»Laughing Kookaburra«)

Australiens größter Eisvogel fällt nicht nur wegen seiner Ausmaße auf. Sein lautes, unverwechselbares Gelächter, das ihm den deutschen Namen »Lachender Hans« einbrachte, gehört zur Charakteristik des australischen Busches.
Lachende Hänse (vgl. Fotos S. 147) leben in offenen Wäldern, Parks und Gärten der Osthälfte und der Südwestecke Australiens. Sie sind nicht an Wasser gebunden und werden vom Menschen gerne geduldet, da ihre Nahrung neben Insekten und Wirbellosen auch aus Ratten, Mäusen und Schlangen besteht. Die Vögel erreichen ein Alter von 20 Jahren und paaren sich auf Lebenszeit. Sie formen Familienverbände, die 3–4 Generationen umfassen.
Jungvögel bleiben auch nach ihrer Selbständigkeit als »Helfer« bis zu 4 Jahren bei den Eltern, beteiligen sich an der Aufzucht weiterer Gelege und beim Verteidigen der Reviere. Ein »Lach-Streit«, der zur Klärung der Reviergrenzen entbrennt, kann sich daher zwischen mehreren Individuen abspielen und sorgt für ein entsprechendes Spektakel.

rest ist außerdem für seine Königs-Eukalypten (»Mountain Ashes«) bekannt, die mit Höhen bis zu über 100 m zu den höchsten Laubbäumen der Welt zählen. Eine Fahrt durch einen solchen Wald, z. B. auf der Monbulk Road von Belgrave nach Kallista, ist ein »Muß« für jeden Besucher. Tip: Am Kiosk beim Grants Picnic Ground kurz vor Kallista werden Pennantsittiche angefüttert.
Weitere interessante Pflanzenformationen, viele Vögel und gelegentlich zu beobachtende Schnabeligel (s. S. 81) bietet **Fern Tree Gully**, ein bereits 1928 zum Schutzgebiet erklärtes Gebiet. Empfehlenswert ist hier vor allem eine Wanderung durch die Farnhaine des Fern Tree Gully Creek hinauf zum höchsten Punkt dieses Sektors, dem 502 m hohen One Tree Hill (Aussichtsturm, Blick auf Melbourne).
Die Anreise zu den Dandenongs erfolgt z. B. über den Burwood Highway. Von ihm zweigt bei Upper Ferntree Gully die Mt. Dandenong Tourist Road ab, über die man auch den Mt. Dandenong Lookout (633 m) am Ostrand des **Doongalla Forest** erreicht (Blick auf Melbourne).

<u>Mornington Peninsula Nationalpark</u> (1095 ha) ⑧: Die weiten Strände und malerischen Felsformationen dieses Küstenparks liegen etwa 90 km südlich von Melbourne auf der Mornington Peninsula (Zufahrt über den Nepean Highway). Beobachtungen von Seevögeln wie z. B. verschiedenen Albatrosarten und Riesensturmvögeln sind besonders in den Wintermonaten günstig. Ein einführender Wanderweg, der **Bushrangers Bay Nature Walk**, beginnt am Cape Schank im südöstlichen Teil des Parks.

Praktische Tips

Anreise: Siehe oben.

Klima
Temperaturen zwischen 14°C und 26°C im Sommer (Januar) und zwischen 6°C und 14°C im Winter (Juli); Niederschläge um 650 mm/Jahr gleichmäßig über das Jahr verteilt. Beste Reisezeit: Frühling bis Herbst.

Adressen
▷ Victorian Visitor Information Centre, Little Collins & Swanston St., Melbourne VIC 3000, Tel. (03) 9658 9955;
▷ Parks Victoria Information Centre, 378 Cotham Road, Kew VIC 3101, Tel. (03) 9816 7066;
▷ Ranger/Informationszentren der einzelnen Ausflugsziele: Melbourne Zoo, Tel. (03) 9285 9300; Brisbane Ranges Nationalpark/Anakie, Tel. (03) 5275 5797;

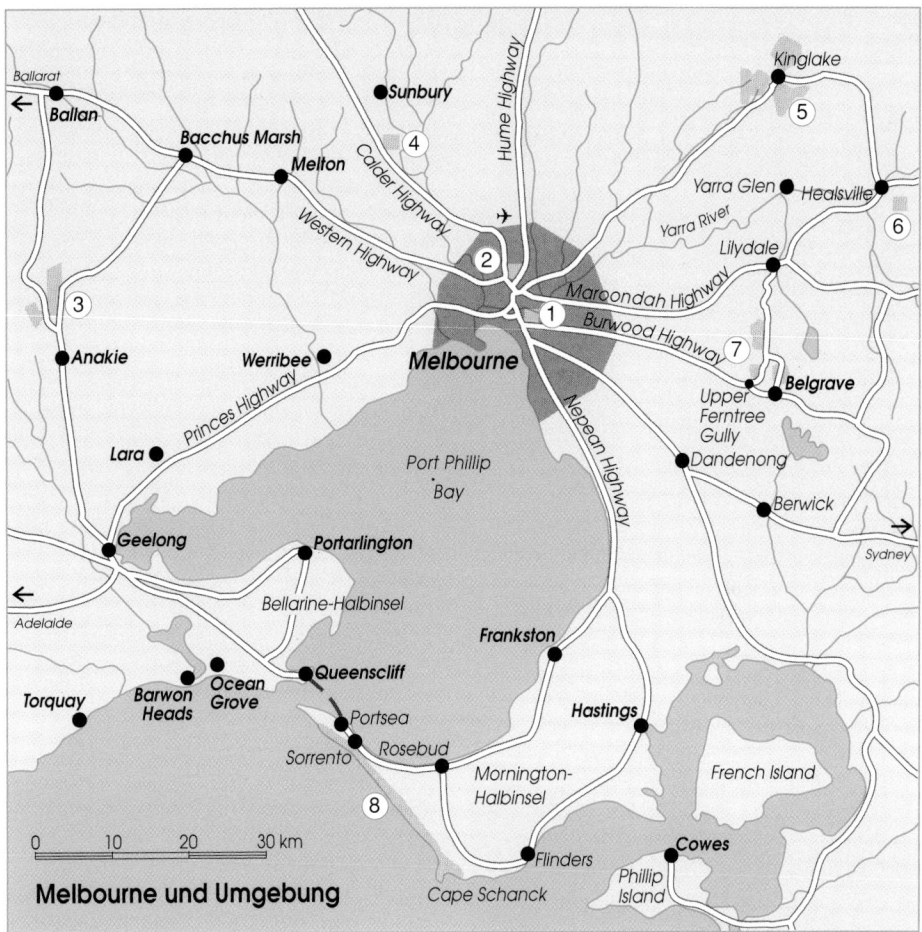

Melbourne und Umgebung

Pipes Nationalpark, Tel. (03) 9744 2291; Kinglake Nationalpark, Tel. (03) 5786 5351; Healesville Sanctuary, Tel. (03) 5957 2800; Dandenong Ranges Nationalpark/Fern Tree Gully, Tel. (03) 5966 5966; Mornington Peninsula Nationalpark, Tel. (03) 5984 4276.

Blick in die Umgebung

Eine der wohl am besten propagierten und verkauften Touristenattraktionen im weiteren Umfeld von Melbourne ist die **Penguin Parade** der etwa 120 km südöstlich der Hauptstadt

gelegenen Insel **Phillip Island.** Vor allem während der sommerlichen Brutperiode kommen hier Zwergpinguine zum Besuch ihrer Höhlen an Land, ein Schauspiel, das allabendlich unter den Augen und dem zunehmenden Druck stetig anwachsender Besuchermassen stattfindet (Eintritt).
Phillip Island bietet außerdem eine Kolonie Australischer Seebären (auf vorgelagerten kleinen Inselchen), Koalas und große Kolonien von Kurzschwanzsturmtauchern (»Mutton Birds«).

21 Grampians Nationalpark

1168 m hoher Gebirgsstock mit verschiedensten Landschafts- und Vegetationstypen; bedeutungsvoll als Rückzugsgebiet für Flora und Fauna; prächtige Wildblumen und -sträucher; etwa 35 Säugetierarten, darunter Koalas; rund 200 Vogelarten; wichtige Fundstätten von Felsmalereien der Ureinwohner Victorias; leichte Zugänglichkeit, da ausgezeichnete Infrastruktur; etwa 160 km Wanderwege.

Die rund 260 km westlich von Melbourne gelegenen Grampians beherbergen den mit 169 000 ha größten Nationalpark Victorias. Zusammengesetzt aus 5 parallelen Nord-Süd-Gebirgszügen zeigen sie im Profil die

Der Aussichtspunkt The Balconies in den Grampians.

Form sog. »Cuestas«. Cuestas (spanisch für Abhang, Gefälle) sind gekippte »Tafelberge« mit unterschiedlichen Hangneigungen. In den Grampians ist dies besonders ausgeprägt: Während die Westhänge der einzelnen Bergketten sanft ansteigen, fallen die Osthänge in Form steiler Klippen ab (z. B. die Serra Range und Mt. Abrupt).

Die Cuestas der Grampians entstanden aus Schichten von Sedimentgestein unterschiedlicher Härte, die vor etwa 400 Mio. Jahren abgelagert und später durch erdinnere Kräfte gebrochen und schräggestellt wurden. An den Bruchkanten erodierten Wind und Wetter das weichere Material und ließen die härteren Schichten als steile Abhänge zurück. In kleinerem Ausmaß prägte auch vulkanisches Tiefengestein die Landschaft. In Form von Intrusionen zwängte sich Magma in feine Kanäle der Sandsteinschichten und erstarrte z. B. in der Wonderland Range zu Porphyr. Die Erosion des umgebenden Sandsteins legte dann die heutigen harten Porphyr-Gesteinsbänke frei, über die sich teils malerische Wasserfälle stürzen (z. B. Makkenzie Falls).

Die Grampians beherbergen etwa ¾ aller bekannten Felsmalereien der ehemaligen Ureinwohner Victorias. Datierungen wiesen Feuerresten ein Alter von 5000 Jahren zu. Von der Kultur der Ureinwohner und der Bedeutung ihrer Kunstmotive ist allerdings wenig bekannt, da der letzte reinrassige Stammesangehörige um 1870 nach nur 30 Jahren europäischer Kolonisation starb. Die meisten der 60 Felskunst-Stätten liegen im Westen in der Victoria Range, einige davon gut zugänglich nahe dem Buandik Campingplatz.

Nach den Winterregen zeigen die MacKenzie Falls ihre volle Schönheit. ▷

Bitte auf querende Streifen-Langnasenbeutler achten!

Pflanzen und Tiere

Umgeben von flachem, intensiv genutztem Farmland sind die Grampians als biologische Insel ein wichtiges Rückzugsgebiet für etwa ⅓ aller Pflanzen- und Tierarten Victorias. Das große Spektrum der Lebensräume wird von unterschiedlichen Pflanzengesellschaften besiedelt: von subalpiner, trockener Heidevegetation in den höchsten Lagen bis zu regenwaldähnlichen, von Farnen bestandenen Flecken in den feuchten Schluchten an der Ostseite der Berge.

Mehrere Arten von Eukalypten dominieren die Hartlaubwälder, z. B. die häufige »Messmate Stringybark« in den unteren Lagen und die endemischen »Grampians Gums« in höheren Stufen. Im Victoria-Tal stehen Wälder aus Fluß-Eukalypten (S. 36) auf wasserhaltigem Schwemmboden. Auf kargem Fels wächst die schmale, blaugrüne »Oyster Bay«-Zypresse, auf trockenen Sandböden Grasbäume der Art *Xanthorrhoea australis*. Die Strauchschicht besteht aus vielen interessanten Arten, so etwa der endemischen »Grampians Grevillea«, der »Grampians Fringe Myrtle« und der »Grampians Thryptomene«. Daneben wachsen Akazien wie »Silver Wattle« oder »Tea Trees« der Gattung *Leptospermum* (S. 158).

Die Wildblumen, die die Grampians in ganz Australien bekannt werden ließen, sind nicht auf bestimmte Pflanzengesellschaften beschränkt und einige, wie die »Common Heath«, blühen auch im Winter. In der Hauptblütezeit von Ende August bis November sind aber besonders die Heidelandschaften mit prächtigen bunten Teppichen überzogen.

Unter den etwa 35 bekannten Säugetierarten ist sicher der Koala (s. S. 156) das beliebteste und auch relativ häufig zu sehende Beuteltier. Tagsüber schwer in den Bäumen zu entdecken, verraten sich die nachtaktiven Tiere sogar in Campingplätzen durch ihre grunzenden Laute.

Verschiedene Vertreter der »Possums« (s. S. 142) sind weitverbreitet, ebenso Känguruhs der Arten Westliches Graues Riesenkänguruh, Östliches Graues Riesenkänguruh (S. 111), Rotnackenwallaby und Sumpfwallaby (S. 140).

Die meisten der 200 Vogelarten sind, dem am weitesten verbreiteten Vegetationstyp entsprechend, Waldbewohner; so z. B. der Nasenkakadu, der Lachende Hans (»Kookaburra«; s. S. 148), der Schlichtmantel-Dickkopf oder der Dornastrild. Unter den Liebhabern von Blütennektar finden sich Allfarbloris und Moschusloris sowie etwa 20 Arten Honigesser. In den Felsen nisten Wanderfalken; ihre Rufe sind gelegentlich gut zu hören.

Im Gebiet unterwegs

Der Nationalpark besitzt ein ausgedehntes, mehrere hundert Kilometer langes Netz von Straßen aller Qualität, das sämtliche sehenswerten Punkte verbindet. Eine Nord-Süd-Durchquerung ist auf der **Grampians Tourist Road** (von Dunkeld nach Halls Gap) entlang der Serra und Mount Williams Range und weiter auf der **Mount Victory Road** (von Halls Gap nach Horsham) möglich.

Eine besonders informative Rundfahrt bietet der **Victoria Valley Nature Drive** (Abzweigung 9 km nördlich Halls Gap zur Glenelg River Road). Numerierte Stops beziehen sich auf Erklärungen in der entsprechenden Literatur

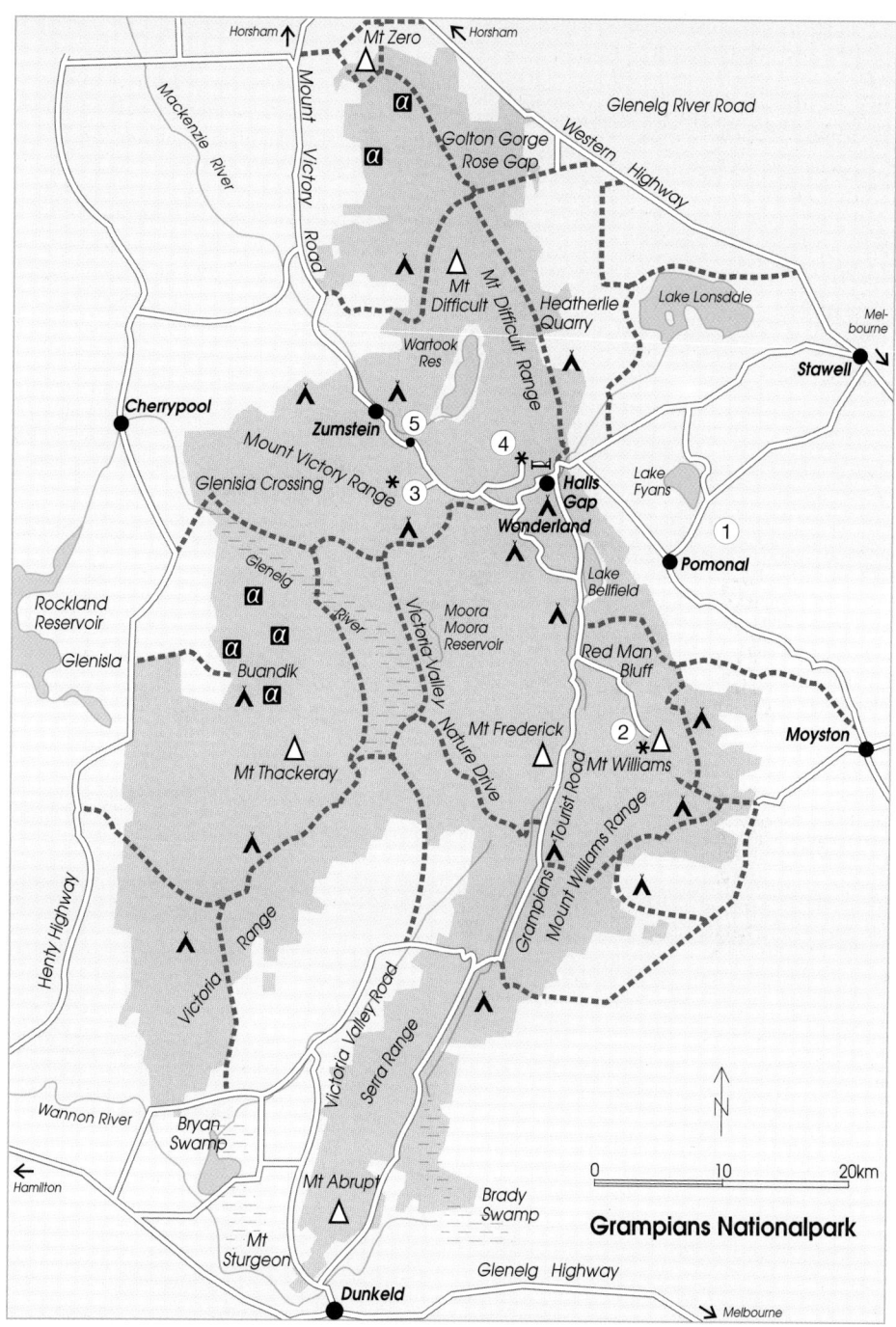

Grampians Nationalpark

»Spider Orchids« besitzen auffällig lange, schmale Blütenblätter.

(z. B. »Grampians National Park Touring Guide« des Department of Conservation & Environment). Die Fahrt berührt verschiedene Landschafts- und Vegetationstypen mit vielen Chancen für Tierbeobachtungen.

Über 50 Wanderwege mit 160 km Gesamtlänge sind von den genannten Straßen aus zugänglich. Einige Empfehlungen:

☐ Das populärste Wandergebiet der Grampians ist die **Wonderland Range** ① südwestlich von Halls Gap. Sie bietet malerische Szenerie, typische Vegetation, Gelegenheit zu Tierbeobachtungen und Wanderwege für jedermann. Ein erlebnisreicher aber steiler und felsiger Weg (7 km) geht vom Wonderland-Parkplatz über den Pinnacle Lookout zum Sundial-Picknickplatz. Er passiert markante Felsformationen wie den »Grand Canyon«, die »Silent Street« oder den Pilzfelsen und vermittelt Ausblicke vom Pinnacle Lookout oder vom Gipfel des Bellfield.

☐ Der 1168 m hohe **Mt. Williams** ② ist über die Grampians Tourist Road zu erreichen. Ein 3,5 km langer Anstieg führt auf den Gipfel dieses höchsten Berges der Grampians.

☐ **The Balconies** ③: Sie liegen 700 m Fußweg (einfach) entfernt vom Parkplatz des Reid Lookouts; Abzweigung von der Mount Victory Road etwa 15 km nördlich Halls Gap. Von der fotogenen Felsformation bietet sich ein schöner Rundblick.

☐ Der **Boroka Lookout** ④ kann direkt ange-

Zwei Beispiele aus der farbenprächtigen Flora der Grampians: eine Australische Heide (links) und die »Golden Guinea Flower« (rechts).

Abendstimmung in Victoria auf dem Weg zu den Grampians.

fahren werden; Abzweigung von der Mount Victory Road nördlich Halls Gap.

☐ Die eindrucksvollen **MacKenzie Falls** ⑤ ergießen sich vor allem nach der Winterregenperiode über eine Bank aus Porphyrgestein.

Sie sind die letzten einer Serie von 4 Wasserfällen. Man erreicht sie nach etwa 1 km steilem Abstieg vom Cranages-Picknickplatz wenige Kilometer vor Zumstein an der Mount Victory Road.

Der farbenfrohe Regenbogenspint ist der einzige Vertreter der Bienenesser in Australien.

Der Koala, liebenswertes Vorbild für den Teddybären, wurde lange erbarmungslos als »Pelztier« bejagt.

Koala

Koala, ein Eigenname aus der Abori-
genes-Sprache, wird oft nicht ganz richtig
mit »nicht trinken« übersetzt. Diese Inter-
pretation bezieht sich auf die ungewöhnliche Ernährungsweise des graugefärbten,
possierlichen Beuteltieres. Seine ausschließliche Nahrung sind Eukalyptus-
blätter verschiedener Arten und Reifungs-
stadien, von denen ein Koala bis zu
1½ kg pro Tag ißt. Ein kompliziertes
Verdauungssystem mit einem bis 2,5 m
langen Blinddarm bereitet die derbe
Nahrung auf. Die Leber sorgt für den
Abbau der darin enthaltenen schädlichen
Stoffe (z. B. Phenolverbindungen).
Koalas sind nachtaktive Einzelgänger und
gute Kletterer in den Eukalyptuswäldern
des australischen Ostens. Am Boden sind
sie selten zu finden. In ihrer Heimat
werden sie heute zu den bedrohten und
streng geschützten Tierarten gezählt.
Intensive Bejagung und der Export von
Millionen von Koala-Fellen zu Anfang
des 20. Jh. sowie Abholzungen der Eukalyptuswälder führten zum Zusammen-
bruch und zur Isolation vieler Popula-
tionen. Häufige krankheitsbedingte
Unfruchtbarkeit der Weibchen, lange
Abhängigkeit des meist einzigen Jungen
und allgemeine Streßempfindlichkeit
verhindern eine wirksame Vermehrung.
Die Haltung von Koalas in Zoos außerhalb Australiens ist wegen der spezifischen Nahrungsansprüche selten.

Praktische Tips

Anreise
Über den Western Highway (Melbourne–
Adelaide) zum Nordende des Parks; dann die
Abzweigung in Ararat oder Stawell nach
Halls Gap nehmen.
Über den Glenelg Highway zum Südende des
Parks; Abfahrt Dunkeld Richtung Halls Gap.
Karten s. Mt. Buffalo Nationalpark (S. 142),
dazu Detailkarte »The Grampians« des De-
partment of Conservation & Environment.

Klima/Reisezeit
Kein strenger jahreszeitlicher Wechsel;
warme Sommer und mäßig kühle Winter;
Regen hauptsächlich im Winter (Mai bis August), selten Schnee. Beste Reisezeit: Frühling (Wildblumenblüte) und Herbst.

Unterkunft
Hotels und Motels in den touristischen Zentren Halls Gap, Zumstein und anderen Orten; große Anzahl von Campingplätzen aller
Kategorien im Park, dazu »bushcamping«.

Einige Farmen der Umgebung bieten ebenfalls Unterkunftmöglichkeiten an.

Adressen
▷ Victorian Visitor Information Centre,
  Little Collins & Swanston St., Melbourne
  VIC 3000, Tel. (03) 9658 9955;
▷ Parks Victoria Information Centre,
  378 Cotham Road, Kew VIC 3101,
  Tel. (03) 9816 7066.
Nationalpark-Besucherzenten:
▷ Ararat, Tel. (03) 5355 0281;
▷ Dunkeld, Tel. (03) 5577 2558;
▷ Hamilton, Tel. (03) 5572 3746;
▷ Horsham, Tel. (03) 5382 1832;
▷ Stawell, Tel. (03) 5358 2314.

Blick in die Umgebung

Nur wenige Kilometer außerhalb des Parks
liegen 3 interessante Sumpfgebiete, die sich
gut für Wasservogelbeobachtungen eignen:
Bryan Swamp und **Freshwater Lake** im südlichen Victoria Valley nahe der Victoria
Valley Road und **Lake Fyans** östlich von
Halls Gap.

22 Wilsons Promontory Nationalpark

130 km Küstenlinie mit weiten Stränden, geschützten Buchten und flechtenbedeckten Granitfelsen; hohe Bergketten und Sanddünen; großes Spektrum von Lebensräumen und Pflanzengemeinschaften; über 270 Vogelarten, darunter viele Wasser- und Watvögel; gute Beobachtungsmöglichkeiten für Emus, Nacktnasenwombats, Koalas und verschiedene Känguruharten.

Nur 240 km südöstlich von Melbourne liegt der »Prom«, einer der größten und beliebtesten Nationalparks des Bundesstaates Victoria. Seine rund 49 000 ha umschließen den südlichsten Zipfel des australischen Festlandes, von dem es nur noch 220 km bis zum jenseits der Bass Strait gelegenen Tasmanien sind. Zum Park gehören die Berge, Buchten und Strände der Halbinsel, ein Teil des schmalen, sandigen Isthmus und 13 Inselchen, auf denen sich eine Kolonie Australischer Seelöwen (S. 169) und wichtige Brutplätze für Kurzschwanzsturmtaucher, Hühnergänse (S. 173) und Zwergpinguine befinden. Außerdem wurden in den letzten Jahren große marine Schutzzonen um das gesamte Gebiet eingerichtet.
Die geologische Hauptformation des Parks sind seine mächtigen, aus dem flachen Küstenland aufragenden Berge, von denen der höchste, der Mt. Latrobe, 755 m erreicht. Diese durch Erosion freigelegten Gipfel eines uralten Massivs aus granitischem Tiefengestein zeichnen sich durch ihren Reichtum an großen Quarz- und Feldspatkristallen aus. Sie sind Teil eines ausgedehnten Gebirgszuges, der Tasmanien mit dem Festland verbindet. Durch den Anstieg des Meeresspiegels

mit der ausgehenden jüngsten Eiszeit (vor 8000–6000 Jahren) wurde diese Landbrücke überflutet und damit der Floren- und Faunenaustausch mit der Insel unterbrochen bzw. eingeschränkt.
Nach der Entdeckung des Gebietes durch George Bass im Jahre 1798 kam es zu vielen einschneidenden Eingriffen: Die Ureinwohner wurden getötet oder vertrieben, die Seelöwenkolonien fast ausgelöscht, Koalas und Wallabies starben zu Tausenden. Holzeinschlag und Zinkabbauprojekte verwüsteten die Halbinsel, und weite Teile der Ebenen degenerierten zur Viehweide.
1905 erreichten Naturliebhaber und Pflanzenkundler schließlich die Einrichtung eines ersten Nationalparks, der seitdem einige Erweiterungen und Wiederbesiedlungen erfuhr. Probleme für den Park ergeben sich heute vor allem durch nachlässige Besucher bzw. deren Vorliebe für offene Feuer. So breiteten sich z. B. die durch ein Lagerfeuer verursachten großen Brände von 1951 über fast ¾ der Flächen des Parks aus und führten zu vielen Veränderungen in den Vegetations- und Tiergemeinschaften.

Die massigen Nacktnasenwombats leben in selbstgegrabenen Höhlensystemen.

»Tea Trees« (Gattung *Leptospermum*) gehören zu den Myrtengewächsen. Im Bild der »Prickly Tea Tree«.

Die »White Kunzea«, ein »Bottlebrush«, ist in der Strauch- und Baumheide verbreitet.

Pflanzen und Tiere

Unter den mehr als 700 Blütenpflanzenarten des Parks finden sich viele, die wie die Mangroven hier ihre südliche Verbreitungsgrenze erreichen. Auf der anderen Seite ist der »Prom« die Hauptbastion tasmanischer Arten auf dem Festland, darunter z. B. die »Tasma-

nian Blue Gum«, die weltweit wohl bekannteste und am meisten angepflanzte Eukalyptusart.

Zu den typischen Vegetationsformationen des »Prom« zählen:

☐ **Regenwälder:** Hier mischen sich Baumfarne mit subtropischen Bäumen wie dem »Lilly Pilly« und kaltgemäßigten Arten wie der »Myrtle Beech«, einer in den Regenwäldern Tasmaniens sehr verbreiteten, kleinblättrigen Südbuche. Man findet diesen Waldtyp entlang von Flußläufen oder in geschützten, niederschlagsreicheren Lagen.

☐ **Hartlaubwälder:** Höhe, Dichte und Artenzusammensetzung dieser Formation schwanken mit der Exposition und der Niederschlagsmenge. »Messmate« und »Yellow Stringybark« sind zwei für Koalas sehr attraktive und häufige Vertreter der hier dominierenden Gruppe der Eukalypten.

☐ **Strauch- und Baumheiden:** Die Hauptelemente dieser wichtigen Pflanzengesellschaften sind verschiedene Proteen, wie z. B. die

Goldbauchschnäpper bauen ihr napfförmiges Nest aus Rindenteilen und Flechten.

Küstenbanksien (S. 89), kleinwüchsige Kasuarinen und »Prickly Tea Trees«. Letztere, zur Gattung *Leptospermum* gehörenden Sträucher (s. auch S. 170) erhielten ihren Namen von der Schiffsbesatzung Captain Cooks, die die Blätter als Tee-Ersatz benutzte.

Vor allem in den späten Nachmittagsstunden, wenn Rotnacken- und Sumpfwallabies (S. 140), Östliche Graue Riesenkänguruhs (S. 111) und Emus (S. 199) aus der Deckung kommen, sind Grasländer und Heideformationen der ideale Platz für Tierbeobachtungen. Hier lebt auch der im Park häufige Nacktnasenwombat und der Gewöhnliche Ringbeutler (S. 141), der seine fußballgroßen Nester gerne in den »Tea Trees« anlegt. Verschiedene Arten von Honigessern, Staffelschwänzen und Prachtfinken sind hier überall anzutreffen, und gelegentlich gelingt sogar die Beobachtung eines Erdsittichs. In den Eukalyptuswäldern findet man Koalas (s. S. 156) und Gelbohrkakadus (S. 94), während die küstennahen Sümpfe, Brackwasser-

zonen und geschützten Buchten große Mengen von Wasser- und Watvögeln beherbergen. Zu ihnen zählen Schwarzschwäne (S. 188), Edelscharben, verschiedene Reiher und, vor allem im Sommer, viele gefiederte Gäste aus Japan, China und dem russischen Raum.

Im Gebiet unterwegs

Der erste Anlaufpunkt für alle Besucher des Parks ist das Informationszentrum und Nationalpark-Hauptquartier in Tidal River, das man nach der Einfahrt in den Park (Eintrittsgeld) über eine etwa 32 km lange Asphaltstraße erreicht. Schon die Fahrt dorthin, der **Prom Nature Drive** ① ist ein einmaliges Erlebnis, zu dem eine am Eingangstor erhältliche Begleitbroschüre alles Wissenswerte vermittelt. Darüber hinaus durchzieht ein Wegenetz mit einer Gesamtlänge von etwa 80 km den Park, auf dem Wanderungen von 1/2 Stunde bis zu mehreren Tagen möglich sind. Empfehlenswert sind z. B.:

Squeaky Beach ist einer der schönsten Strände im Nationalpark. Im Vordergrund eine blühende Mittagsblume.

Millers Landing Nature Walk (5 km) ②: Hauptsächlich »Saw Banksias« und Grasbäume der Art *Xanthorrhoea australis* säumen diesen malerischen Weg, der an einer mangrovenumsäumten Bucht endet und sich auch ausgezeichnet für Vogelbeobachtungen (z. B. des Gelbohrkakadus) eignet.

Squeaky Beach Nature Walk (4 km) ③: Der Weg führt von Tidal River (Brücke) über Pillar Point zum Parkplatz Squeaky Beach. Er bietet eine ausgezeichnete Einführung in die küstennahen Vegetationszonen und Landformen, Blicke über die Küstenlinie und die Möglichkeit für Wombat- und Ringbeutlerbeobachtungen.

Lilly Pilly Gully Nature Walk (5 km) ④: Dieser Rundweg beginnt am Parkplatz Lilly Pilly Gully unweit von Tidal River und gibt einen guten Einblick in die verschiedenen Lebensräume abseits der Küsten. Er ist sehr gut geeignet für Vogelbeobachtungen und auch Koalas werden hier gelegentlich entdeckt.

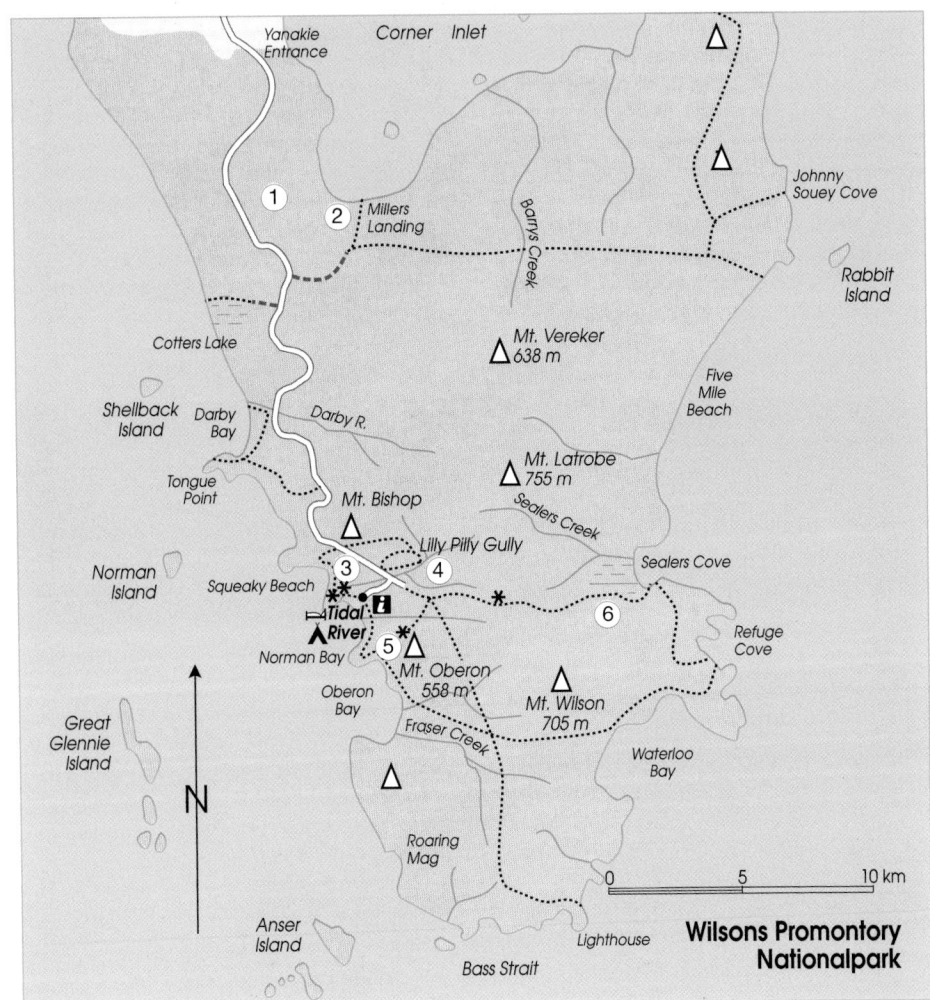

Wilsons Promontory Nationalpark

Zwei der vielen Wasservogelarten, die an den Küsten des »Prom« zu sehen sind: die Edelscharbe (ein Kormoran, links) und der weltweit verbreitete Edelreiher (rechts).

Mount Oberon Nature Walk (6,4 km) ⑤: Start- und Endpunkt für diesen viele Vegetationszonen durchstreifenden Aufstieg zum 558 m hohen Mt. Oberon ist der gleichnamige Parkplatz. Vom Gipfel hat man einen sehr guten Rundblick über den Park.

Sealers Cove Track (19 km) ⑥: Vom Parkplatz Mt. Oberon quer über die Halbinsel zur Bucht Sealers Cove auf der Westseite. Dieser sehr vielseitige Ausflug kann mit verschiedenen anderen Wegen gut zu einer 2- bis 3-Tagewanderung mit Zeltübernachtungen ausgedehnt werden, die allerdings vorher mit den Parkbehörden abgesprochen werden muß.

Praktische Tips

Anreise
Von Melbourne (South Gippsland Highway) über Korumburra bis Meeniyan oder Foster, dann rechts ab zum Park. Karte der Victorian Tourism Commission.

Klima/Reisezeit
Mildes Meeresklima; mittlere Tagestemperaturen zwischen 12 °C im Winter (Juli) und 20 °C im Sommer (Februar); Niederschläge gleichmäßig über das Jahr verteilt, in Küstennähe um 1000 mm/Jahr (Tidal River), in den höheren Lagen bis 1500 mm/Jahr. Beste Reisezeit: Frühling und Herbst (im Sommer oft sehr überfüllt).

Unterkunft
Im Nationalpark: Flats, Motor Huts und Lodges für Selbstversorger (2–6 Personen) und großer Campingplatz bei Tidal River (unbedingt im voraus buchen); Motels, Hotels und Campingplätze in Meeniyan, Fish Creek, Foster, Toora, Welshpool und anderen Siedlungen der Umgebung; Campingplätze in Yanakie, Sandy Point und Waratah Bay.

Adressen
▷ Victorian Visitor Information Centre, Little Collins & Swanston St., Melbourne VIC 3000, Tel. (03) 9658 9955;
▷ Parks Victoria Information Centre, 378 Cotham Road, Kew VIC 3101, Tel. (03) 9816 7066;
▷ South Gippsland Visitor Information Centre, S. Gippsland Hwy, Korumburra VIC 3950, Tel. (03) 5655 2233;
▷ The Ranger, Wilsons Promontory National Park, Tidal River via Foster, VIC 3960, Tel. (03) 5680 8538.

23 Cradle Mountain – Lake St. Clair Nationalpark

Zum »Erbe der Menschheit« erklärte, spektakuläre Berglandschaft; hohe Gipfel, schroffe Felsspitzen und kühle Seen; breites Vegetationsspektrum von alpinen Mooren und Heiden bis zu gemäßigten Regenwäldern; Gondwanaland-Flora mit einigen spezifischen Koniferen- und Südbuchenarten; Lebensraum typisch tasmanischer Säugetiere wie Rotbauchfilander, Bennettwallaby, Tüpfelbeutelmarder und Beutelteufel.

Der 85 km südlich von Devonport gelegene »Alpen«-Nationalpark umfaßt den schönsten Teil der Bergwelt des zentralen, tasmanischen Hochlandes. Innerhalb seiner knapp 132 000 ha finden sich zahllose Bergseen, wildromantische Wasserfälle, unwegsame Plateaus und etwa 20 Gipfel mit Höhen über 1300 m, darunter der höchste Berg Tasmaniens, der 1617 m hohe Mt. Ossa. Etwa 60 km Luftlinie trennen die beiden namensgebenden Endpunkte und Zentren des Parks: den **Cradle Mountain** (1545 m) bzw. das Cradle Valley im Norden und den **Lake St. Clair** (738 m) im Süden. Zusammen mit 2 weiteren großen tasmanischen Parks wurde das Schutzgebiet 1982 von der UNESCO zum »Erbe der Menschheit« erklärt (s. S. 71) und damit die Unantastbarkeit seiner landschaftlichen Schönheit gesichert.

Das Hauptgestein des 600–900 m hohen Zentralplateaus Tasmaniens ist Dolorit, ein grobkörniges basaltisches Gestein, das sich vor rund 165 Mio. Jahren zwischen die älteren Sedimentschichten schob. Dieses sog. Intrusionsgestein wurde dann durch Erosion freigelegt, durch Erdbewegungen gefaltet und von Gletschern überformt. Letzteres geschah vor allem während der jüngsten Eiszeit vor etwa 30 000–12 000 Jahren, als die mittleren Temperaturen in Tasmanien etwa 7 °C unter den heutigen lagen und eine dicke Eiskappe die gesamte Region bedeckte. Bei ihrem Rückzug hinterließen die Gletscher bizarr geformte Bergspitzen, Hunderte von Moränenstauseen und tief ausgeschliffene Trogtäler. In einem solchen Trogtal liegt auch der etwa 17 km lange und bis zu 200 m tiefe Lake St. Clair, der tiefste See Tasmaniens.

Im kühlgemäßigten Regenwald Tasmaniens. Moose und Farne bilden einen z. T. dichten Unterwuchs.

Der Cradle Mountain überragt den Lake Dove im Norden des Nationalparks.

Mit zunehmender Erschließung kam es zu einschneidenden Veränderungen in der einst dichtbewachsenen, urwüchsigen Eiszeitlandschaft. So führte das bereits in den 1820er Jahren begonnene Roden und Brennen der Wälder zur Gewinnung von Weideland zu einer starken Ausbreitung von Eukalypten und Riedgräsern wie dem »Buttongras«, das heute weite Teile der sumpfigen Hochflächen bedeckt. Erst 1922 kam es auf Betreiben des aus Österreich stammenden, bergbegeisterten Gustav Weindorfer zur Begründung eines ersten Schutzgebietes im Hochland. Es wurde später zum heutigen Nationalpark erweitert.

Pflanzen und Tiere

Neben »Buttongras«-Sümpfen beherrschen alpine bzw. subalpine Moore und Heiden weite Teile des Parks. Sie sind die Heimat vieler für Tasmanien endemischer Pflanzen wie z. B. zwergwüchsiger Koniferen (Di-selma, Microcachrys) und »Kissenpflanzen« der Arten Abrotanella forsterioides und Donatia novae-zelandiae. In den Bergwäldern der höheren Lagen dominieren alte Gondwanaland-Pflanzen (s. S. 10) wie »King Billy Pines«, »Pencil Pines« und laubabwerfende Südbuchen der Art Nothofagus gunnii neben »modernen« Tasmanischen Schnee-Eukalypten. Interessante Pflanzen dieser Zonen sind auch die »Riesenblumen« der Gattung Richea aus der Familie der Australischen Heiden. Sie bilden z. T. bis über 9 m hohe Stämme aus und erinnern in ihrem Aussehen stark an Yuccas oder Schraubenpalmen. In den kühlgemäßigten Regenwäldern der tieferen Lagen gehören eine zweite Südbuchenart, die »Myrtle Beech«, »Sassafras« und weitere endemische Koniferen wie z. B. die »Celery Top Pine« zu den vorherrschenden Baumarten.

Zu den am häufigsten auch tagsüber zu beobachtenden Säugetieren zählen die kleinen Rotbauchfilander, die kräftigen Bennettwallabies, eine endemische Unterart des Rot-nackenwallabies und die »wolligere« tas-manische Unterart des Fuchskusus (S. 141). Die meisten der typischen Tasmanier wie der kleine Tüpfelbeutelmarder oder der Beu-telteufel sind allerdings eher nachts unter-wegs. Beide Raubbeutlerarten waren ehe-mals auch auf dem Kontinent verbreitet, wo-bei der Beutelteufel hier schon früh dem von den Ureinwohnern mitgebrachten, konkur-renzstärkeren Dingo (S. 91) weichen mußte. Die liebenswerten, weitgehend zu Unrecht als Schafsmörder verrufenen, aasfressenden Beutelteufel sind die größten überlebenden Raubbeutler Australiens und können neben anderen Vertretern dieser Gruppe z. B. bei der Cradle Mountain Lodge gut beobachtet werden. Sie werden hier regelmäßig angefüt-tert.

Auch der sagenumwobene Beutelwolf (S. 17) hatte bis zu seiner Ausrottung durch den Menschen im dingofreien Tasmanien eine letzte Zuflucht gefunden.

Ebenfalls in der Umgebung der Cradle Mountain Lodge, aber auch um den Pick-nickplatz der Cynthia Bay am Lake St. Clair findet man bereits viele der häufigeren, en-demischen Vogelarten. Gelbbauchsittiche und Gelblappen-Honigesser, die größten al-ler Honigesser, werden hier regelmäßig be-obachtet. Um die Seen stark verbreitet sind die fast flugunfähigen Grünfuß-Pfuhlhühner, in den Regenwäldern leuchtet gelegentlich die pinkfarbene Brust eines Rosenbrust-schnäpper-Männchens auf, und auf den Bergheiden setzen Flammenbrustschmätzer (S. 137) deutliche rote Farbtupfer.

Im Gebiet unterwegs

Die beiden Zentren des Nationalparks, Cradle Valley im Norden und der Lake St. Clair im Süden, müssen separat angefahren werden – es sei denn, man entschließt sich zu einer 5- bis 6-tägigen Wanderung auf dem bekannten Overland Track ①, der die beiden Punkte als etwa 85 km lange Nord-Süd-Tra-verse verbindet. Er durchquert alle Lebens-räume des Parks und ist für naturbegeisterte Wanderer mit viel Zeit ein unbedingter Hö-hepunkt. Übernachtungsmöglichkeiten un-terwegs gibt es in Form von Berghütten und Campingplätzen, für deren Benutzung vor dem Marsch ein kleines Entgeld zu entrich-ten ist. Eine Abmeldung beim Ranger ist we-gen der auch im Sommer unvorhersehbaren Wetterstürze Pflicht.

Neben dem Overland Track gibt es noch viele andere Wanderwege, deren Längen lei-der sehr unterschiedlich beschrieben wer-den. Von ihnen sind z. B. die folgenden empfehlenswert:

Cradle Valley

Houslow Heath Walk (etwa 5,5 km) ②: Be-ginnt am Waldheim Chalet ca. 500 m von der Rangerstation. Herrlicher Rundwander-weg durch den Weindorfer Wald, einige der Bäume am Weg sind über 1000 Jahre alt. Ein kurzer Teil dieses Weges wurde zum **Wald-heim Nature Walk** ausgebaut.

Lake Dove Walk (ca. 6,5 km) ③: Beginnt am Ende der Zufahrtspiste am Lake Dove und führt hinauf bis in die Nähe des Little Horns (1340 m); Rückweg zum Ausgangspunkt über die andere Seeseite; schöne Aus-blicke.

Cradle Mountain (ca. 11,5 km) ④: Beginnt am Waldheim Chalet und führt über den Ma-rions Lookout zur Spitze des Cradle Moun-tains; Rückweg über den Crater Peak Look-out auf der anderen Seite des Crater Lakes; ganztägige Gutwetter-Wanderung mit faszi-nierenden Ausblicken.

Lake St. Clair

Die meisten Wege beginnen an der Ranger-station Cynthia Bay am Südende des Sees. Von hier gibt es auch eine Bootsverbindung zur am Nordende des Sees gelegenen Narcis-sus Bay, von der man dann über den Cuvier Valley Track (ca. 17 km, sehr gute Ausblicke) ⑤ oder entlang des Seeufers (ca. 15 km) ⑥ zum Ausgangspunkt zurückkehren kann.

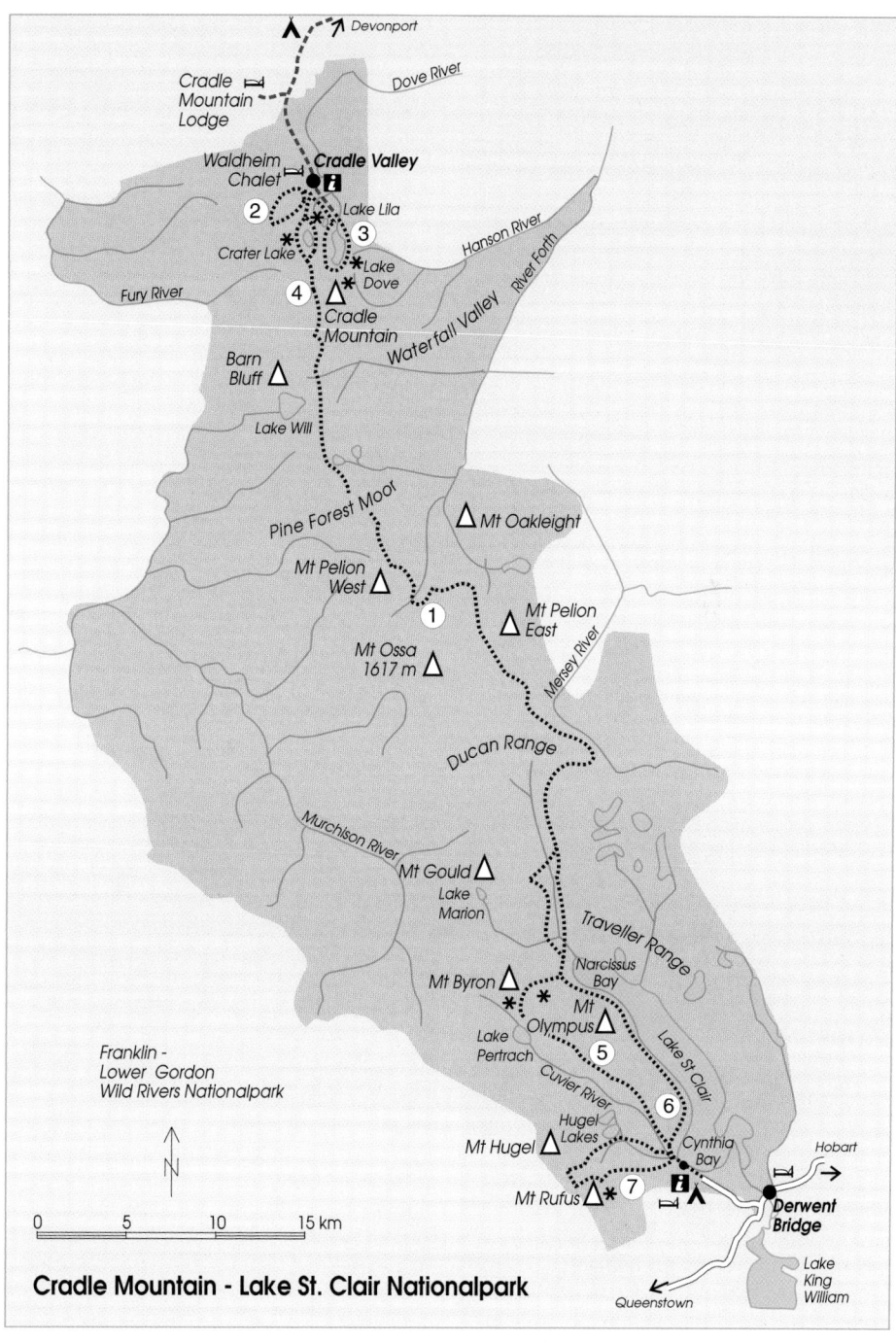

Devonport

Cradle Mountain Lodge

Dove River

Waldheim Chalet

Cradle Valley

Lake Lila

② ③

Crater Lake

Hanson River

River Forth

④ Lake Dove

Cradle Mountain

Waterfall Valley

Barn Bluff

Fury River

Lake Will

Pine Forest Moor

Mt Oakleight

Mt Pelion West

① Mt Pelion East

Mt Ossa 1617 m

Mersey River

Ducan Range

Murchison River

Mt Gould

Lake Marion

Traveller Range

Mt Byron

Narcissus Bay

Mt Olympus ⑤

Lake Pertrach

Lake St Clair

Cuvier River ⑥

Franklin - Lower Gordon Wild Rivers Nationalpark

Hugel Lakes

Mt Hugel

Cynthia Bay

Hobart

N

Mt Rufus ⑦

Derwent Bridge

0   5   10   15 km

Lake King William

Cradle Mountain - Lake St. Clair Nationalpark

Queenstown

Der Rotbauchfilander, eine für Tasmanien endemische kleine Känguruhart.

Waters meet Nature Walk (3,5 km): Leichte einführende Wanderung durch verschiedene Pflanzengesellschaften; schöne Blüten der »Silver Banksia« und der endemischen »Tasmanian Waratah« (Blüte im November) am Weg (Teil des Seeuferweges ⑥).

Mount Rufus (ca. 18 km) ⑦: Ganztägige Klettertour durch Eukalyptus- und Südbuchenwälder zum Gipfel des Mount Rufus (schöne Ausblicke); Rückweg über die Hugel Lakes.

Praktische Tips

Anreise
Von Devonport an der Nordküste über Sheffield und Gowrie Park zum Cradle Valley (letzte 7,5 km Piste).
Von Hobart über den Lyell Highway (A 10) und die Abzweigung in Derwent Bridge zum Lake St. Clair (173 km).
Straßen auf dem Plateau im Winter wegen starker Schneefälle teilweise geschlossen.
Karte: RAC Tasmania Touring Map.

Klima/Reisezeit
Niederschläge bis 2600 mm/Jahr (Cradle Valley), hauptsächlich im Winter; starke Westwinde und Schneeschauer zu allen Jahreszeiten; Temperaturen im Jahresmittel zwischen 6 °C und 14 °C. Beste Reisezeit: Sommermonate (November bis April).

Der Beutelteufel als aasfressende »australische Hyäne« ist besser als sein Ruf.

Die bis zu 75 cm großen Fleckschwanzbeutelmarder sind nachtaktive Räuber.

Der Gordon River ist für seine malerischen Wasserspiegelungen bekannt.

Unterkunft

Campingplatz nördlich der Parkgrenze;
Cradle Valley: Cradle Mountain Lodge (Tel.
[03] 6492 1303); Berghütten um das Waldheim Chalet (Tel. [03] 6492 1395). Campingplätze, auch Motels/Hotels oder Berghütten
in Sheffield, am Lake St. Clair (Cynthia Bay),
in Derwent Bridge bzw. Bronte Park.

Adressen

▷ Tourism Tasmania, Trafalgar Centre,
   110 Collins Street, Hobart TAS 7000,
   Tel. (03) 6233 8011;
Parks and Wildlife Service:
▷ Head Office, 134 Macquarie Street,
   Hobart TAS 7000, Tel. (03) 6233 6191;
▷ Cradle Mountain, TAS 7306,
   Tel. (03) 6492 1133;
▷ The Ranger, Lake St. Clair via Derwent
   Bridge, TAS 7140, Tel. (03) 6289 1172.

Blick in die Umgebung

Im Süden geht der Cradle Mountain – Lake St.
Clair Nationalpark direkt in den etwa
181 000 ha großen **Franklin – Lower Gordon
Wild Rivers Nationalpark** über. Die schönsten
Teile dieses einmaligen, kaum zugänglichen
Regenwaldgebietes standen lange am Rand
der Zerstörung durch den Bau eines riesigen
Wasserkraftwerkes. Anfang der 1980er Jahre
kam es Dank der vereinten Bemühungen von
Naturschützern aus aller Welt dann zum Abbruch der bereits begonnen Arbeiten.
Der Lyell Highway führt zwischen Derwent
Bridge und der »Mondlandschaft« der Berg-
baustadt Queenstown großenteils durch diesen mittlerweile zum »Erbe der Menschheit«
erklärten Park und bietet viele schöne Aussichtspunkte sowie Möglichkeiten für Wanderungen. Von Queenstown lohnt sich dann
noch ein Abstecher nach Strahan, dem Startpunkt für eine eindrucksvolle Bootsfahrt auf
dem Gordon River.

Abwechslungsreiche Küsten mit bizarren Felsformationen, steilen Klippen und weiten Stränden; 17 Schutzgebiete, darunter der bekannte Flinders Chase Nationalpark mit Kangaroo-Island-Känguruhs, Tammarwallabies, Koalas, Hühnergänsen und Braunkopfkakadus; große Kolonie Australischer Seelöwen in der Seal Bay; Vogelreichtum der Murray's Lagoon; Tropfsteinhöhlen des Kelly Hill Conservation Parks.

Mit rund 4350 km² ist Kangaroo Island Australiens drittgrößte Insel nach Tasmanien und Melville im Norden. Sie liegt am Rande des St. Vincent Golfs nur etwa 120 km Luftlinie südwestlich von Adelaide, der Hauptstadt des Bundesstaates Südaustralien. Das leicht gewellte, von einer dicken Lateritkruste überzogene Granitplateau der Insel fällt von den bis 200 m hohen Klippen der Nordküste allmählich gegen Süden ab und wird dort von Kalksteinschichten überlagert. Seen, Wasserlöcher und von Galeriewald umsäumte Flußläufe prägen das Inselinnere, während sich die Küsten durch ein markantes Durcheinander von geschützten Buchten, Dünengebieten, Stränden und steilen, windzerzausten Felsabbrüchen auszeichnen. Da Dingos (S. 91), Füchse und Kaninchen die Insel nie erreichten, konnte sich die einheimische Tier- und Pflanzenwelt abgesehen von den menschlichen Einflüssen ungestört entwickeln. 17 Schutzgebiete wurden bislang auf Kangaroo Island eingerichtet, unter denen der **Flinders Chase Nationalpark** im Westen und der **Seal Bay Conservation Park** im Süden die größte Berühmtheit erlangten.

Nach ihrer Entdeckung durch Matthew Flinders im Jahre 1802 wurde die menschenleere, tierreiche Insel zunächst zum Stützpunkt von Wal- und Robbenschlächtern, von entflohenen Strafgefangenen und schiffsbrüchigen Matrosen. Ab etwa 1836 setzte dann die landwirtschaftliche Erschließung ein, wobei die nährstoffarmen Böden anfangs zu einigen Rückschlägen führten. Die heute etwa 4000 Einwohner der Insel konzentrieren sich in den 3 großen Siedlungen von Kingscote, American River und Penneshaw im Ostteil der Insel und leben neben Tourismus und Fischfang hauptsächlich von Rinder-, Schaf- und Bienenzucht.

Pflanzen und Tiere

Zu den typischen Pflanzengesellschaften der Insel zählen *Eucalyptus*-dominierte Hartlaubwälder mit z. B. »Sugar Gums«, Trokkenbusch der Mallee-Formation (s. S. 16) sowie Baum- und Strauchheiden mit »Coastal

Bemerkenswertes Detail der Remarkable Rocks.

Tea Trees«, verschiedenen Banksien und Akazien. Papierrindenbäume (S. 88) sind typisch für die sumpfigen Lagen und dominieren neben Eukalypten wie der »Pink Gum« die Galeriewälder der Flüsse. Unter den mehr als 700 Pflanzenarten der Insel finden sich auch einige Endemismen; so z. B. die »Narrow-Leafed Mallee«, eine Eukalyptusart mit schmalen, stark duftenden Blättern, aus denen Öl für den Export gewonnen wird. Weitere Charakterpflanzen der Insel sind Grasbäume der Art *Xanthorrhoea tateana*. Die Blätter dieses Liliengewächses sind an der Basis mit einem roten Harz verklebt, das früher zur Herstellung von Feuerwerkskörpern, Lacken und Firnissen verwendet wurde.

Die wohl am häufigsten in den Schutzgebieten der Insel anzutreffenden Säugetiere sind die kleinen Tammarwallabies und die namensgebenden Kangaroo-Island-Känguruhs,

eine spezielle Unterart der Westlichen Grauen Riesenkänguruhs. Sie unterscheidet sich von den Festlandvertretern durch ihr dichtes, bräunlicheres Fell, ihre schwarzen Pfoten und ihren kompakteren Körperbau. Vor allem um Parkhauptquartier und Picknickplatz von **Rocky River** im **Flinders Chase Nationalpark** haben sich Kangaroo-Island-Känguruhs durch Füttern schon soweit zur Plage entwickelt, daß sie immer wieder in andere Parkteile zurückgesiedelt werden müssen. Vorsicht ist hier auch beim näheren Kontakt mit den diebischen Emus (S. 199) am Platze, während andere »Mitesser« wie Flötenvögel (S. 122), Rotlappen-Honigesser und Buschhühner (s. S. 68) etwas mehr Zurückhaltung zeigen. In den Baumkronen der hochstämmigen »Manna«- und »Swamp«-Eukalypten des Rocky-River-Gebietes leben Koalas (s. S. 156). Die hier 1923 ausgesetzten Beutelbären können mit etwas Übung leicht

Australische Seelöwen bewohnen die Küsten Süd- und Westaustraliens. Ihr Bestand wird auf etwa 10 000 Tiere geschätzt.

Typische »Tea Tree«-Formation; die Blätter dieser Sträucher wurden gelegentlich als Tee-Ersatz verwendet.

Die blaßblaue »Sun Orchid« ist leicht mit einer Lilie zu verwechseln.

Ein Schmuckstück der australischen Vogelwelt: der Prachtstaffelschwanz.

Weißaugen-Honigesser sind wie alle Honigesser wichtige Blütenbestäuber.

Die Felsgruppe der Remarkable Rocks. Krustenflechten und Eisenoxide verursachen die orangeroten Farbflecken.

entdeckt werden. Weitere häufige Besucher des Parkhauptquartiers von Flinders Chase sind die ebenfalls eingeführten grünschnäbeligen Hühnergänse und die überall häufigen Rosakakadus (S. 111).

Im **Flinders Chase** und anderen Schutzgebieten vor allem der Nordhälfte der Insel findet man auch das einzige Brutvorkommen des Braunkopfkakadus in Südaustralien. Seine Verbreitung wird von den als Nistplatz bevorzugten »Sugar Gums« sowie vom Vorkommen der »Drooping She-Oaks« bestimmt, deren Fruchtstände er mit Vorliebe plündert.

Im Gebiet unterwegs

Kangaroo Island besitzt nur wenige Asphaltstraßen, dafür aber ein relativ dichtes Netz gut ausgebauter Allwetterpisten. Sie sind auch in den landwirtschaftlich genutzten Teilen der Insel meist von schmalen Streifen natürlicher Vegetation umsäumt und ermöglichen damit ein ebenso interessantes wie problemloses Fortkommen. Mindestens 2 Tage sollte man für ein erstes Kennenlernen zumindest der folgenden Schutzgebiete veranschlagen:

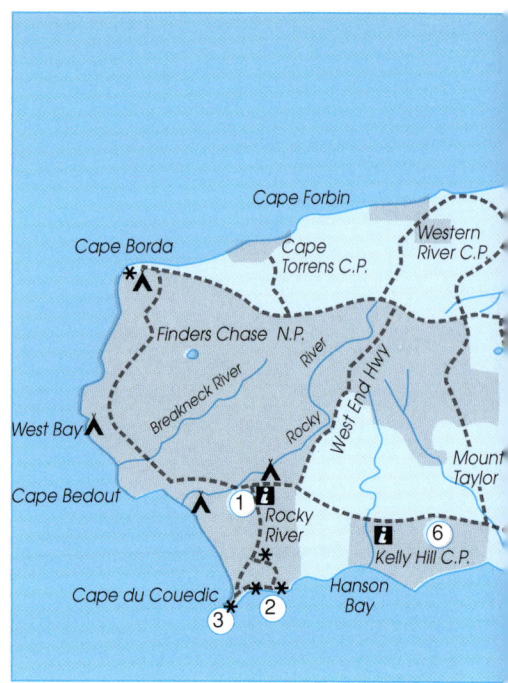

Besucher in Bedrängnis: Kangaroo-Island-Känguruhs lassen
nicht locker ...

Flinders Chase Nationalpark (73 662 ha): Der
rund 100 km von Kingscote entfernt liegende
Park umfaßt nahezu den gesamten Westteil
der Insel. Neben den oben beschriebenen
Attraktionen des Hauptquartiers bzw. Pick-
nickplatzes **Rocky River** ① bietet er verschiedene Wanderwege und eine schöne Panoramapiste, die unter anderem zu den 2 bekanntesten Felsformationen der Südwestecke
führt: den fantastisch geformten Granitdo-
men der **Remarkable Rocks** ② und dem riesigen Kalksteinbogen des **Admiral Arch** am
Cape de Couedic ③. In der Umgebung dieses
letztgenannten imposanten Überrestes einer
eingestürzten Tropfsteinhöhle kann man
auch regelmäßig Neuseeland-Seebären beim
Sonnenbaden oder beim Spiel mit den anbrandenden Wellen beobachten.

Seal Bay Conservation Park (1911 ha) ④: Diese
von Kalksteinklippen eingerahmte Bucht nur
etwa 50 km südwestlich von Kingscote be-

herbergt die drittgrößte Kolonie Australischer
Seelöwen (400–500 Tiere) auf dem 5. Kontinent. Außergewöhnlich ist ihre durch die
strengen Schutzmaßnahmen bedingte Zu-
traulichkeit, die stark an die paradiesischen
Verhältnisse auf den Galapagosinseln erinnert. Von Rangern geführte Besucher haben
die Möglichkeit zu Beobachtungen aus aller-
nächster Nähe, wobei allerdings im eigenen
wie im Interesse der Tiere immer ein Sicher-
heitsabstand von mindestens 5 m zu bewahren ist. Auf dem Weg durch die Küstenheiden zum Strand wird man außerdem gelegentlich auf Tammarwallabies und die attraktiven Weißaugen-Honigesser treffen.

Cape Gantheaume Conservation Park

(21 254 ha): Einer der interessantesten Teile
dieses östlich an die Seal Bay angrenzenden
Schutzgebietes ist sicher **Murray's Lagoon** ⑤,
der größte Süßwassersee der Insel. Er beherbergt viele der etwa 100 Wasser- und Wat-

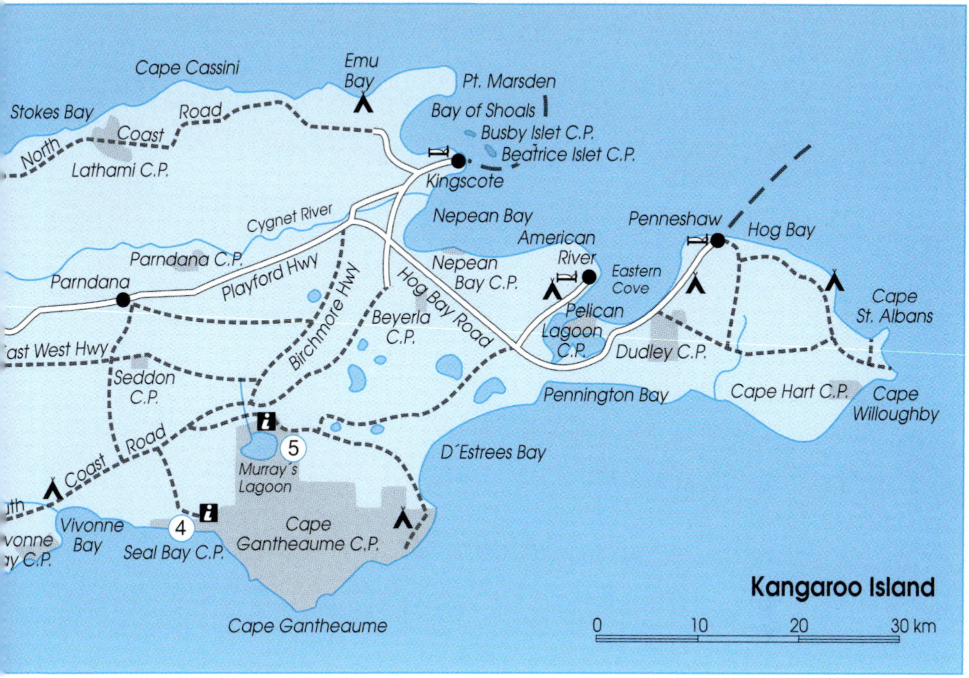

Kangaroo Island

Cape Cassini
Emu Bay
Pt. Marsden
Stokes Bay
Bay of Shoals
Busby Islet C.P.
North Coast Road
Beatrice Islet C.P.
Lathami C.P.
Kingscote
Cygnet River
Nepean Bay
Penneshaw
Hog Bay
Parndana C.P.
American River
Playford Hwy
Nepean Bay C.P.
Eastern Cove
Parndana
Hog Bay Road
Cape St. Albans
ast West Hwy
Birchmore Hwy
Beyerla C.P.
Pelican Lagoon C.P.
Dudley C.P.
Seddon C.P.
Pennington Bay
Cape Hart C.P.
Cape Willoughby
Coast Road
⑤
Murray's Lagoon
D'Estrees Bay
uth
Vivonne Bay
④
Cape Gantheaume C.P.
vonne y C.P.
Seal Bay C.P.
Cape Gantheaume

0   10   20   30 km

---

vogelarten von Kangaroo Island, darunter z. B. Halsbandkasarkas, Rosenohrenten oder die attraktiven Schlammstelzer.

Kelly Hill Conservation Park (6306 ha) ⑥: Ein Besuch der 1880 entdeckten Tropfsteinhöhlen ist die Hauptattraktion dieses etwa

Hühnergänse bevorzugen offene, feuchte Gebiete nahe der südaustralischen Küsten.

100 km südwestlich von Kingscote gelegenen Parks. Verschiedene, meist am Picknickplatz am Eingang des Höhlensystems beginnende Wanderwege erlauben aber auch interessante Beobachtungen von z. B. Schnabeligeln (s. S. 81), Allfarbloris und Prachtstaffelschwänzen.

Praktische Tips

Anreise

Mit der Autofähre entweder direkt von Port Adelaide nach Kingscote (7 Stunden) oder vom etwa 110 km südlich von Adelaide gelegenen Cape Jervis nach Penneshaw (1 Stunde); tägliche Flüge von Adelaide nach Kingscote.

Klima/Reisezeit

Mildes Meeresklima; Temperaturen im Jahresmittel zwischen 13 °C und 25 °C; Niederschläge von rund 500 bis über 850 mm/Jahr

Der tropfsteinbehangene Bogen des Admirals Arch in der Abendsonne.

im Westteil. Beste Reisezeit: Frühling (September bis November) bis Herbst.

Unterkunft

Resorts, Motels oder Hotels in Kingscote, American River und Penneshaw; Ferienwohnungen und Campingplätze bei kleineren Siedlungen und Farmen; Campingplätze im Flinders Chase Nationalpark und anderen Schutzgebieten (»permit« erforderlich).

Adressen

South Australian Travel Centre:
▷ 1 King William Street, Adelaide SA 5000, Tel. (08) 8212 1505;
▷ Dauncey Street, Kingscote Tel. (08) 8553 2381.

Department of Environmental & Natural Resources:
▷ Head Office, 91–97 Grenfell Street, P. O. Box 1047, Adelaide SA 5001, Tel. (08) 8204 1910;
▷ Kingscote District Office, Dauncy Street, Kingscote SA 5223, Tel. (08) 8553 2381;
▷ Flinders Chase District Office, Rocky River, Tel. (08) 8559 7235;
▷ Cape Gantheaume District Office, Murrays Lagoon, Tel. (08) 8553 8233;
▷ Kelly Hill District Office, South Coast Road, Tel. (08) 8559 7231.

Blick in die Umgebung

In den Mount Lofty Ranges östlich von Adelaide liegen einige kleinere, stadtnahe Schutzgebiete. Das bekannteste ist der **Cleland Conservation Park**, von dessen höchstem Punkt, dem Mt. Lofty (725 m), man einen weitreichenden Ausblick hat. Der Park umschließt einen als »Native Wildlife Zone« bezeichneten, sehr großzügig angelegten Tiergarten, den man sich nicht entgehen lassen sollte.

2 weitere, für ihre Schluchten und Wasserfälle bekannte Schutzgebiete sind der nördlich des Cleland Parks gelegene **Morialta Park** und der **Black Hill Conservation Park**.

25 Flinders Ranges Nationalpark

Eindrucksvolle Schluchten und Bergketten eines uralten Gebirges; Wilpena Pound als faszinierende geologische Formation; Felszeichnungen und -ritzungen der Ureinwohner; Wildblumen und Grasbäume; Gelbfuß-Felsenkänguruhs als bedrohte Art; über 100 Vogelarten, darunter Braunfalken; informative Wanderwege.

Der Nationalpark liegt im trockenen Nordteil des Staates Südaustralien, 430 km von der Hauptstadt Adelaide entfernt. Mit rund 92 750 ha umfaßt er einen Teil des langen, alten Faltengebirges, das sich von Adelaide aus in weitem Bogen etwa 800 km nach Norden bis an die großen Salzseen Inneraustraliens erstreckt. Das Gebirge treibt gleichsam einen Keil in die unwirtlichen Trockengebiete der Lake-Eyre-Senke und ermöglicht vielen Pflanzen- und Tierarten das Überleben.

Die Entstehung der Gebirgskette reicht weit ins Erdaltertum zurück. Vom Präkambrium (vor 1500 Mio. Jahren) bis ins Kambrium (vor 500 Mio. Jahren) kam es durch Abtauchen des Westaustralischen Schildes (s. S. 10) zu wiederholten Meeresüberflutungen Süd- und Zentralaustraliens und damit zur Ablagerung bis mehrere tausend Meter mächtiger Sedimentschichten. Diese wurden in den folgen-

Blick vom Mt. Ohlssen Bagge über den Wilpena Pound.

den Jahrhundertmillionen im Zuge tektonischer Bewegungen zu Bergketten gehoben und gefaltet. Verwitterung und Erosion schufen schließlich die heutige spektakuläre Erscheinungsform der Gebirgsstöcke: Steile Rücken aus hartem, erosionsbeständigem Quarzit wechseln mit Tälern und Ebenen, in die weicheres, abgetragenes Material transportiert wurde. Das beeindruckendste Beispiel dieser geologischen Kräfte zeigt der Wilpena Pound, ein natürliches Fels-Amphitheater von 17 × 7 km Durchmesser im Süden des Nationalparks. Schräggestellte Quarzitblöcke bilden einen etwa ringförmigen Gebirgswall, der eine innere kraterähnliche »Pfanne« umschließt. Den einzigen Zugang in den Pound schuf der Wilpena Creek, als er sich einst durch den östlichen Gebirgsring sägte.

Bis zu 12 000 Jahren alte Felsmalereien belegen eine frühe Besiedlung des Gebiets durch die Ureinwohner, die ein weitgespanntes inneraustralisches Handelsnetz mit Ocker unterhielten. Als natürlicher Farbstoff, gewonnen aus rotem Lehm, besaß Ocker einen hohen Stellenwert in Kunst und Mythologie der Aborigenes und wurde zum Bemalen von heiligen Stätten, Kultgegenständen und Körpern benutzt. Die Lager in den Flinders Ranges waren von hochwertiger Qualität, so daß die Tauschwege bis nach Queensland, Neusüdwales und in die Gegend um Alice Springs führten.

Mit dem Auftauchen der Weißen um 1850 entstanden erste Schaf- und Viehstationen; im Wilpena Pound wurde ab 1899 Weizen angebaut. Später wurde das Gebiet zum Forest Reservat bzw. Pleasure Resort erklärt. Der Nationalpark entstand 1972.

Pflanzen und Tiere

Die Vegetation zeigt die typischen Merkmale semiarider Gebiete, d. h. sie besteht vorwiegend aus xerophytischer Halbwüstenvegetation mit Anpassungen an die unregelmäßigen Niederschläge (s. S. 104). Bestandsbildende Bäume der trockenen Hänge sind »Northern

Cypress Pines« (S. 91), verschiedene Eukalyptusarten der Mallee-Formation (s. S. 16), »Black Oak«-Kasuarinen und Grasbäume der Art *Xanthorrhoea quadrangulata*. In den höchsten Lagen der Bergrücken werden auch Heideformationen mit Arten angetroffen, die sonst nur in südlicheren, kühleren Lagen Südaustraliens vorkommen. Die Flüsse, wie z. B. der Wilpena Creek, sind mit Fluß-Eukalypten (S. 36) gesäumt. Neben Flecken von Spinifex-Gras (S. 16) bedecken einjährige Kräuter und Wildblumen die Hänge im Frühling oder nach starken Regenfällen, darunter die Staatsblume Südaustraliens, die »Sturt's Desert Pea«.

Die Flinders Ranges sind ein wichtiges Rückzugsgebiet für die seltenen Gelbfuß-Felsenkänguruhs (s. S. 180), die sich, wie alle Tiere der Trockengebiete, am besten in den frühen Morgenstunden beobachten lassen. In den flachen Ebenen des Parks sowie im Wilpena Pound leben die großen Roten Riesenkänguruhs (S. 106) und Bergkänguruhs. Etwa 20 weitere Säugetierarten wurden nachgewiesen, darunter allerdings auch die vom Menschen eingeführten Ziegen, Katzen, Füchse, Kaninchen und Hausmäuse.

An Wasserstellen und in kühlen Schluchten konzentriert sich die Vogelwelt. Unter den mehr als 100 Arten findet man auch die allgegenwärtigen Flötenvögel (S. 122) und Rosakakadus (S. 111) neben den attraktiven Blutbauchsittichen und WeißbauchStaffelschwänzen. Relativ häufig zu beobachtende Greifvögel sind Keilschwanzadler (S. 106) und Braunfalken (S. 199).

Die Reptilien sind mit über 50 Arten vertreten; darunter recht häufig die Bartagame (S. 101). Ihr Lieblingsplatz sind trockene Äste, von denen sie in Ruhestellung kaum zu unterscheiden ist.

Im Gebiet unterwegs

Sehr malerisch ist die Anfahrt von Quorn und Hawker aus; mit dem Näherrücken der Wand des Wilpena Pound gewinnt man einen Eindruck von dessen Mächtigkeit. Kurz

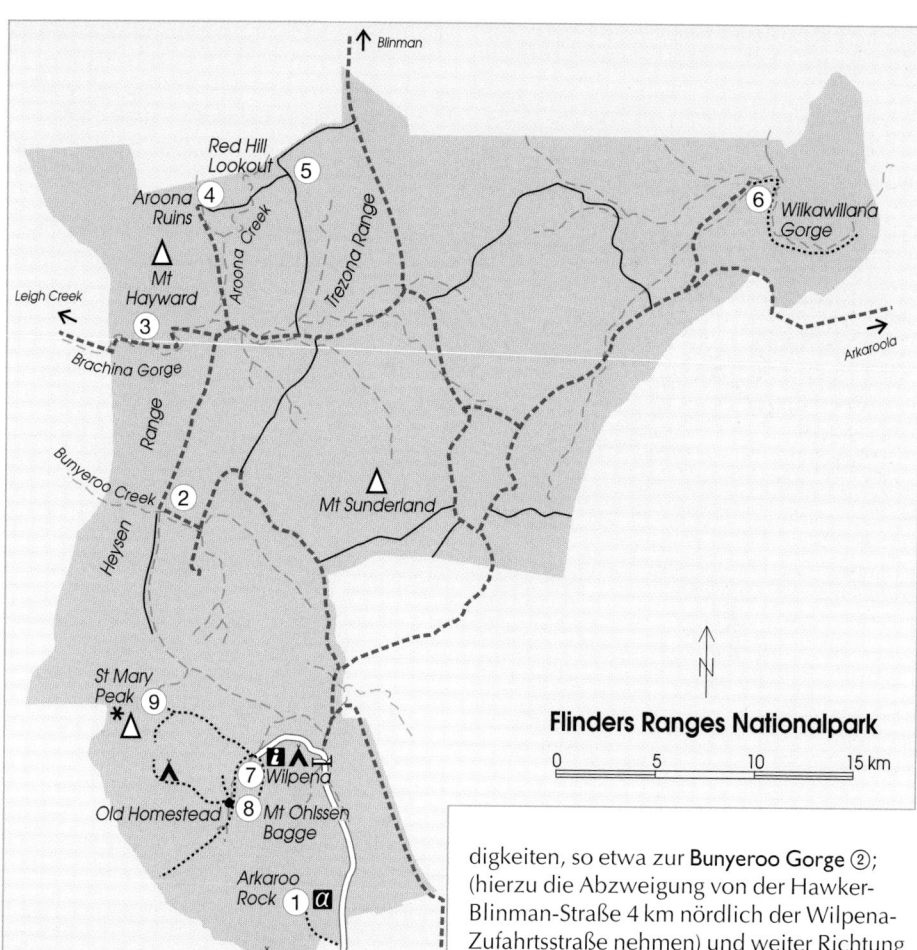

Flinders Ranges Nationalpark

0   5   10   15 km

vor dem Eingang zum Nationalpark zweigt die Zufahrt zum **Arkaroo Rock** ① ab. An dieser den Ureinwohnern heiligen Stätte findet man ihre Malereien von Vogelspuren, Schlangenlinien, Blättern u. a. Man erreicht Arkaroo Rock nach etwa 2 km Fußmarsch vom Parkplatz aus.

Die Asphaltstraße endet am Wilpena Pound, aber gut befahrbare Schotterpisten durchqueren den Park im nördlichen Sektor und führen zu verschiedenen weiteren Sehenswür-

digkeiten, so etwa zur **Bunyeroo Gorge** ②; (hierzu die Abzweigung von der Hawker-Blinman-Straße 4 km nördlich der Wilpena-Zufahrtsstraße nehmen) und weiter Richtung Norden zur **Brachina Gorge** ③, zwei malerischen Schluchten in der Heysen Range. Nach einem Abstecher zu den **Aroona Ruins** ④ mit Überresten einer Schaffarm aus dem 19. Jh. und Wandermöglichkeit zum **Red Hill Lookout** ⑤ (etwa 5 km einfach) kann man auf der Hawker-Blinman-Straße nach Wilpena zurückkehren. Diese etwa 120 km lange Rundfahrt erfordert zwar einige Flußdurchquerungen (Ranger fragen!), geht aber durch unberührtes Gebiet mit abwechslungsvoller Landschaft und Tierreichtum; z. B. Rote Riesenkänguruhs (S. 106) und Bergkänguruhs, Emus (S. 199), Keilschwanzadler (S. 106) und andere Vögel.

Die hohen Blütenstände der Grasbäume entwickeln sich vor allem nach Regenfällen.

Blauzungenskink in Drohstellung. Hier die Art *Tiliqua nigrolutea*.

Für weitere Outback-Eindrücke eignet sich ein Besuch der **Wilkawillana Gorge** ⑥ im abgelegenen Nordosten des Parks (7 km lange, enge Zufahrt von der Hawker-Arkaroola-Straße aus). Die Schlucht kann beliebig lange durchwandert werden; bereits die ersten 2 km vermitteln einen guten Eindruck. In die Felswände sind Meeresfossilien eingebettet, die die Bildung des Gebirges aus ehemaligen Meeressedimenten bezeugen.

Der Piste in Richtung Norden folgend, erreicht man von hier aus den Gammon Ranges Nationalpark und schließlich das **Arkaroola – Mt. Painter Sanctuary** (s. S. 221).

Wanderwege

Wanderungen im Nationalpark konzentrieren sich auf das Gebiet des Wilpena Pound. Es existieren verschiedene gut markierte Wege aller Schwierigkeitsstufen und Längen.

□ Einen ersten Eindruck der Flora vermittelt ein **botanischer Lehrpfad** ⑦, der sich hinter dem Motel am Hang emporzieht.

□ Für Ausblicke, typische Vegetation (besonders der bizarren Grasbäume) und die Chance einer Sichtung von Gelbfuß-Felsenkänguruhs bietet sich am frühen Morgen oder abends der Weg zum **Mt. Ohlssen Bagge** ⑧ an. 2 bis 4 Stunden Dauer und anstrengende Kletterpartien sollten einkalkuliert werden.

□ Einziger Zugang in den Pound selbst ist die Schlucht des Wilpena Creek. Entlang riesiger Fluß-Eukalypten führt der Weg zum alten Farmhaus und weiter über den Coinda-Campingplatz zum 1175 m hohen **St. Mary's Peak** ⑨. Der Aufstieg zum Gipfel ist mühsam, vermittelt aber faszinierende Augenblicke. Der Rückweg nach Wilpena folgt der Ostseite des Pound.

TIP: Man kann die 15 km lange Wanderung auch in umgekehrter Richtung durchführen. In jedem Fall aber ist der Weg entlang der Berggipfel bei Regenwetter und Nässe gefährlich!

»Sturt's Desert Pea« – der prächtigste
Schmetterlingsblütler Australiens.

Der Bourkesittich – ein Bewohner der australischen
Trockengebiete.

In den Kolonien der Gelbfuß-Felsenkänguruhs besteht eine strenge Rangordnung zwischen den männlichen Tieren. Nur
die stärksten erlangen Zugang zu den zentralen Weibchen-Höhlen.

Gelbfuß-Felsenkänguruh

Zehn Arten Felsenkänguruhs bewohnen die zerklüfteten Felsgebiete und Schluchten Australiens. Ihre außerordentliche Wendigkeit im unwegsamen Berggelände sowie die Fähigkeit mit einem Minimum an Wasser auszukommen, ermöglichte ihnen auch die Besiedlung extrem trockener Gebiete. Um den Wasserverlust durch Verdunstung zu reduzieren, halten sich die Tiere während der Tageshitze meist in kühlen Höhlen auf. Als Nahrung dienen ihnen Gräser, Kräuter, verschiedene Blätter und Früchte.

Für die Aborigenes der Flinders Ranges waren die Gelbfuß-Felsenkänguruhs (vgl. Foto S. 179) wichtige jagdbare Tiere, aber nur initiierte, »vollwertige« Männer durften sie töten. Früher in Kolonien von hundert oder mehr Tieren vorkommend, ging ihre Zahl seit Beginn der europäischen Besiedlung ständig zurück. Die Kombination aus Überweidung, Landschaftsveränderung, eingeführten Räubern (z. B. Rotfüchsen) und Bejagung wirkte so bestandsvermindernd, daß sie schließlich unter strengen Schutz gestellt wurden. Ihre Gesamtzahl wurde 1987 mit nur noch 12 000–14 000 angegeben. Eines ihrer wichtigsten Überlebensgebiete sind die Flinders Ranges.

Praktische Tips

Anreise
Von Adelaide aus über den Highway 1 (Princes Highway) bis Port Augusta, dann über Quorn und Hawker bis Wilpena Pound (Asphaltstraße).
Zufahrt auch möglich vom Norden über Blinman oder direkt vom Gammon Ranges Nationalpark über Buschpisten.
Karte: RAA, South Australia.
Anmerkung: Es existieren auch Busverbindungen von Adelaide zum Wilpena Pound.

Klima/Reisezeit
Trockenes Kontinentalklima; höchste Temperaturen mit über 40 °C im Sommer (November bis März), tiefste mit nächtlichem Bodenfrost im Winter (Juni bis August). Klimaextreme, wie jahrelange Dürreperioden oder plötzliche Überflutungen sind normale Vorkommnisse, da Regenfälle völlig unvorhersehbar vorkommen können. Beispiel 13. 3. 1989: 214 mm Regen fielen in 24 Stunden, d. h. etwa ¾ des durchschnittlichen Jahresniederschlages an einem Tag! Regenfälle konzentrieren sich normalerweise auf die Monate November bis März.

Unterkunft
Im Motel oder Campingplatz beim Wilpena Pound (mit Tankstelle, Lebensmittelladen und öffentlichem Telefon) sowie im Rawnsley Caravanpark nahe der südlichen Parkgrenze. Weitere Übernachtungsmöglichkeiten in den Orten der Umgebung (Blinman, Hawker).

Adressen
Department of Environmental & Natural Resources:
▷ Head Office, 91–97 Grenfell Street, P. O. Box 1047, Adelaide SA 5001, Tel. (08) 8204 1919;
▷ 60 Elder Terrace, Hawker, Tel. (08) 8648 4244;
▷ Rangerstation im Nationalpark (Wilpena), Tel. (08) 8648 0048.

Blick in die Umgebung

Etwa 100 km von Wilpena auf dem Weg nach Norden in Richtung Gammon Ranges Nationalpark liegt die **Mt. Chambers Gorge**. Ihre kühlen Wassertümpel ziehen Tiere an, außerdem sind Felsritzungen der Ureinwohner zu sehen.

26 Der Südwesten

Eigene botanische Provinz mit mindestens 4000 überwiegend endemischen Blütenpflanzenarten; bekannteste Wildblumenregion Australiens; Hartlaubwälder mit endemischen Eukalypten wie »Jarrah«, »Tuart« oder den bis 90 m hohen »Karris«; wildromantische Küsten und Tropfsteinhöhlen; Ameisen- und Honigbeutler, Irmawallabies und Westliche Graue Riesenkänguruhs; Kappensittich und viele Wasser- und Watvögel.

Die insgesamt knapp 310 000 km² große »Southwest Botanical Province« umfaßt den gesamten Südwestzipfel Westaustraliens, von der Shark Bay im Norden bis zum Cape Arid im Osten. Ihr niederschlagsreichstes Kerngebiet im äußersten Südwesten (zwischen Perth und Albany) gehört mit zu den am dichtesten besiedelten Regionen des Bundesstaates. Seit der endgültigen Inbesitznahme im Jahre 1834 werden hier Holz- und Milchviehwirtschaft, Pferde- und Schafzucht sowie Obst- und Weinanbau betrieben. Am Rande bzw. inmitten der landwirtschaftlichen Betriebe liegen Dutzende von Nationalparks und andere Schutzgebiete, die neben landschaftlichen Schönheiten vor allem die einmalige Flora und Fauna dieser Region bewahren. Mit der überwältigenden Vielfalt der hier beheimateten, großteils endemischen Blütenpflanzen ist sie im Frühling das »Traumreiseziel« vieler Blumenliebhaber aus aller Welt.
Geologisch ist der »Yilgarn Block« des Südwestens Teil des uralten westaustralischen Granitschildes (s. S. 10), das seit dem Präkambrium keine wesentlichen Umformungen mehr erfuhr. In vielen Gebieten sind diese ältesten Gesteine Australiens in meist weichen, runden Felsgruppen und Hügeln

exponiert, während in anderen Teilen des Landesinneren Verwitterungsprozesse zur Ausbildung tiefer, eisen- und aluminiumhydroxid-haltiger Lateritkrusten führten. Auch kam es am Kontinentalrand verschiedentlich zu Überlagerungen des Granits mit Meeressedimenten und zur Ausbildung ausgedehnter, bis zu 2 Mio. Jahre alter Dünenfelder.

Pflanzen und Tiere

Das insgesamt eher nährstoffarme Bodenmosaik des Südwestens trägt eine erstaunliche Vielfalt von Pflanzen, deren dynamische Entwicklung hier vor etwa 5 Mio. Jahren begann. Isoliert durch die sich ausbildenden großen Trockengebiete im Osten (Nullarbor Plain) und Nordosten entstand unter dem Einfluß von Klimaschwankungen ein eigenes Florenreich, das heute als das artenreichste des 5. Kontinents gilt.
Über 80% der 4000 bis 5000 Blütenpflanzenarten der »Southwest Botanical Province« sind endemisch für diese Region, wobei einige Gattungen durch besonders starke Artenaufsplitterung ins Auge fallen. So sind hier z. B. die Akazien (Acacia) mit etwa 300 Arten vertreten (= etwa ²/₅ aller in ganz Australien bisher bekannten Akazienarten), und auch die Gattung Eucalyptus ist mit 170 Arten und damit etwa einem Viertel des gesamten Artenbestandes der Eukalypten äußerst formenreich.
Zu den wichtigsten Pflanzenformationen des Südwestens zählen die Baum- und Strauchheiden der Dünen und sandigen Küstenebenen, die im Frühjahr die größte Blütenpracht entfalten. Rote und blaue Lechenaultia, gelbe »Cowslip«- und »Common Donkey«-Orchideen, weiße »Spider«-Orchideen und »Trigger Plants«, orangegelbe Hibbertia und violette Dampiera sind nur wenige Beispiele aus der großen Palette der kleinwüchsigeren »Farbkästen«.

»Karri«-Eukalypten gehören zu den höchsten Bäumen der Welt.

Die Wälder der endemischen Eukalyptusarten »Jarrah«, »Tuart« und »Karri« sind weitere einmalige Formationen des Südwestens:

☐ Der bis zu 40 m hohe »Jarrah« tritt oft zusammen mit weiteren südwestaustralischen Eukalypten wie »Marri« oder »Wandoo« auf. Ein 30–50 km breiter Gürtel dieser Wälder zieht sich von den Darling Ranges östlich von Perth bis Denmark im Süden. Sie bevorzugen Lateritböden und sind stark bedroht durch Bauxitabbau, Holzeinschlag und einen eingeführten Wurzelpilz, der in vielen Gebieten zu einem als »Dieback« bezeichneten langsamen Absterben der Bäume führt.

☐ Die offenen Wälder der »Tuarts« sind typisch für die Kalksteinböden der küstennahen Zonen. Wie in den »Jarrah«-Gebieten bestimmen Grasbäume der Arten *Xanthorrhoea preissii* und *Kingia australis*, verschiedene Banksien, Akazien und viele Wildblumen den Unterwuchs. Ein gutes Beispiel ist der erst vor kurzem zum Nationalpark erklärte Tuart Forest bei Ludlow nordöstlich von Busselton.

☐ Der »Karri« ist der mit Höhen bis über 90 m wohl beeindruckendste Eukalyptusriese des Südwestens. Er bevorzugt tiefgründige, rote Lehmböden in feuchteren Lagen und wächst hauptsächlich im Gebiet zwischen Manjimup und Walpole. Ein ausgereifter »Karri«-Wald ist mindestens 200 Jahre alt, einzelne Exemplare können bis über 1000 Jahre alt werden. Wie im Falle der ähnlich dimensionierten Königs-Eukalypten (S. 147) ist ihr Bestand jedoch durch intensive Holzfällerei bereits stark reduziert.

Nicht weniger ausgefallen, aber schwieriger zu beobachten ist die Tierwelt des Südwestens, die ebenfalls einige Endemismen aufweist. In ihrer Verbreitung auf dieses Gebiet beschränkt sind z. B. der Schwarzschwanz-Fleckenbeutelmarder und der Ameisenbeutler (»Numbat«) (S. 191), die beide hauptsächlich in »Jarrah«- bzw. »Wandoo«-Wäl-

Die hohen Grasbäume der Gattung *Kingia* sind endemisch für den Südwesten.

26 Der Südwesten

Two Peoples Bay – ein reizvolles Schutzgebiet östlich von Albany.

dern zu finden sind. Zu den ganz speziellen »Südwestlern« gehört auch der winzige Honigbeutler, der mit seiner langen Pinselzunge ein wichtiger Bestäuber z. B. der Banksien ist. Am häufigsten wird man aber die endemischen Irmawallabies und die weit verbreiteten Westlichen Grauen Riesenkänguruhs zu Gesicht bekommen.

Auch die Vogelwelt ist mit einigen besonderen Arten vertreten, darunter die farbenfrohen Kappensittiche und die kleinen Rotohramadinen. Viele der weiten Flußdeltas und küstennahen Seen sind außerdem wichtige Rast- und Futterplätze für Wasser- und Watvögel. Im Vasse-Wonnerup Estuary bei Busselton oder im Peel Inlet bei Mandurah gehen die Zahlen der gefiederten internationalen Sommergäste in die Zehntausende.

Der mausgroße Honigbeutler hat sich auf Blütennektar spezialisiert.

Wie viele australische Papageien werden Ringsittiche als Schädlinge verfolgt.

Im Gebiet unterwegs

Wegen der Vielzahl der z. T. sehr kleinen Schutzgebiete und des breiten Spektrums der Landschafts- und Vegetationstypen empfiehlt sich eine Rundfahrt, die zumindest die folgenden, problemlos erreichbaren Ausflugsziele einschließen sollte:

Leeuwin-Naturaliste Nationalpark (15 000 ha) ①: Dieser langgestreckte Küstennationalpark reicht vom Cape Naturaliste im Norden bis zur südwestlichsten Spitze Australiens, dem Cape Leeuwin. Schöne Ausblicke von den beiden Kaps, abwechslungsreiche Felsküsten, Dünen und Strände, Heide- und Waldformationen sowie große Tropfsteinhöhlen sind die Hauptattraktionen. Südlich von Margaret River schließt sich der Boranup Forest an (»Karris«).

Beedelup und Warren Nationalparks (1530 und 1350 ha) ②: Beide Schutzgebiete liegen in unmittelbarer Umgebung des Holzzentrums Pemberton. Der Wasserfall im Beedelup Nationalpark (Wanderweg), vor allem aber die schönen Bestände riesiger »Karris« in beiden Parks sind ein »Muß« für jeden Besucher des Südwestens. Durch den Warren Nationalpark schlängelt sich eine sehr empfehlenswerte Forstpiste.

Walpole-Nornalup Nationalpark (18 110 ha) ③: Dieser Park in der Nähe von Walpole umfaßt einen etwa 40 km langen Streifen pittoresker Küstenlandschaften, die große Bucht des Nornalup Inlet, sowie ausgedehnte Wälder mit vielen »Karris« und »Red Tingle«, einem weiteren Eukalyptus-Baumriesen mit einer sehr mächtigen Stammbasis (bis 4 m Durchmesser). Durch den Park führen verschiedene Pisten (schöne Ausblicke) und Wanderwege. Auch ein Abstecher zum nahegelegenen »Valley of the Giants« ist unbedingt anzuraten.

Stirling Ranges Nationalpark (115 670 ha) ④: Bis zu knapp 1100 m hoch aufragende, rauhe Berggipfel und eine mit über 1000 Arten unglaubliche Blütenpflanzenvielfalt (Frühlingsblüte!) sind die Hauptanziehungspunkte dieses etwa 80 km nördlich von Albany gelegenen Schutzgebietes. Herrliche Aus- und Einblicke hat man vor allem von der fast den ganzen Park durchquerenden Panoramapiste vom Chester zum Redgum Pass, von der verschiedene Wanderwege abzweigen.

Dryandra State Forest (28 000 ha) ⑤: Dieses von »Wandoo« dominierte Waldgebiet bei Narrogin am Rande des Weizengürtels ist eines der letzten Rückzugsgebiete des mittlerweile selten gewordenen Ameisenbeutlers. Im Gegensatz zu den meisten anderen australischen Beutlern ist er tagaktiv und deswegen gelegentlich von ruhigen Wanderern zu beobachten. Ein weiterer ausgefallener Bewohner dieses auch für seine Frühlingsblüte berühmten Staatsforstes ist das Thermometerhuhn (s. S. 68).

Gelbfüßige Breitfußbeutelmäuse leben räuberisch, z. T. sogar in Häusern.

Das passende Aussehen gab dem Tannenzapfenskink seinen deutschen Namen.

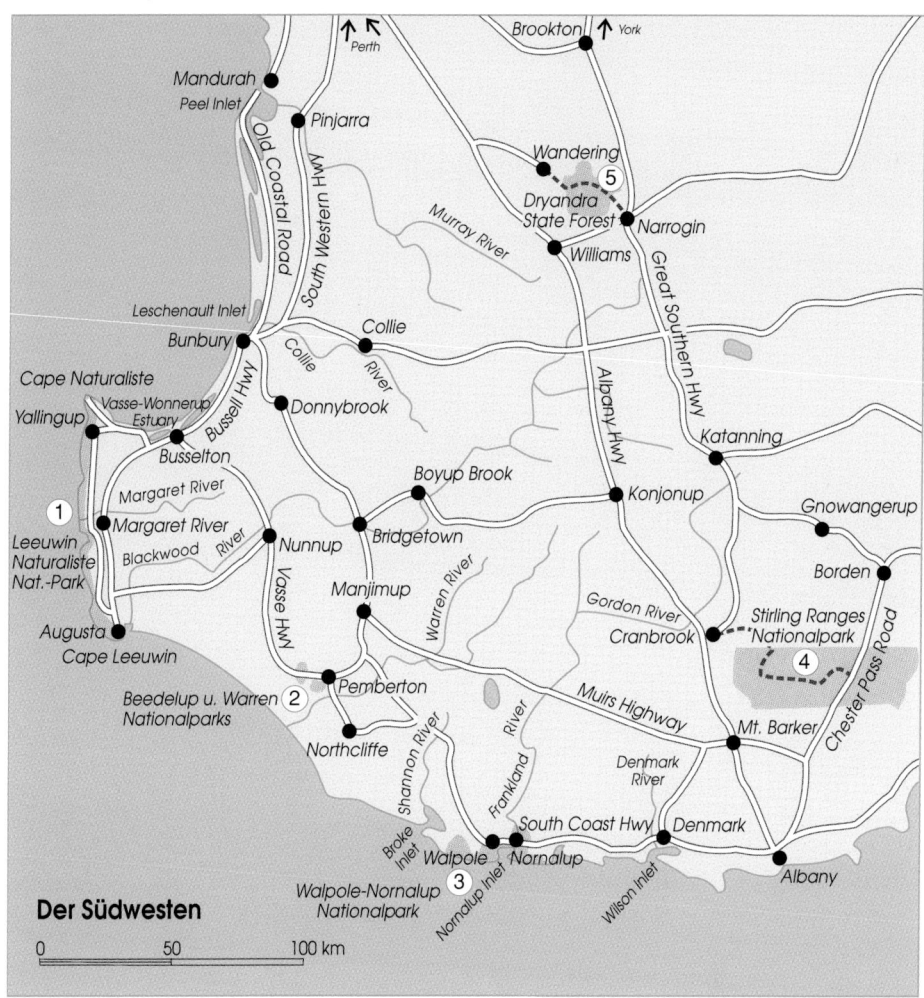

Der Südwesten

0   50   100 km

Praktische Tips

Anreise
Von Perth über die Küstenstraße oder den South Western Highway bis Bunbury, dann weiter über den Bussel Highway zum Cape Naturaliste (260 km), oder direkt weiter nach Pemberton (350 km) und Walpole (440 km). Von Perth über den Albany Highway bis Narrogin (190 km) und zu den Stirling Ranges (rund 350 km).

Klima/Reisezeit
Winterregengebiet mit Niederschlägen zwischen 1400 mm/Jahr im Südwesten und 300 mm/Jahr im Nordosten; Temperaturen im Sommer bis 29 °C, im Winter (Mai bis August) bis 17 °C. Beste Reisezeit: Frühling (September bis November) bis Herbst.

Unterkunft
In allen Städten des Südwestens; verschiedene Campingplätze der Nationalparks.

Südwestaustralien zur Blütezeit: »Red and Green Kangaroo Paws« bedecken weite Flächen. Die Pflanze ist die Staatsblume Westaustraliens.

Adressen

▷ Western Australian Tourist Centre, Forrest Place & Wellington St., Perth WA 6000, Tel. (08) 9483 1111.

Department of Conservation & Land Management (CALM):

▷ Head Office, 50 Hayman Road, Como, Perth WA 6152, Tel. (08) 9334 0333.

CALM District Offices:

▷ North Boyanup Road, Bunbury 6230, Tel. (08) 9725 4300; South Western Highway, Walpole WA 6398, Tel. (08) 9840 1027; 120 Albany Highway, Albany 6330, Tel. (08) 9841 7133.

Blick in die Umgebung

Östlich von Albany (Richtung Esperance) liegt eine ganze Reihe weiterer interessanter Schutzgebiete, von denen dem **Fitzgerald River Nationalpark** wohl die größte Bedeutung zukommt. Mit über 1700 Pflanzenarten, vielen Felsformationen und riesigen unberührten Flächen ist er ein wichtiges Rückzugsgebiet vieler bedrohter Tierarten.

Einige Beispiele aus der bunten ▷ Blütenpalette des Südwestens.

»Cowslip Orchid«

»Scarlet Banksia«, eine Protee

»Trigger Plant«

»Blue Lechenaultia«

»Cone Flower«, eine Protee

»Southern Cross«, ein Doldengewächs

27 Perth und Umgebung

Perth Zoological Garden und Koala Gardens Wildlife Park; Frühlingsblüte des Kings Park; Wasservögel des Lake Monger; »Christmas Trees« und Westliche Graue Riesenkänguruhs des Yanchep Nationalparks; Ureinwohner-Relikte und Vogelwelt des Walyunga Nationalparks; »Jarrah«-Eukalypten und Grasbäume des John Forrest Nationalparks; Quokkas und Fischadler von Rottnest Island.

Perth, die 1829 gegründete Hauptstadt Westaustraliens, besticht durch ihre wunderschöne Lage am Swan River und ihr mit durchschnittlich 8 Sonnenscheinstunden pro Tag beneidenswertes Klima. Über $2/3$ der nur rund 1,5 Mio. Einwohner dieses größten Bundesstaates Australiens ($> 2,5$ Mio. km^2) konzentrieren sich hier. Seit 1962 durch ihre Lichtsignale an den Astronauten John Glenn mit dem Beinamen »City of Lights« bedacht und von 1983–87 als »Home of the America's Cup« gepriesen, gilt Perth heute vor allem als die Stadt der Millionäre, in der viele

der großen Industriekapitäne Australiens ihren Stammsitz hatten und haben. Perth ist aber auch bekannt für seine ausgedehnten Parkanlagen und die vielen Attraktionen seiner reizvollen Umgebung. Zu ihnen gehören die Strände des Indischen Ozeans genauso wie die über 50 Seen der sich anschließenden Küstenebenen oder die Wälder der Bergketten der Darling Ranges im Osten.

Pflanzen und Tiere

Perth und Umgebung sind Teil der großen »Southwest Botanical Province«, eines eigenen Florenreiches, das sich in der wüstenbedingten Isolation des Südwestens entwickelte (s. S. 181). Viele der endemischen Pflanzen- und auch Tierarten dieser Region findet man bereits inmitten der Stadt, deren Grünanlagen sich vor allem in Frühling in wahre Blütenmeere verwandeln. Perth ist auch die bis heute noch am wenigsten von exotischen Importen unterwanderte Hauptstadt des südlichen Australiens, denn die meisten der gefiederten Einwanderer des Ostens wie Haus-

Schwarzschwäne am Lake Monger.

Der Brillenpelikan, die einzige Pelikanart Australiens.

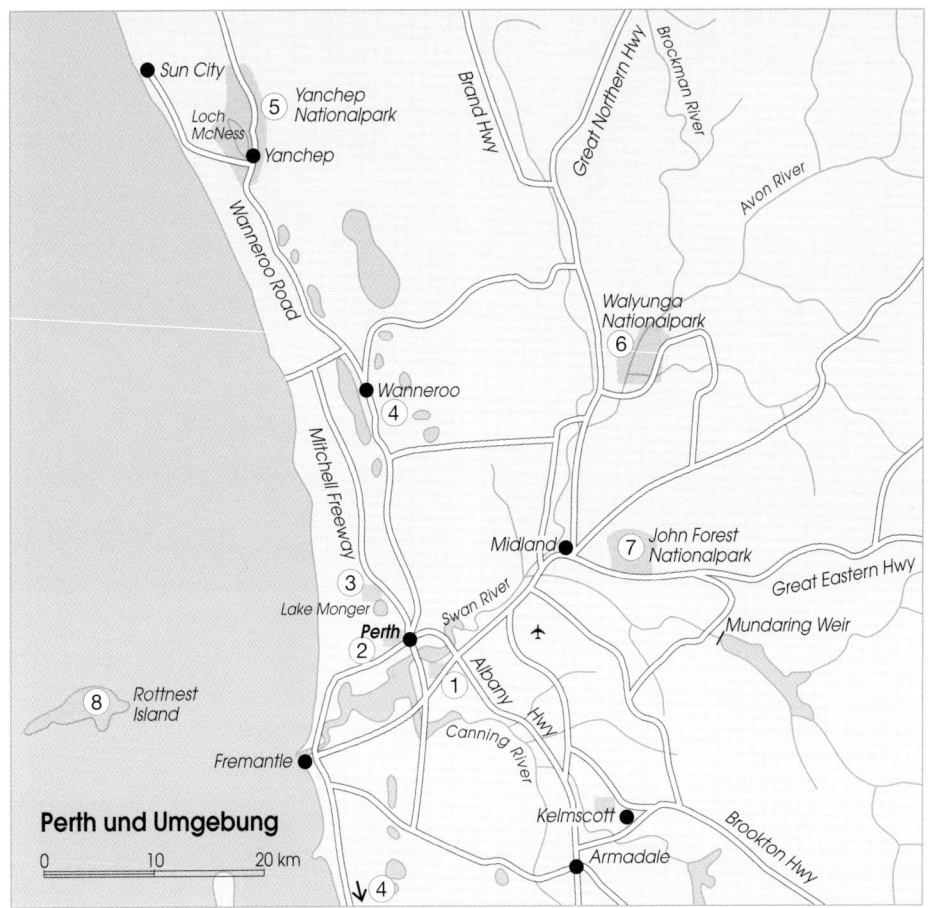

Perth und Umgebung

0   10   20 km

sperlinge, Stare oder Amseln schafften den Sprung über die Halbwüste der Nullarbor Plain ohne menschliche Nachhilfe nicht. Zwar ist die Beobachtung von Haustauben und gelegentlich sogar Stieglitzen nichts Ungewöhnliches, doch im allgemeinen dominieren einheimische Kulturfolger wie Spitzschopftauben (S. 145), Rotlappen-Honigesser, Neuhollandschwalben oder Gartenfächerschwänze (S. 116) die innerstädtische Vogelwelt. Perth eignet sich auch gut für die Beobachtung von Wasservögeln, zu deren auffälligsten Vertretern die bekannten Schwarzschwäne und die Brillenpelikane gehören. Zusammen mit verschiedenen Rallen-

und Entenarten wie z. B. Papuateichhuhn oder Augenbrauenente besiedeln sie den Swan River und die Seen der Stadt.

Im Gebiet unterwegs

Der in einen Park eingebettete **Perth Zoological Garden** ① liegt schräg gegenüber der City auf der anderen Seite des Swan River in South Perth. Er ist von der Barrack Street Jetty aus leicht mit einer Fähre zu erreichen und bietet eine gute Kollektion einheimischer Arten, ein Nachttierhaus, eine große Flugvoliere und verschiedene Seen.

Zwei Vertreter aus der großen Familie der Proteaceae: links ein Blütenstand der »Acorn Banksia«, rechts Blüten der *Grevillea wilsonii.*

Zu den wichtigsten Besuchspunkten in Perth gehört der über 400 ha große **Kings Park** ② direkt neben dem Stadtzentrum. Von dieser bereits 1872 begründeten Parkanlage am Mt. Eliza hat man wunderbare Ausblicke über die Stadt und den Swan River. Sie beherbergt außerdem den 17 ha großen Botanischen Garten mit über 1200 westaustralischen Pflanzenarten und einen ausgedehnten Sektor restaurierten Wald- und Buschlandes, durch den verschiedene Straßen und sehr gut beschilderte Naturlehrpfade führen. Besonders zur Zeit der Frühlingsblüte (September/Oktober) ist der Besuch des Kings Park für Pflanzen- wie Vogelliebhaber lohnend. Vogelfreunden sind außerdem Ausflüge zu den Seen in und um Perth anzuraten, zu deren bekanntesten der **Lake Monger** ③ gehört. Er liegt nordwestlich des Stadtzentrums im Stadtteil Wembley und zeigt ein gutes Spektrum von Wasservögeln, darunter auch die attraktiven Halsbandkasarkas. Die Vögel werden hier regelmäßig angefüttert und viele sind deshalb sehr zutraulich.

Andere Ziele für Naturinteressierte erfordern etwas längere Anfahrten:

<u>Penguin Island</u> ④: Die Insel beherbergt die größte Zwergpinguin-Kolonie Westaustraliens (500–700 Brutpaare); Besuchsmonate Oktober bis Mai, 45 Minuten südlich von Perth. Auf einer benachbarten Insel leben Australische Seelöwen. Geführte Touren werden angeboten.

<u>Yanchep Nationalpark</u> (2799 ha) ⑤: Dieses Schutzgebiet im Norden (51 km, Anfahrt über die Wanneroo Road) besitzt verschiedene Attraktionen: einen großen See (Loch McNess) mit Wasservögeln, Rundwanderweg und Bootsverleih, einen kleinen Tierpark mit einem guten Koala-Gehege, Tropfsteinhöhlen, einen kurzen Wanderweg in die durch einen Höhleneinbruch entstandene Boomerang Gorge und etwa 130 Vogelarten. Das Blütenmeer des Parks ist im Frühling wie zur »sommerlichen« Weihnachtszeit, wenn sich die orangefarbenen Blüten des »Westaustralian Christmas Trees« entfalten, durch-

Studien an den Quokkas trugen viel zum Wissen über Känguruhs bei.

»Westaustralian Christmas Trees« gehören zur Halbschmarotzer-Familie der Misteln.

aus sehenswert. Unabhängig von den Jahreszeiten ist das fast allabendliche Erscheinen Westlicher Grauer Riesenkänguruhs auf den Rasenflächen des nahegelegenen Golfplatzes.

Walyunga Nationalpark (1800 ha) ⑥: Der in den Westhängen der Darling Ranges etwa 40 km nordöstlich von Perth gelegene Nationalpark umschließt einen der letzten, unberührten Teile des Swan Valleys (Anfahrt über

Der tagaktive Ameisenbeutler (»Numbat«) ißt Ameisen und Termiten.

Melaleuca conothamnoides ist einer der zahlreichen australischen »Bottlebrushes«.

Die Zugänge zu den unterirdischen Nestern einiger australischer Ameisenarten gleichen Miniaturvulkanen. Sie können bis über einen halben Meter hoch sein.

den Great Northern Highway). An dieser Stelle lag bis ins späte letzte Jahrhundert eines der größten Lager der Ureinwohner in der Umgebung von Perth, über deren Geschichte und Gewohnheiten ein kurzer Wanderweg mit Begleitbroschüre nähere Auskunft gibt. Die offenen Hartlaubwälder des Parks werden dominiert von »Jarrah«, »Marri« und »Wandoo« (s. S. 182), den 3 häufigsten südwestaustralischen Eukalyptusarten der Darling Ranges. Unterwegs lassen sich auch viele der westaustralischen Vogelarten beobachten, darunter Weißohrkakadus, Gelbwangenrosellas oder die in den Trockengebieten häufigen Ringsittiche (S. 183), die ihren Zusatznamen »Twenty-Eight« ihrem charakteristischen Ruf verdanken.

John Forrest Nationalpark (1580 ha) ⑦: Nach nur 26 km erreicht man diesen ältesten westaustralischen Nationalpark am besten über den Great Eastern Highway. Von diesem zweigt dann eine Panoramastraße ab, die zu verschiedenen Aussichtspunkten (Blick über Perth) und zum Besucherzentrum des Parks führt. Dieses ist der Ausgangspunkt für Wanderwege zu verschiedenen Wasserfällen des kleinen Flüßchens Jane Brook. Im Unterwuchs der offenen »Jarrah«-Wälder des Parks

dominieren »Bull Banksias« und Grasbäume der Art *Xanthorrhoea preissii* neben vielen weiteren, im Frühjahr sehr blütenreichen Stäuchern, wie z. B. der blaulila blühenden *Hovea elliptica*. Beobachtungen von Westlichen Grauen Riesenkänguruhs, Irmawallabies oder Kleinen Kurznasenbeutlern sind nicht ungewöhnlich, und westaustralische Vogelarten wie der Buntkopf-Honigesser werden regelmäßig beobachtet. Zusammen mit anderen Honigesserarten ist er einer der Hauptbestäuber der ebenfalls im Park vertretenen Staatsblume Westaustraliens, der »Red and Green Kangaroo Paw« (S. 186).

Rottnest Island (1930 ha) ⑧: Die 18 km vor der Küste gelegene Insel Rottnest erhielt den Namen von ihrem Entdecker, dem Holländer Vlamingh (1696), der die dort beobachtete kleine Känguruart der Quokkas irrtümlich für riesige Ratten hielt. Tatsächlich gleichen die kurzschwänzigen, rundlichen Quokkas eher den Kaninchen und leben wie diese in selbstgegrabenen Tunnelbauten. Quokkas gibt es nur noch in wenigen Gebieten Australiens und ihre größte Kolonie lebt in einem Schutzgebiet auf Rottnest. Die zutraulichen Tiere sind hier vor allem in den späteren Nachmittagsstunden gut zu beobachten. Darüber hinaus bietet die Insel einige große Salzseen, die besonders in den Sommermonaten von verschiedenen Wasser- und Watvögeln besucht werden, und mehrere Paare regelmäßig brütender Fischadler. Vor allem entlang der Nord- und Ostküsten der Insel trifft man gelegentlich auf den Klippensittich, Rottnests einzige Papageienart. Die Verbindung der Ferieninsel zum Festland ist durch Fähren und Flugzeuge gesichert, das Hauptfortbewegungsmittel vor Ort sind Fahrräder, die man problemlos ausleihen kann.

Anreise: Siehe oben.

Klima
Temperaturen zwischen 18 °C und 30 °C im Sommer (Februar) und zwischen 9 °C und 17 °C im Winter (Juli); Niederschläge um 900 mm/Jahr hauptsächlich Mai bis August. Beste Reisezeit: Frühling (!) bis Herbst.

Adressen
▷ Western Australian Tourist Centre, Forrest Place & Wellington St., Perth WA 6000, Tel. (08) 9483 1111;
▷ Department of Conservation & Land Management (CALM), Head Office, 50 Hayman Road, Como, Perth, WA 6152, Tel. (08) 9334 0333;
▷ Ranger/Informationszentren der einzelnen Ausflugsziele: Perth Zoological Garden, Tel. (08) 9474 3551; Kings Park and Botanic Garden, Tel. (08) 9480 3600; Penguin & Seal Island Cruises, Tel. (08) 9528 2004; Yanchep-Nationalpark, Tel. (08) 9561 1004; Walyunga-Nationalpark, Tel. (08) 9571 1371; John-Forest. Nationalpark, Tel. (08) 9298 8344; Rottnest Island Visitor Centre, Tel. (08) 9372 9752; Fähren nach Rottnest, Tel. (08) 9335 6406.

Proteen

Proteen sind busch- bis baumgroße Hartlaubgewächse der Tropen und Subtropen. Ihre ausschließliche Verbreitung in Australien, Südafrika und Südamerika gibt einen Hinweis auf den Zusammenhang dieser Kontinente im ehemaligen Gondwanaland (s. S. 10). Die größte Vielfalt der australischen Proteen findet sich in der Südwestecke des Kontinents, wo gut ²/₃ der etwa 500 Arten heimisch sind. Die 4 häufigsten Gattungen wurden nach bekannten Botanikern des 18. und 19. Jh. benannt: *Banksia, Grevillea, Hakea* und *Dryandra*. Sicher zu unterscheiden sind sie nur während der Blütezeit. Typisch sind die meist zylinder- oder bürstenförmigen Blütenstände, an denen sich die vielen Einzelblüten drängen (vgl. Fotos S. 190). Ihre Farbenpracht und ihr Nektarreichtum wirken auf verschiedene Tiere anziehend. Vögel (besonders Honigesser) und kleine Beuteltiere (z. B. der Honigbeutler Südwestaustraliens, S. 183) sind neben Insekten die häufigsten Blütenbesucher und damit auch wichtige Bestäuber.

Blick in die Umgebung

In den Dünen und sandigen Ebenen der Küstenniederungen um Perth liegen viele spektakuläre Wildblumengebiete. So z. B. der **Moore River Nationalpark**, etwa 115 km nördlich (s. auch S. 221), oder der **Yalgorup Nationalpark**, 130 km südlich der Hauptstadt. Letzterer ist auch bekannt für den Wasservogelreichtum seiner Seen im Sommer.
Etwa 180 km nordöstlich von Perth liegen die **Wongan Hills**. Insbesondere die hier angesiedelte **Reynoldson Flora Reserve** ist ein beliebtes Ausflugsziel für die Beobachtung der westaustralischen Frühlingsblüte. Die Zeit von August bis Oktober ist hierzu am besten geeignet.

Ein häufiger Gast an Wasserstellen ist die Augenbrauenente.

28 Pilbara

Rauhes, dramatisches Land mit vielen Kontrasten und Farben; endlose, sanft gewellte Landschaft mit Termitenhügeln; stark verwittertes Urgebirge mit einer Reihe von tiefen Schluchten; Trockenvegetation der Plateaus; üppiges Grün am Grunde der Schluchten und um die Wasserstellen; Australische Trappen und Dingos; Gouldwaran als eine der größten Reptilienarten Australiens.

Die »Pilbara« umfaßt mit 500 000 km² den weiten Landstrich von der Küste bis zur Great Sandy bzw. Gibson Desert im Nordwesten Australiens, ein Gebiet von der Größe Frankreichs mit weniger als 100 000 Einwohnern! Bekannt für seine mörderische Sommerhitze und den Reichtum an Bodenschätzen ist dieses auf dem westaustralischen Schild (s. S. 10) gelegene Land ein Teil der vor Jahrmilliarden erkalteten Erdkruste, gekennzeichnet durch stark erodierte Rumpfgebirge und flache, aufsedimentierte Ebenen.

Rund 290 km südlich Port Hedlands zieht sich die Hammersley Range als eines dieser Uralt-Rumpfgebirge durch das Herz der Pilbara. Hartes Urgestein und spätere, metamorphisierte Sedimente bildeten das Rohmaterial, aus dem die Erosion in Jahrhundertmillionen durch tiefe Schluchten zerteilte, »bunte« Tafelberge modellierte. Eisenoxid hoher Konzentration, Crocidolit (Asbest), Kupfer und viele andere Mineralien bewirken ein »Festival der lebenden Farben«, was die Hammersleys bei Fotografen und Touristen so beliebt macht.

Die Schluchten, die den Hammersleys ihren Stempel aufdrücken, liegen am Nordrand des Gebirges, verlaufen meist in Süd-Nord-Richtung und sind bis zu 100 m tief. Jede hat ihren eigenen Charakter: In den meisten finden sich permanente Becken mit kühlem Wasser, umrundet von frischem Grün und in

manchen stürzen sogar Wasserfälle über harte Gesteinskanten, wie z. B. die Fortescue Falls in der Dales Gorge. Da der geringe Niederschlag von 250–400 mm pro Jahr niemals permanente Wasserläufe speisen könnte, handelt es sich hier um austretendes Grundwasser. Es wird aus unterirdischen Reservoirs nach oben gedrückt, die ein vermutetes ehemaliges Flußtal füllen. So fließen allein im Millstream-Gebiet nördlich der Hammersleys täglich über 30 Mio. Liter Was-

ser an die Oberfläche, formen Pools und Sumpfflächen und verschwinden später wieder. Die Ureinwohner nannten das fließende Wasser von Millstream »der Fluß, der von nirgendwo her kommt und nach nirgendwo hin fließt«. Mittels einer Pipeline werden heute die neu erbauten Küstenstädte Karratha, Dampier und Wickham mit Wasser aus Millstream versorgt.

Die reichen Bodenschätze der Hammersleys sind schon lange Zeit bekannt, aber erst in den 70er Jahren dieses Jh. begann der Abbau und Export von Eisenerz. Gold und Kupfer wurden bereits um die Jahrhundertwende, Asbest seit 1947 in der Wittenoom und Yam-

pire Gorge abgebaut. 1966 schloß man die Asbest-Minen und Teile des Gebietes sind heute wegen Asbeststaub nicht mehr zugänglich.

Im selben Jahr erfolgte die Gründung des **Karajini (Hammersley) Nationalparks**, der heute über 617 000 ha der schönsten Teile des Gebirges umfaßt und einer der größten Nationalparks von West Australien ist. Wenig später kamen auch 200 000 ha des **Millstream-Chichester-Gebiets** unter Nationalpark-Schutz.

Spinifex-Grasland bedeckt weite Flächen der Pilbara – wie hier, nördlich des Millstream-Chichester Nationalparks.

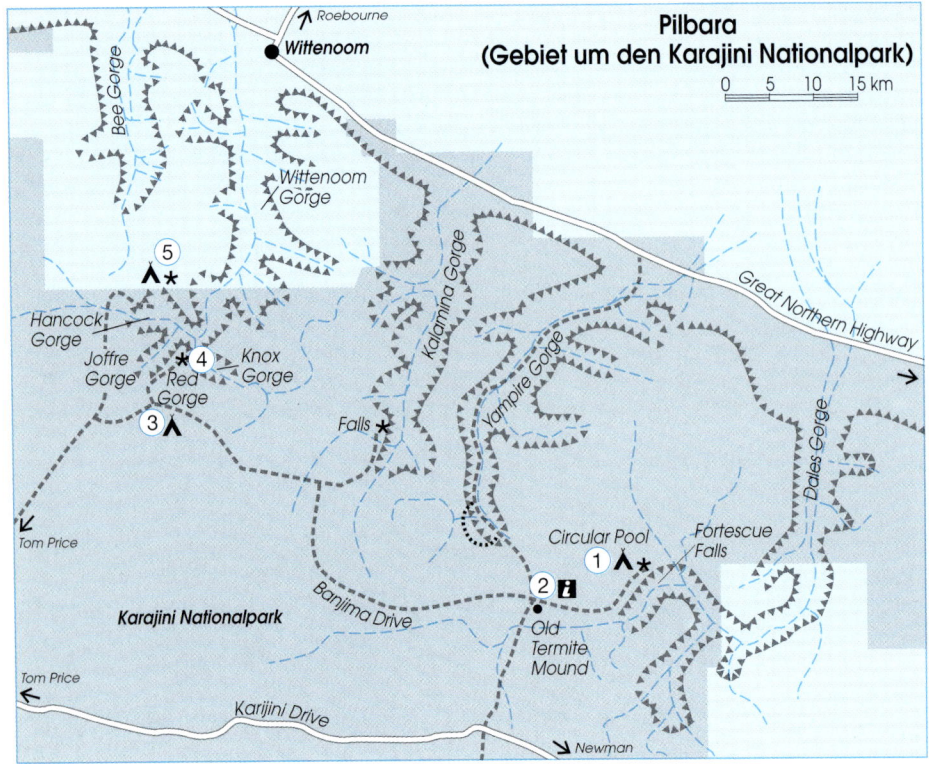

Pilbara
(Gebiet um den Karajini Nationalpark)

0   5   10   15 km

Roebourne

Wittenoom

Bee Gorge

Wittenoom
Gorge

Great Northern Highway

Kalamina Gorge

Hancock
Gorge

Joffre
Gorge

Knox
Gorge

Red
Gorge

Vampire Gorge

Dales Gorge

Falls

Tom Price

Circular Pool

Fortescue
Falls

Banjima Drive

Karajini Nationalpark

Old
Termite
Mound

Tom Price

Karijini Drive

Newman

Pflanzen und Tiere

Floristisch ist die Pilbara den nordwestaustra-
lischen Kimberleys (s. S. 201) verwandt.
Außerhalb der Flüsse und Schluchten
herrscht akaziendominierter Trockenbusch
(Mulga, s. S. 16) bzw. Spinifex-Grasland vor.
Letzteres überzieht die Ebenen mit einem
teilweise von Termitenhügeln aufgelocker-
ten, gelbgrünen Teppich. Auf mehr felsigem
Gelände findet man weißstämmige »Snappy
Gums«, »Corkwoods« und gelegentlich
»Northern Cypress Pines« (S. 91). Cassien
wie die Art Cassia ferraria sind für eisenerz-
haltigen Boden typisch und weit verbreitet.
Als Eisenerzindikator gilt bei Geologen auch
der für die Hammersleys endemische »Iron
Ore Tree«, ein etwa 2 m hoher Busch aus der
Familie der Araliaceae.

Die Flora der Schluchten erscheint wie aus
einer anderen Welt. In kühlen Nischen gedeihen Farne, z. B. der nur aus den Hammersleys bekannte Venushaarfarn, im Wasser der Tümpel wiegen sich Nixenkraut (Najas) und Laichkraut (Potamogeton). Die Ufer
umsäumen Fluß-Eukalypten (S. 36) und Papierrindenbäume (S. 88) der Art Melaleuca
leucadendron, die besonders im Millstream-
Chichester Nationalpark schöne Bestände
ausbilden. Dort findet man auch den einzigen Standort der Millstream-Livistona-Pal-
men (L. alfredii) an den Quellen des Fortescue River.
Die Tierwelt der Pilbara enthält einige interessante Arten; so verraten charakteristische
bis 9 m² große Hügel aus kleinen Steinchen
die Anwesenheit der »Pebble-Mound
Mouse«. Das zu den plazentalen Säugern

gehörende kleine Nagetier kommt nur hier vor und verbringt die Tageshitze in seinem selbst zusammengetragenen Bauwerk. Ebenfalls endemisch für Felsgebiete der Pilbara ist das Rothschild-Felsenkänguruh, das wie die weitverbreiteten Roten Riesenkänguruhs (S. 106) und Bergkänguruhs hauptsächlich in den Morgen- und Abendstunden beobachtet werden kann. Ab und zu gelingt die Beobachtung eines Dingos (S. 91). Im Millstream-Chichester Nationalpark existiert auch eine Kolonie von Schwarzen Flughunden (S. 205) bei der Millstream Station.

Vögel gehören jedoch zu den meistgesehenen Tieren der Region. Etwa 135 Vogelarten wurden allein im Hammersley Nationalpark festgestellt, darunter die seltenen Australischen Trappen, Rotschopftauben (S. 40), Gemalte Astrilde (S. 40), Nymphensittiche und Emus. Die Hammersley-Schluchten und die Pools um Millstream beherbergen wieder andere Arten wie z. B. Götzenlieste, die lang-

schwänzigen großen Fasankuckucke und verschiedene Wasservögel.

Eine der größten Echsen, der Gouldwaran, ist keine Seltenheit in der Pilbara. Er ist trotz großer Hitze tagaktiv, während die meisten anderen Echsen den Tag geschützt im stachligen Spinifex-Gras oder in Erdlöchern überstehen.

Im Gebiet unterwegs

Karajini (Hammersley) Nationalpark: Der Südteil des Parks ist unzugänglich; Besuche konzentrieren sich auf die Reihe der Schluchten im Norden. Sie sind vom Banjima Drive aus erreichbar, der vom Ort Tom Price über den Karajini Drive zum Great Northern Highway führt. Unter den Schluchten gibt es einige besonders empfehlenswerte:

Die Dales Gorge ① mit den Fortescue Falls und dem Circular Pool (einem 40 x 60 m großen Wasserbecken) beeindruckt vor al-

»Mulla Mullas« aus der Familie der Amaranthaceae sind typische Trockenpflanzen.

Heute sind Australische Trappen nur noch in wenigen Rückzugsgebieten zu finden.

Flußoase des Fortescue im Millstream-Chichester Nationalpark, gesäumt von Papierrindenbäumen.

lem durch den Kontrast; von der Hitze des Plateaus gelangt man in eine kühle, schattige Umgebung. Farne und Moose wachsen an den Wänden nahe dem Wasserfall, Gräser und Papierrindenbäume säumen die Ufer. Baden ist hier ein Vergnügen. Ein kurzer, teils in den Fels gehauener Weg führt vom Parkplatz auf dem Plateau in die Schlucht. Etwa 10 km von der Dales Gorge entfernt liegt das **Besucherzentrum** ②. Im weiteren Verlauf des Banjima Drives sollte man sich nicht den Blick auf die **Joffre Falls** ③ oder in die **Knox Gorge** ④ entgehen lassen (100 m bzw. 300 m vom Parkplatz). Auch ein Abstieg ist in beide Schluchten möglich, dazu müssen aber beschwerliche steile Wegstrecken und 2 bis 3 Stunden Zeit einkalkuliert werden.

Der Gouldwaran, eine auch in der Pilbara weitverbreitete, tagaktive Art, lebt wie alle Warane von Schlangen, Eidechsen und Kleinsäugern.

Tiefe Schluchten zerschneiden die Hammersley Range; im Foto die Dales Gorge.

Das **Schluchtennetz** ⑤ der Red, Weano, Hancock und Joffre Gorge kann vom Aussichtspunkt Oxer's Lookout eingesehen werden. Zumindest die 600 m Wegstrecke in die Weano Gorge sind anzuraten; der Weg ist gut ausgebaut, schattig und nicht zu steil. Die früher zugängliche Yampire Gorge und die Wittenoom Gorge sind wegen Asbestrückständen geschlossen.

Millstream-Chichester Nationalpark: Fahrten im Park beschränken sich auf die Durchgangsstraße und die Gegend um Millstream. Wanderungen sind entlang der Pools und beim Millstream Homestead möglich. Sonst existieren aber keine markierten Wege. Bei ausgedehnteren Fahrten oder Wanderungen sollte die Route in jedem Fall mit dem Ranger abgesprochen werden.

Emus sind, wie Afrikas Strauße, an weite Ebenen angepaßte Laufvögel.

Ein Paar der weitverbreiteten Braunfalken auf der Warte. Die Tiere können sehr unterschiedlich gefärbt sein.

Rinder und Fliegenplage (Beispiel eines ursächlichen Zusammenhangs)

Über 30 Mio. Rinder leben in Australien. Sie hinterlassen wöchentlich Hunderte von Millionen Kuhfladen. Eine sofortige Beseitigung der Exkremente ist in Australien nicht möglich, da die einheimischen Verwerter (z. B. Mistkäfer) nicht auf diesen Dung spezialisiert sind. Kuhfladen bleiben somit lange auf der Weide liegen und dienen Fliegenmaden als unerschöpfliche Futterquelle. Explosionsartige und ungehinderte Vermehrung der Fliegen ist die Folge.

Zur Bekämpfung der Plage wurden Mistkäfer aus Afrika importiert. Sie beseitigten zwar den Dung, aber die Fliegen wurden kaum weniger. Grund: Die Fliegen schlüpfen bereits im Frühjahr, die Käfer beginnen ihre Abbauarbeit aber erst im Sommer. Man sucht jetzt nach anderen Mistkäfern, die früher im Jahr zu arbeiten beginnen ...
Was aber geschieht mit dem Dung der Millionen Känguruhs? Anders als Rinder, produzieren Känguruhs kleine, wasserarme Kotkugeln, die von den australischen Mistkäfern leicht beseitigt werden können.

ACHTUNG: Die Pilbara ist ein semiarides, abgelegenes Outback-Gebiet und liegt im Hitzepol Australiens; deshalb Regeln auf S. 226 beachten!

Praktische Tips

Anreise
Vom North West Coastal Highway: über die Abzweigung bei Nanutarra westlich Port Hedland auf dem Great Northern Highway zu den Hammersleys (310 km).
Alternativ über den Millstream-Chichester Nationalpark: hierzu die Abzweigung östlich Roebourne nach Tom Price (400 km). Dies ist die landschaftlich schönste Strecke.
Vom Great Northern Highway aus Süden kommend die Abzweigung Richtung Tom Price nehmen. Karte: RAC West Australia, Perth – Port Hedland.

Klima/Reisezeit
Die Pilbara ist die heißeste Region Australiens (s. S. 14); im Sommer (November bis März) sind Temperaturen über 40°C normal, auch der Jahresniederschlag (250–400 mm) fällt zu dieser Zeit und die Küstengegenden sind zyklongefährdet. Beste Reisezeit: Die angenehm warmen »Winter-« und Übergangsmonate April bis Oktober. Tageshöchsttemperaturen dann um 25°C, die Nächte sind allerdings empfindlich kühl!

Unterkunft
Motels und Campingplatz in Tom Price, ebenso beim Auski Roadhouse am Great Northern Highway.
Campingplätze an den meistbesuchten Schluchten der Hammersleys, z.B. Weano und Dales Gorge.
Zwei einfache Campingmöglichkeiten bei Deep Reach Pool und Crossing Pool im Millstream-Chichester Nationalpark. Andere Campingplätze auf der Millstream Station und beim Snake Creek.

Adressen
Department of Conservation & Land Management (CALM):
▷ Head Office, 50 Hayman Road, Como (Perth), WA 6152, Tel. (08) 9334 0333;
▷ CALM Regional Office, SGIO Building, Welcome Road, P. O. Box 835, Karratha 6714, Tel. (08) 9143 1488;
▷ Karratha Tourist Bureau, Lot 4548, Karratha Road, Karratha 6714, Tel. (08) 9144 4600;
▷ Karajini National Park, P. O. Box 29, Tom Price WA 6751, Tel. (08) 9189 8157.

29 Geikie und Windjana Gorge

Spektakuläre Schluchten eines großen, paläozoischen Korallenriffs; bis zu 350 Mio. Jahre alte Fossilien; eindrucksvolle Baobab-Baumriesen in den umgebenden Termitensavannen; große Kolonien von Schwarzen Flughunden; über 130 Vogelarten, darunter Nacktaugenkakadus und Harlekintauben; zahlreiche Süßwasserkrokodile; Sägefische, Stachelrochen und Schützenfische.

Zu den geologisch und biologisch interessantesten Regionen der West-Kimberleys im Norden Westaustraliens gehören die exponierten Teile eines fossilen Korallenriffs östlich von Derby. Verschiedene Flüsse gruben hier tiefe Schluchten in den Kalkstein und erlauben einen Blick zurück in die Erdgeschichte. Darüber hinaus bilden ihre Wasser einen einmaligen Lebensraum für einige ehemalige Meeresbewohner unter den Fischen. Die 3 wichtigsten Regionen dieses Gebiets wurden deshalb zu Nationalparks erklärt: **Geikie Gorge** (3136 ha), **Windjana Gorge** (2134 ha) und **Tunnel Creek** (91 ha). Im Devon (vor etwa 350 Mio. Jahren) waren weite Teile der Kimberleys von einem warmen tropischen Meer überflutet. So auch das Canning Basin südöstlich von Derby, an dessen nördlichem Rand sich ein 20 bis 30 km breiter Riffkomplex ausbildete. Das Riff verlief entlang des Basins und folgte dann wahrscheinlich in weitem Bogen der heutigen Kimberley-Küstenlinie bis in die Gegend von Kununurra (s. Karte). Dies entspricht einer Gesamtausdehnung von etwa 1500 km. Hauptriffbildner waren Kalkalgen, Korallen und Stromatoporen (ausgestorbene, mit einem massigen Kalkskelett versehene Hydropolypen des Erdaltertums), die sich dem allmählichen Absinken des Meeresbodens in ihrem Höhenwachstum anpaßten. Stellenweise bildeten sich so mehrere hundert Meter mächtige Kalksteinschichten aus. Die heutigen bis zu 100 m Höhe ansteigenden Bergketten der Oscar, Geikie und Napier Ranges stellen nur die Spitze des ehemaligen Korallenriffs dar.

Gewaltige wasserspeichernde Baobabs prägen die Landschaft der Kimberleys.

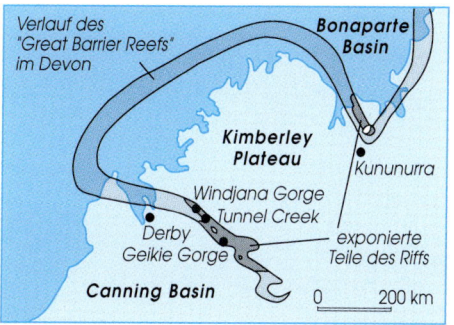

Verlauf des "Great Barrier Reefs" im Devon

Bonaparte Basin

Kimberley Plateau

Kununurra

Windjana Gorge
Tunnel Creek

Derby
Geikie Gorge

exponierte Teile des Riffs

Canning Basin

0   200 km

Wand der Geikie Gorge. Das weiße Band markiert den Hochwasserstand.

Verschiedenste Fossilien aus den Zeiten der Riffbildung sind heute in den Schluchtwänden zu bewundern.

Geikie und Windjana Gorge unterscheiden sich in ihren Ausmaßen (Windjana: 3,5 km lang und bis 90 m tief, Geikie: 14 km lang und Wandhöhen bis 30 m), vor allem aber in der Wasserführung. Während der die Windjana Gorge durchfließende Lennard River in der Trockenzeit zu einer Kette von Wasserlöchern austrocknet, garantiert das mit knapp 90000 km² riesige Einzugsgebiet des Fitzroy Rivers eine permanente Fließwasserversorgung der Geikie Gorge. In der Regenzeit lassen die flutartig anschwellenden Wassermassen hier den Wasserspiegel gelegentlich sogar bis zu 16 m über das Trockenzeitniveau ansteigen.

Pflanzen und Tiere

Entlang der Wasserläufe in den Schluchten ziehen sich üppige Galeriewälder. Der Baumbewuchs besteht neben Fluß-Eukalypten (S. 36) hauptsächlich aus Papierrinden-

bäumen (S. 88) und »Leichhardt Pines«. Schraubenpalmen der Art *Pandanus aquaticus* (S. 26), leicht erkennbar an ihren ananas-ähnlichen Früchten, sowie die in Nordaustralien verbreiteten Süßwassermangroven mit ihren hängenden Bündeln roter Blüten tragen ebenfalls zur Ufervegetation bei. Außerhalb der Schluchten herrscht die für die Kimberleys charakteristische offene Savannenvegetation vor, wobei die gewaltigen Baobabs unübersehbare Akzente setzen.

Gelegentlich auch am Tage aktiv: der Rotrücken-Nachtreiher.

Blick über die langsam austrocknenden Wasserlöcher am Eingang der Windjana Gorge.

Die häufigsten Säugetiere der Parks sind Schwarze Flughunde, deren Gesamtzahl hier in die Zehntausende geht. Besonders eindrucksvoll ist ihr allabendlicher Ausflug aus den Schluchten, wo ihre Kolonien tagsüber jederzeit unverkennbar »erschnüffelt« werden können. Für die Beobachtung von z. B. Flinkwallabies (S. 209) oder den seltenen Zwergfelsenkänguruhs oder Nabarleks braucht man dagegen eine gute Portion Glück.

Die ungewöhnliche Jagdmethode der Schützenfische machte sie weltweit bekannt.

In der Vogelwelt sind besonders die Wasservögel stark vertreten. Verschiedene Ibisse, Kormorane, Reiher und der Schlangenhalsvogel (S. 62) suchen neben Weißbauchseeadlern (S. 30) entlang der Schluchten nach Nahrung. Die Windjana Gorge wird außerdem häufig von großen Schwärmen der Nacktaugenkakadus (S. 105) »heimgesucht«, die einige Bäume am Eingang der Schlucht zu ihren Schlafbäumen erkoren haben. Aber auch in den trockeneren Termitensavannen der Umgebung lassen sich interessante Arten beobachten, darunter die auffällig bunte Harlekintaube oder der winzige Purpurkopf-Staffelschwanz.

Auf den Sand- bzw. Felsbänken der Schluchten sind häufig Süßwasserkrokodile (s. S. 61) zu sehen. Unter Wasser findet man in der Geikie Gorge auch Sägefische und Stachelrochen, deren marine Vorfahren 300 km über den Fitzroy River einwanderten bzw. isoliert wurden, als sich das Devon-Meer zurückzog. Dasselbe gilt für den in beiden Schluchten vorkommenden Schützenfisch, einer sonst im Brackwasser der nördlichen Küsten

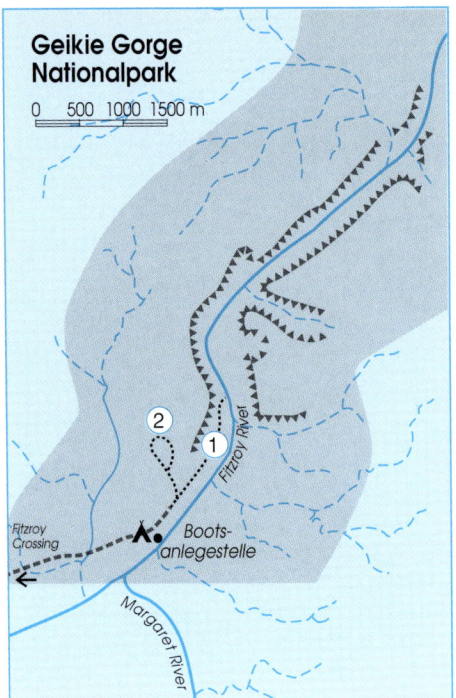

Geikie Gorge Nationalpark

0 500 1000 1500 m

Fitzroy River

Fitzroy Crossing

Boots-anlegestelle

Margaret River

② ①

lichkeiten zur Beobachtung von geologischen Formationen, Süßwasserkrokodilen, Wasservögeln und den in der Ufervegetation kopfunter rastenden Schwarzen Flughunden. Eigene Boote dürfen ebenfalls benützt werden, sind aber Beschränkungen während der Hochsaison unterworfen.

Für eine Erforschung zu Fuß ist die **Windjana Gorge** der bessere Ort. Der etwa 3,5 km lange Weg entlang des Schluchtbodens ③ erlaubt ausgezeichnete Vogel- und Flughundbeobachtungen. Auch Süßwasserkrokodile sind oft auf Sandbänken entlang der Wasserlöcher zu finden. Im »Classic Face«, einem so bezeichneten Teil der Schluchtwand, ist die Struktur des ehemaligen Riffs besonders gut zu erkennen. Die ersten 400 m dieses Wanderweges sind als »Nature Trail« in einer beim Ranger erhältlichen Broschüre beschrieben.

Sehenswert sind auch die Tropfsteinformationen in den Höhlen des je nach Wasserstand begehbaren, unterirdischen Teils des **Tunnel Creek** unweit der Windjana Gorge.

lebenden Art. Mit Geduld kann man beobachten, wie jagende Schützenfische durch einen gezielten Wasserstrahl Insekten von Blättern, Halmen oder sogar im Flug »abschießen«.

Im Gebiet unterwegs

Die Bewegungsmöglichkeiten für Wanderer sind in der **Geikie Gorge** beschränkt, da eine 200 m tiefe Schutzzone entlang des Fitzroy Rivers nicht betreten werden darf. Nur am Westufer beim Parkplatz stehen 2 kurze Wanderwege zur Verfügung. Der eine führt vom Campingplatz entlang des Flusses zur Westwand der Schlucht ①, der andere ist ein Rundweg über die Schluchtwand und das Plateau ②. In die Schlucht selbst kommt man nur per Boot. Hierzu bietet die Nationalparkverwaltung täglich etwa 2 Stunden dauernde, kommentierte Fahrten auf Flachbooten an. Unterwegs ergeben sich gute Mög-

Praktische Tips

Anreise
Geikie Gorge: Von Derby über den Great Northern Highway nach Fitzroy Crossing (255 km), nach der Abzweigung noch etwa 20 km Piste bis zum Eingang der Schlucht.
Windjana Gorge: Von Derby über den Great Northern Highway bis zur Abzweigung 43 km vor Fitzroy Crossing, von dort etwa 150 km Piste vorbei am **Tunnel Creek** zur Schlucht; oder: von Derby über die Gibb River Road (relativ gute Schotterstraße), Abzweigung nach 140 km, dann noch etwa 20 km Piste.

Klima/Reisezeit
Tropisches Monsunklima, Hauptniederschläge im Sommer (November bis März), um 500 mm/Jahr; ganzjährig hohe Temperaturen um durchschnittlich 28 °C. Beste und einzig mögliche Reisezeit: Die trockenen

Schwarze Flughunde zählen zu den größten ihrer Familie. Ihre Nahrung sind Früchte. Links ein Exemplar in Ruhestellung, rechts im Flug.

Wintermonate von (frühestens) April bis Oktober; während der Regenzeit sind die Parks gesperrt.

Unterkunft

Je ein Campingplatz am Eingang von Geikie und Windjana Gorge (während der Regenzeit geflutet); Motels in Fitzroy Crossing und Derby.

Adressen

▷ Derby Tourist Bureau, Clarendon Street, Derby, P. O. Box 48, Tel. (08) 9191 1426;
▷ Fitzroy Crossing Tourist Bureau, Flynn Drive, Fitzroy Crossing WA 6765, Tel. (08) 9191 5355;
▷ Geikie Gorge, Tel. (08) 9191 5121;
▷ Windjana Gorge, Tel. (08) 9193 1411.

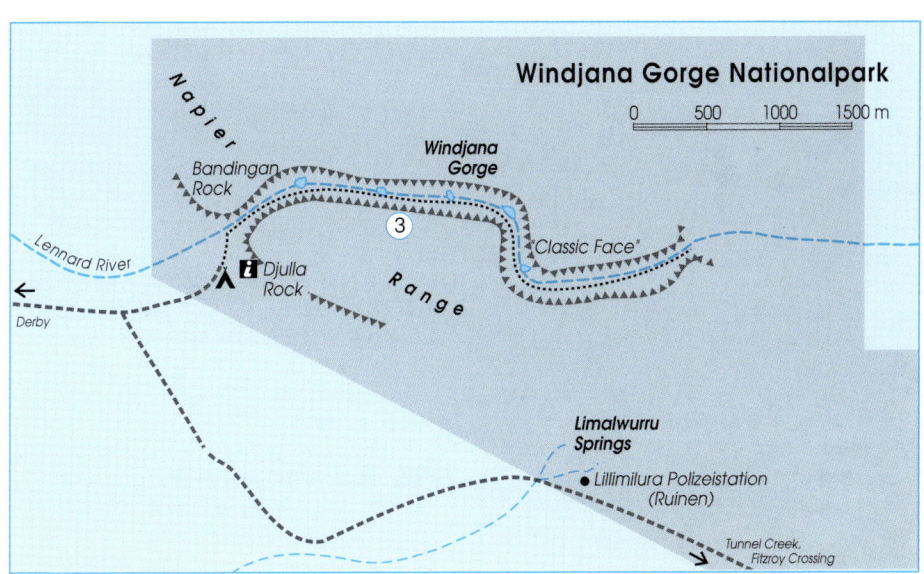

30 Purnululu (Bungle Bungle) Nationalpark

Von trockenen Savannen und Grasländern umgebene »Mondlandschaft« steilaufragender Felsendome und -kuppeln; auffällige, horizontale Tigerstreifen vor allem im südlichen Teil (»Bienenkörbe«); erfrischendes Grün in den schmalen Oasen der steilen, roten Schluchten; Lebensraum einiger Kimberley-spezifischer Vogelarten wie Weißspiegeltaube und Braunbrustgudilang.

Bis vor wenigen Jahren verharrte das Felsenmeer der Bungle Bungles versteckt im wilden, unzugänglichen Land der Ost-Kimberleys, derjenigen nördlichen Region Australiens, die oft als »letzte Grenze« des Landes bezeichnet wird. Obwohl nur 250 km südlich Kununurra nahe des Great Northern Highway gelegen, wurde dem 1879 erstmals von Weißen gesichteten Gebirgszug zunächst kaum Aufmerksamkeit geschenkt. Unfruchtbarer Boden und extremes Klima erlaubten nur eine eingeschränkte Nutzung des Gebiets als Viehweide, und selbst der Ende der 1970er Jahre beginnende Ausbau der Argyle-Diamantenmine nur 70 km nördlich änderte nichts an diesem Dornröschenschlaf. Erst 1982 wurde die Felslandschaft durch den eher zufälligen Besuch eines australischen Fernsehteams als Wunder der Natur wiederentdeckt und ist heute die Hauptattraktion des 1987 erklärten Purnululu (Bungle Bungle) Nationalparks.

Innerhalb des 320 000 ha großen Schutzgebietes, bestehend aus Nationalpark (210 000 ha) und einer 110 000 ha großen »Conservation Area«, nimmt das eigentliche Massiv der Bungle Bungles ein nur kleines Areal von etwa 45 000 ha ein. Mehrere hundert Kuppeln, Pagoden und Pyramiden ragen bis über 300 m aus den umgebenden Ebenen auf und vermitteln das Bild einer gigantischen Ruinenstadt am Ende der Welt. Der Eindruck der Verlassenheit wird durch die Weite der Savannen und Grasländer des kargen Umlandes noch verstärkt.

Die Bungle Bungles, Überreste einer etwa 350 Mio. Jahre alten mächtigen Schicht von Meeressedimenten, sind ein sehr empfindliches Gebilde. Ihr Hauptbestandteil ist ein weicher, weißlicher Sandstein, der im Norden von Konglomeratbändern durchzogen wird. Langwährende Erosion, vor allem der Wechsel zwischen den heftigen Niederschlägen der Regenzeit und der völligen Austrock-

Hohe *Livistona*-Palmen säumen den Zugang zur engen Schlucht der Echidna Chasm.

Die Bungle Bungles aus der Luft – eine grandiose Schöpfung der Natur.

nung im Rest des Jahres, modellierte die heutigen »rundlichen« Formen des Massivs. Besonders an den »Bienenkörben« im Südteil der Bungles fällt ein horizontales schwarz-orangenes Streifenmuster ins Auge. Die orangefarbenen Streifen werden durch Silikate gebildet, die sich – vom Regenwasser aus dem Gestein gelöst – als »Haut« wieder an der Gesteinoberfläche ablagern. Die schwarz-silbrigen Streifen bestehen aus Flechten der Art *Microthelia aterrima*. Beide bilden eine Schutzschicht, die den Angriff der Erosion auf den darunterliegenden weichen Sandstein wesentlich verzögert.

Für die Ureinwohner besaß und besitzt das Gebiet vor allem als Beerdigungsstätte Bedeutung. Auch einige Zeremonialplätze und Felsmalereien finden sich in den abgelegeneren Teilen des Gebirges. Da bereits einige Knochen aus den leichter zugänglichen Gräbern als »Andenken« mitgenommen wurden, mußte diese Region für den Publikumsverkehr geschlossen werden. Die Ureinwohner-Gemeinschaft von Purnululu ist heute maßgeblich an allen Entscheidungen zum Parkmanagement beteiligt.

Pflanzen und Tiere

Eine erste umfassende Untersuchung der Tier- und Pflanzenwelt des Purnululu Nationalparks wurde erst 1989 durchgeführt. Sie ergab eine Liste von 619 Pflanzen-, 41 Säugetier-, 81 Reptilien-, 12 Amphibien- und 15 Fischarten (!).

Vor allem am Ausgang der tieferen, schattigen Schluchten findet sich eine relativ üppige Vegetation. Hier wachsen u. a. eine für die Bungles spezifische Art von *Livistona*-Palmen, Felsfeigen, Sandpapierfeigen oder so zarte Gebilde wie die Wilde Passionsblume. Ihre Wasserversorgung ist durch die heftigen Regen des Sommers gesichert, wenn große Wasserfälle in den Schluchten zu Tal stürzen. Außerhalb der Steinwelt der Bungles beherrschen Gräser das Bild: Kissen von Spinifex-Gräsern (S. 16, 195) wechseln mit kleineren, z. T. meterhohen Beständen verschie-

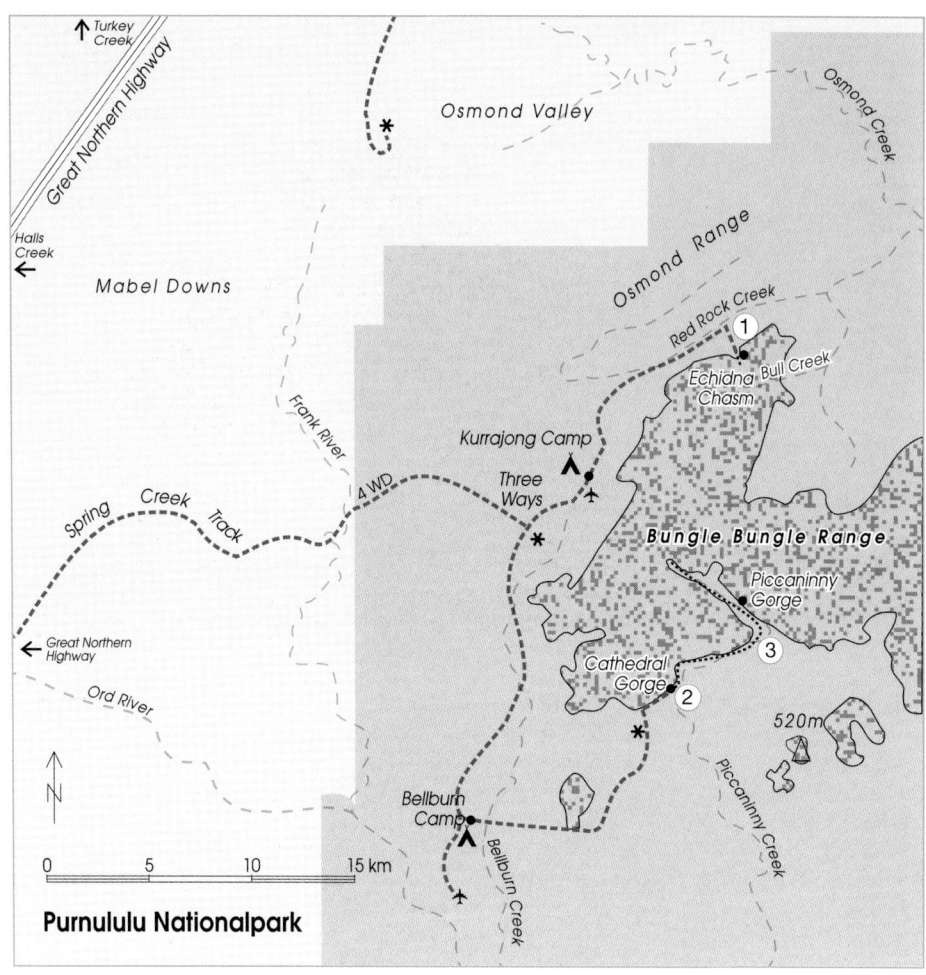

Turkey Creek

Great Northern Highway

Osmond Valley

Osmond Creek

Halls Creek

Mabel Downs

Osmond Range

Red Rock Creek

Frank River

Echidna Chasm

Bull Creek

1

Kurrajong Camp

Three Ways

Bungle Bungle Range

Spring Creek Track

4WD

Piccaninny Gorge

Great Northern Highway

Cathedral Gorge

3

Ord River

2

520m

N

Bellburn Camp

Piccaninny Creek

0   5   10   15 km

Bellburn Creek

Purnululu Nationalpark

dener »Rohr«-Gräser *(Sorghum)* und Speergras. Der Name dieses letzteren leitet sich
von seinen spitz zulaufenden, mit Wider-
haken versehenen Samen ab, die sich wie
ein Speer in die Kleidung bohren und so die
Verbreitung der Art sichern. Auffällig sind
auch die großen Bestände des »Snow Bush«,
dessen losgelöste weiße Blütenkugeln den
roten Boden stellenweise wie Schnee überdecken. Unter den Bäumen findet man z. B.
den Kohlkopf-Eukalyptus, die »Native Bauhinia« sowie verschiedene Proteen- und
Akazienarten.

Die Bestandsdichte an größeren Säugetieren
schwankt mit dem Nahrungsangebot bzw.
der Dauer und Ausgiebigkeit der Regenfälle.
Vertreten und gelegentlich zu sehen sind vor
allem kleinere Känguruharten wie Nördliche
Nagelkänguruhs oder Flinkwallabies. Unter
den 147 Vogelarten finden sich einige nördliche Spezialitäten wie die besonders in der
»Bienenkorb«-Region der Bungles gut zu beobachtende Weißspiegeltaube oder der un-
auffälligere Braunbrustgudilang. Außerdem
bevölkern Rotschopftauben (S. 40) und verschiedene Prachtfinkenarten das umgebende

Grasland. Erstaunlicherweise findet man aber auch einige Wasservögel (z. B. Weißwangenreiher) im Park. Sie nutzen das Gelände im heißen, feuchten Sommer.

Im Gebiet unterwegs

Der zur Zeit einzige Zugang zum Sandsteinmassiv der Bungles ist eine abenteuerliche Piste, die vom Great Northern Highway abzweigt. Sie kann nur mit Allradfahrzeugen großer Bodenfreiheit befahren werden und ist selbst schon ein einmaliges Erlebnis. Allerdings soll eine unweit des Bellburn-Campingplatzes im Süden der Bungles entstandene zweite Flugpiste in naher Zukunft auch für den kommerziellen Flugverkehr geöffnet werden. Der Eintritt in den Nationalpark (plus »camping permit«) kostet 20 AUD pro Fahrzeug und wird vom Ranger vor Ort abkassiert. In der Regenzeit ist der Park weitgehend unzugänglich und meist von Januar bis März ganz geschlossen. Im Gebiet selbst sind der Kurrajong und der Bellburn Campingplatz am westlichen Rand der Bungles Ausgangspunkte für alle Besichtigungen.

Vom Kurrajong Campingplatz erreicht man nach 15 km Rüttelpiste Richtung Norden den Parkplatz bei der **Echidna Chasm** ①. Von hier

Einer paßt immer auf: Flinkwallabies sind stets zur schnellen Flucht bereit.

Eine zarte, »gefiederte« Blüte der Wilden Passionsblume.

kann man eine kurze, schöne Fußwanderung (1,5 km) in die Schlucht unternehmen. Steil aufragende, rote Felswände, *Livistona*-Palmen und eventuell eine Laube des Graulaubenvogels (S. 100) sind die Hauptattraktionen. Tip: Am Spätnachmittag bzw. beim Sonnenuntergang sind hier die Farben besonders intensiv.

Vom Bellburn Campingplatz im Süden führt eine z. T. schwierige Piste über 15 km zum Parkplatz beim **Piccaninny Creek**. Hier liegt das zentrale Gebiet der »Bienenkörbe«, in dem die Tigerstreifen der Kuppeln besonders gut zu sehen sind.

Der nur 2,5 km lange Rundweg zur **Cathedral Gorge** ② ist unbedingt empfehlenswert und sehr beeindruckend. Interessantes am Weg sind z. B. auch einige Termitenhügel, die von ihren Erbauern wohl zum Schutz vor den Fluten der Regenzeit auf die Felsen verlegt wurden. Tip: Die beste Tageszeit ist hier der Vormittag.

Zum Schutz vor Flutwellen? Termiten bauen in den Bungles oft in Hanglage.

Der Weg zur **Piccaninny Gorge** ist länger und anstrengender (18 km) ③ und sollte nur von erfahrenen Wanderern in Angriff genommen werden.

ACHTUNG: Klettertouren sind wegen der zerbrechlichen Struktur der Felsen nicht erlaubt, und Fußwanderungen sollten auf den frühen Vormittag oder den Spätnachmittag verlegt werden, da die Tagestemperaturen auch im »kühlen Winter« durchaus 40 °C überschreiten können. Eine vollständige Outback-Ausrüstung (s. S. 226), vor allem aber Wasser sollte in den Park mitgebracht werden und den Besucher auch auf allen Wegen begleiten.

Wem all diese Unternehmungen etwas zu abenteuerlich für einen Selbstversuch erscheinen, der kann sich einer organisierten Tour (meist 2–3 Tage, verschiedene Veranstalter in Kununurra oder Halls Creek) anschließen.

Ein Besuch der Bungle Bungles sollte aber in jedem Fall mit einem Flug kombiniert wer-

Auf dem Weg zur Cathedral Gorge findet man große Bestände der *Grevillea wickhamii*. Sie blühen am Ende der Regenzeit.

Buschbrände sind normale Erscheinungen in Australiens Trockengebieten.

Nach einem Brand zeigen Pflanzen ihre Fähigkeit zur schnellen Wiederbegrünung. Links Neuaustrieb an den Zweigen, rechts an der Stammbasis.

Feuerpflanzen

Einige der extremsten Anpassungen, zu denen Pflanzen fähig sind, zeigt die in Australien besonders stark vertretene ökologische Gruppe der Pyrophyten (griechisch für Feuerpflanzen). Für ihren Entwicklungs- und Vermehrungszyklus sind Buschbrände sogar lebensnotwendig. Einige Beispiele:

☐ Harte Fruchtkapseln springen erst durch Feuerhitze auf und geben die Samen frei *(Hakea, Banksia, Eucalyptus)*. Feuer reinigt zudem das Terrain vom verfilzten Unterwuchs, und Asche düngt den Boden. Somit entstehen Wachstumsmöglichkeiten für neue Keimlinge.

☐ Unter der schützenden Rinde liegende Wachstumsknospen sichern den Neuaustrieb der Bäume nach einem Brand. Die Wiederbegrünung der Zweige und die Bildung neuer Triebe aus der Stammbasis erfolgt sehr schnell (vgl. Fotos S. 211).

☐ Grasbäume wachsen extrem langsam mit nur wenigen cm/Jahr. Nach einem Feuer wurde ein bis zu 5mal schnelleres Wachstum festgestellt.

Eukalypten (im Foto die Blüten) sind in allen Lebensräumen Australiens zu Hause.

den. Während am Boden die Mächtigkeit beeindruckt, kann nur aus der Luft die riesige Ausdehnung und die Harmonie dieses steinernen Kolosseums erfaßt werden. Rundflüge mit kleinen Maschinen werden von Kununurra und Halls Creek aus angeboten, Helikopterflüge auch von der Notlandepiste nahe dem Kurrajong Campingplatz.

Praktische Tips

Anreise
Einzige Zufahrt über den Spring Creek Track, der 250 km südlich von Kununurra bzw. 110 km nördlich von Halls Creek vom Great Northern Highway abzweigt.

Klima/Reisezeit
Trockenes Monsunklima; Hauptregenfälle (um 680 mm/Jahr) im Sommer (November bis März), Temperaturmaxima dann häufig bis über 40°C; trocken und etwas weniger heiß im Winter (mit kalten Nächten bis unter 10°C). Beste und einzig mögliche Besuchszeit: April bis Oktober, wobei besonders die Übergangsmonate interessant sind (gute Beobachtungsmöglichkeiten für Vögel und Blütezeit vieler Wildblumen).

Unterkunft
Zwei einfache Campingplätze (Bellburn und Kurrajong Camp) am Westrand des Bungle Massivs (Benutzungsgebühren im Eintrittsgeld enthalten); Hotels bzw. Motels in Kununurra und Halls Creek.

Adressen
▷ Kununurra Tourist Bureau, Coolibah Drive, Kununurra WA 6743, Tel. (08) 9168 1177;
▷ Purnululu-Nationalpark: Department of Conservation and Land Management (CALM), Messmate Way, Kununurra WA 6743, Tel. (08) 9168 0200.

Nebenreiseziele

N 1 Litchfield Nationalpark

65 700 ha des Sandsteinplateaus der Table-
top Range gehören zu diesem rund 100 km
südlich Darwin liegenden Nationalpark. Er
zeichnet sich durch Wasserfälle am Plateau-
abbruch (Wangi-, Tolmer- und Florence
Falls) und Schluchten inmitten der typischen
Trockenwaldvegetation des Top Ends
(s. S. 26) aus und ist für informative Buschwanderungen geeignet. Sehr gut können hier
die Bauten der Magnettermiten sowie anderer spektakulärer Termitenarten (Fotos unten
und S. 214 oben) beobachtet werden.
Zufahrt über den Stuart Highway, Abzweigung Batchelor; für Fahrten abseits der
Hauptstraßen ist Allradantrieb erforderlich.
In der Regenzeit sind die meisten Wege gesperrt. Einige Campingplätze im Park.

N 2 Lawn Hill Nationalpark

Der 12 200 ha große Park liegt im »Savan-
nah-Gulf Country«, einem der abgelegensten
und rauhesten Teile des Outbacks von Nord-
west-Queensland. Zentrum des Schutzgebietes ist die vom ganzjährig wasserführenden
Lawn Hill Creek in die Kalkterrassen und
Sandsteine der Constance Range eingeschnittene, gleichnamige Schlucht, die sich
wie eine grüne Schlange durch das ein-
tönige, trockene Spinifex-Grasland (S. 16)
der umgebenden Plateaus windet. Die mehrere Kilometer lange und bis zu 60 m tiefe,
palmenbewachsene Lawn Hill Gorge ist von
landschaftlich einmaliger Schönheit (Foto
S. 214 unten). Außerdem bietet der Park
knapp 30 Säugetierarten (darunter die hier
häufigen Roten Riesenkänguruhs, S. 106),

Bauten der Magnettermiten im Litchfield Nationalpark. Die Ausrichtung ihrer Längsachse in Nord-Süd-Richtung
gewährleistet optimale Sonnenbestrahlung. Stärkere Erwärmung morgens und abends sowie weitgehender
»Sonnenschutz« zur Mittagszeit erleichtern die Thermoregulation im Inneren.

Manche Termitenarten des australischen Nordens bauen bis zu 8 m hohe Kathedralen.

über 130 Vogelarten sowie verschiedene Felsmalereien und -ritzungen der Ureinwohner.

Das Schutzgebiet ist vom Bergbauzentrum Mt. Isa im Süden über rund 400 km, von Burketown am Golf von Carpentaria im Norden über 220 km Pisten zu erreichen (Allrad und volle Outback-Ausrüstung, s. S. 226). Es besitzt einen komfortablen Campingplatz, eine Rangerstation und auch eine kleine Flugpiste. Einzig mögliche Besuchszeit sind die trockenen Wintermonate von Mai bis Oktober.

N 3 Chillagoe—Mungana Caves Nationalpark

Ausgangspunkt für den Besuch dieses mit laubwerfendem Trockenbusch bestandenen Karstgebietes ist das etwa 215 km westlich von Cairns (Nordost-Queensland) gelegene Städtchen Chillagoe. Bis zu 70 m hoch aufragende, bizarre Kalksteintürme und große Tropfsteinhöhlen sind die Hauptattraktionen des insgesamt etwa 1800 ha großen, 9-teiligen Nationalparks. Die ausgedehnten Höhlensysteme bieten Lebensraum für mindestens 6 Fledermausarten, von denen 3 fest angesiedelt sind. Auch brüten hier, zwischen November und Februar, die wie die Fledermäuse mit einem Echolotsystem ausgerüsteten Moosnest-Salanganen.

Einige der Höhlen können im Alleingang (Taschenlampen!), andere nur im Anschluß an geführte Touren besucht werden. Aktuelle Auskünfte über besuchbare Höhlen gibt der Ranger in Chillagoe. Unterkünfte in Chillagoe (Lodge, Hotels, Campingplätze) und Campingmöglichkeiten im Nationalpark.

◁ Blick auf die blauen Wasser der Flußoase der Lawn Hill Gorge.

Teilansicht der Russell Falls im Mt. Field Nationalpark ▷ auf Tasmanien.

In den Undara Lavatunneln ist man auf einen ortskundigen Führer angewiesen.

ACHTUNG: In der Regenzeit (Dezember bis März) kann die Anfahrt über die letzten etwa 80 km Piste problematisch werden.

N 4 Undara Lava Tubes

340 km südwestlich von Cairns, der Touristenmetropole Nordost-Queenslands, liegt das kleine Outback-Städtchen Mt. Surprise. Ganz in der Nähe dieser Siedlung liegt die Undara Lava Lodge, von der Touren zu einem erst kürzlich für den Tourismus entdeckten, großen Naturwunder angeboten werden: den Undara Lava Tubes. Dabei handelt es sich um ein System von bis über 20 m hohen und über 30 m breiten Lavaröhren, die in vielen Hunderte von Meter langen Segmenten den Erosionskräften widerstanden. Sie zählen zu den faszinierendsten vulkanischen Formationen Australiens.

Die Entstehung dieser riesigen, unterirdischen Tunnels wird auf eine Zeit der vulkanischen Aktivität vor etwa 190000 Jahren datiert. Heiße, dünnflüssige Lavaströme des südöstlich von Mt. Surprise gelegenen und heute erloschenen Undara Vulkans flossen nach der Erkaltung ihrer Oberflächen im Inneren weiter und hinterließen so zylindrische, kilometerlange Leerräume im Gestein. Die Gesamtlänge des erst in den 1960er Jahren entdeckten Lavatunnelsystems wird auf mindestens 100 km geschätzt. Es gehört damit zu den längsten und – soweit bekannt – zu den größten der Welt.

Zugang zu den Lavaröhren ermöglichen Deckeneinbrüche, die nur mit Expertenhilfe zu finden sind. Ihre einzigen Bewohner sind verschiedene, z. T. endemische Insektenarten und Fledermäuse. Kletterschuhe und eine Taschenlampe sind ein Muß für einen Besuch, der am besten in die kühlere Zeit zwischen Mai und Oktober verlegt werden sollte.

Unterkünfte in der Undara Lava Lodge, in Mt. Surprise (Hotel, Campingplatz) und anderen Ortschaften der Umgebung.

N 5 Blackdown Tablelands Nationalpark

Etwa 160 km westlich der Küstenstadt Rockhampton (Zentral-Queensland) ragt das bis zu 950 m hohe Sandsteinplateau des Blackdown Tafellandes aus den umgebenden Ebenen auf. Seine schroffen bis zu 600 m steil abfallenden Klippen verhinderten eine Erschließung bis zum Ausbau einer Forstpiste im Jahre 1971. Die Höhe, die damit verbundenen hohen Niederschläge und die isolierte Lage des Sandsteinblocks führten zur Entwicklung einer spezifischen Flora und Fauna mit vielen endemischen Arten, deren Schutz 1982 durch die Einrichtung eines 23 000 ha großen Nationalparks gesichert wurde. Sandsteinklippen, Wasserfälle, Eukalyptuswälder und Heideformationen mit über 700 Pflanzenarten, spektakuläre Ausblicke und über 120 Vogelarten, verschiedene Wanderwege und ein idyllischer Campingplatz lassen den Besuch dieses noch wenig überlaufenen Gebietes zu einem abwechslungsreichen Erlebnis werden. Unterkünfte auch in den Ortschaften der Umgebung.
ACHTUNG: In der Regenzeit (Dezember bis März) kann die Auffahrt über die Forstpiste zum Plateau problematisch werden.

»Bunya Pine« im Bunya Mountains Nationalpark. Diese Araukarie wird oft kultiviert.

N 6 Bunya Mountains Nationalpark

Das nur 11 700 ha große Schutzgebiet liegt etwa 250 km nordwestlich von Brisbane (Anfahrt über Toowoomba bzw. Kingaroy) in der Great Dividing Range. Es umfaßt verschiedene Vegetationsformationen von Grasländern und Trockenwäldern bis zu den charakteristischen, von »Bunya« und »Hoop Pines« überstandenen Regenwäldern. Neben diesen eindrucksvollen Araukarienriesen und schönen Ausblicken ist die Vogelwelt des Nationalparks eine seiner Hauptanziehungspunkte. An den Picknickplätzen regelmäßig angefüttert werden vor allem Buschhühner (s. S. 68), Königs- und Pennantsittiche (S. 98 und 146). Entlang der Wanderwege findet sich manchmal eine mit blauen Strohhalmen ausgeschmückte Laube des Seidenlaubenvogels (S. 99). Campingplätze und andere Unterkünfte im Nationalpark und einigen Ortschaften der Umgebung.

N 7 Willandra Lakes World Heritage Area

Ausgangspunkt für einen Besuch dieser 1981 von der UNESCO zum »Erbe der Menschheit« (s. S. 71) erklärten, 3700 km^2 großen, wasserlosen »Seen«-Platte ist Mildura, ein etwa 290 km südlich Broken Hill gelegenes Städtchen am Murray River, dem Grenzfluß zwischen den Bundesstaaten Victoria und Neusüdwales. Das Gebiet umschließt den bekannteren **Mungo Nationalpark**, der von Mildura über eine 110 km lange, bei Regen unpassierbare Piste erreicht werden kann. Lake Mungo liegt im Zentrum der pleistozänen Seenkette der Willandra Lakes, deren Austrocknung mit dem Ende der letzten Eis-

Die Kalksteinsäulen der »Pinnacle Desert« im Nambung Nationalpark (N 13).

zeit begann. Heute wird das semiaride Gebiet von Salzbusch- und Mallee-Formationen (s. S. 16) sowie riesigen, bis über 30 km langen, halbmondförmigen Dünen beherrscht, die sich entlang der ehemaligen östlichen Seeufer ausbildeten. Das bekannteste Beispiel für diese z. T. bizarr geformten Dünenwälle sind die »Walls of China« des Lake Mungo.

Seine besondere Bedeutung erlangte das fossile Seensystem durch die hier Ende der 1960er Jahre entdeckten Spuren erster menschlicher Besiedlung vor mindestens 40 000 Jahren. Sie gehören zu den ältesten bekannten Nachweisen für das Auftreten des Menschen in Australien überhaupt. Weitere Funde aus späteren Epochen brachten außerdem viele neue Erkenntnisse über die Lebensweise und Kultur der Ureinwohner, wobei die Entdeckung der Überreste eines 26 000 Jahre alten, feuerbestatteten Frauen-

körpers wohl zu den aufregendsten gehörte. Die archäologischen Grabungen dauern an.

N 8 Mt. Field Nationalpark

Der älteste Nationalpark Tasmaniens (1916 erklärt) liegt nur 72 km westlich von Hobart. Er ist das wichtigste Skizentrum der Insel und zeigt auf seinen 16 257 ha Fläche ein breites Spektrum von Vegetationsformationen, das von alpinen Schnee-Eukalypten (S. 132), »Kissenpflanzen«- und Zwergkoniferengesellschaften bis zu den kühlgemäßigten Regenwäldern und feuchten Hartlaubwäldern der tieferen Lagen reicht. Neben diesem repräsentablen Querschnitt durch die tasmanische Flora bietet der Park auch einen guten Einblick in die Tierwelt der Insel. Besonders gegen Abend erscheinen am Picknick- bzw. Campingplatz Rotbauchfilander (S. 166),

Nach Regenfällen schmückt sich die Landschaft des Midwest mit Blütenteppichen (N 14).

Bennettwallabies, Fuchskusus (S. 141) und gelegentlich Fleckschwanzbeutelmarder (S. 166).

Der bekannteste, kurze Wanderweg des Parks führt vom Campingplatz zu den eindrucksvollen Russel-Wasserfällen (S. 215). Er kann zu einem Rundweg durch die baumfarnreichen Wälder über die Horseshoe- und Barron-Wasserfälle ausgedehnt werden. Empfohlen sei auch eine Wanderung in das alpine Gebiet, z. B. auf dem vom Lake Dobson ausgedehnten **Urquart Trail.**

N 9   Port Campbell Nationalpark

Eine der neben dem Ayers Rock und den westaustralischen »Pinnacles« (S. 221) bekanntesten Felsformationen Australiens sind die »Twelve Apostles« des 1750 ha großen Port Campbell Nationalparks. Etwa 280 km südwestlich von Melbourne gelegen, erreicht

man dieses langgestreckte Schutzgebiet über die malerische »Great Ocean Road«. Es umschließt verschiedene eindrucksvolle Kalksteinformationen des Küstenstreifens östlich und westlich des kleinen Städtchens Port Campbell. Zerrissene, windgepeitschte Klippen und die ausgewaschenen Pfeiler der 12 Apostel bezeugen die starke Erosionskraft der anbrandenden See. Zu den über 90 Vogelarten des Nationalparks zählen u. a. auch Kurzschwanzsturmtaucher, die von November bis April ihre Brutplätze auf der vor der Küste liegenden »Mutton Bird«-Insel aufsuchen. Campingplatz und andere Unterkünfte in Port Campbell, Peterborough und anderen Ortschaften der Umgebung.

N 10   Little Desert Nationalpark

Im Nordwesten von Victoria (375 km nordwestlich von Melbourne) gelegen, grenzt

Einige der 12 Apostel im Port Campbell Nationalpark.

die »Little Desert« bereits an die großen inneraustralischen Trockengebiete. In den 132 000 ha des Parks herrscht sandiger Boden mit Eukalypten der Mallee-Formation (s. S. 16), Akazien und Heidebusch vor, stellenweise durchsetzt von vegetationsarmen Sandsteinrücken aus Laterit. Im Tal des Wimmera Rivers im Osten des Park stehen Galeriewälder aus Fluß-Eukalypten (S. 36) auf Schwemmboden. Die Frühjahrsblüte lockt auch hier – wie in den etwas weiter südlich gelegenen Grampians – Besucher an; vor allem aber ist der Park für das seltene Thermometerhuhn (s. S. 68) bekannt, das hier ein wichtiges Rückzugsgebiet gefunden hat. Es besteht ein Netz von Wanderwegen, für Fahrten im Park ist allerdings Allradantrieb erforderlich. Zufahrt über den Western Highway, Abzweigung Dimboola oder Kiata; Un-

terkunft in Nhill, Dimboola (Hotel/Motel, Campingplatz) und der Little Desert Lodge.

N 11 Coorong Nationalpark

Der Nationalpark ist 43 800 ha groß und erstreckt sich von der Mündung des Murray Rivers über 145 km entlang der Küste. Er umschließt eine Salzlagune, die durch eine Kette vorgelagerter Sanddünen vom Meer abgetrennt ist. Landeinwärts liegen Küstendünen, befestigt durch Eukalypten der Mallee-Formation (s.S.16), Akazien- und Heidebusch. Mit 240 gezählten Vogelarten gehört das Gebiet zu den wichtigen Vogelreservaten Australiens und beherbergt Brutkolonien von Brillenpelikanen (S. 188) sowie verschiedenen Seeschwalben- und Möwenarten. Im Sommer besuchen Wintergäste (hauptsächlich Küstenvögel) aus der Nordhemisphäre den Park.

Das Befahren der Sanddünen ist nur mit einem Allradfahrzeug und nur auf den markierten Pisten möglich. Zufahrt über den Princes Highway; keine Unterkunft im Park, aber »bushcamping« ist mit einem »permit« der Rangerstationen bei Salt Creek und Noonameena erlaubt.

N 12 Arkaroola-Mount Painter Sanctuary

Dieses 63 000 ha große Schutzgebiet liegt nördlich des Gammon Ranges Nationalparks im einsamen australischen Outback etwa 700 km von Adelaide entfernt. Es entstand aus einer ehemaligen Viehstation, war ab 1910 Abbaugebiet von Bodenschätzen (besonders Uran), ist heute in Privatbesitz und seit 1968 Besuchern zugänglich.

Gut ausgebaute Pisten führen zu den faszinierenden Sehenswürdigkeiten; zum **Ochre Wall** (einer farbenprächtigen Ockerwand) und weiter durch wunderschöne Felslandschaft zu **Stubbs Waterhole** und zur **Bararanna Gorge**. Oder man fährt Richtung Dinnertime Hill zum **Echocamp Waterhole**. An den mit Fluß-Eukalypten (S. 36) gesäumten Wasserlöchern (besondern Bolla Bollana und Nooldoonooldoona) kann man zudem neben Bergkänguruhs und anderen Tieren die seltenen Gelbfuß-Felsenkänguruhs (S. 179) und Bürsten-Felsenkänguruhs beobachten, für die das Sanctuary eines der wichtigsten Rückzugsgebiete darstellt.

Ausflüge zu diesen und anderen Besuchspunkten werden auch von den Veranstaltern vor Ort angeboten; auf keinen Fall sollte man hier die Ridgetop-Tour versäumen, die als eine der eindrucksvollsten Allradtouren in Australien gilt.

Arkoroola hat Motels, einen Campingplatz, Besucherinformation, Benzin, Lebensmittel und ein Restaurant. Zufahrt entweder von Wilpena im Flinders Ranges Nationalpark (152 km, s. auch S. 175) oder von Copeley am Highway 47 (130 km).

N 13 Nambung Nationalpark

Die »Pinnacles« (= Kalksäulen aller Formen und Größen; Foto S. 218) sind die Hauptattraktion des 5500 ha großen Nambung Nationalparks, 250 km nördlich Perth. Die Säulen erheben sich, unvollendeten Skulpturen gleich, aus einer wüstenähnlichen, nahezu vegetationslosen Sandebene. Sie entstanden während der Eiszeiten aus trockengelegten Meeressedimenten, die, als Dünen ins Land verblasen, stellenweise von Wurzelsystemen zu Kalk verbacken wurden. Winderosion legte später diese Kalkstrukturen frei. Dünen, Sandstrände und Heidebusch bilden zusätzliche Anlaufpunkte im Park.

Zufahrt über den Brand Highway, Abzweigung Badgingarra Richtung Cervantes; mit Allradfahrzeug auch vom Süden entlang der Küstendünen. Unterkunft in Cervantes (Motel und Campingplatz).

N 14 Midwest (nördlich Perth)

Zwar ist dem Pflanzenfreund ein Besuch dieser Gegend Australiens nur von Mitte August bis Ende Oktober anzuraten, dann aber kann das Erlebnis unvergeßlich sein. Denn war der Winterregen ergiebig, so verwandeln sich weite Teile des Landes in ein farbiges Blütenmeer. Die einmalige westaustralische Flora zeigt ihre Pracht mit unzähligen Arten von Banksien und Grevilleen, »Kangaroo Paws« und »Featherflowers«, Orchideen, »Triggerplants« und »Everlastings« – die Artenpalette scheint unerschöpflich (s. auch S. 187).

Lohnende Ziele finden sich bereits direkt entlang der Straßen: Am Brand Highway sind dies vom Süden kommend z. B. der alte Friedhof in Gingin (»Red and Green Kangaroo Paw«, S. 186), der Moore River Nationalpark, der Badgingarra Nationalpark (unbedingt den 2 km langen Weg im Park gehen, Start gegenüber dem Roadhouse, hier auch Informationsheft), der Coomallo Creek Rastplatz (gegenüber der Abzweigung nach Jurien) oder das Half Bay Mill Roadhouse (»Black Kangaroo Paw«).

Kalbarri Nationalpark: Vom Aussichtspunkt »Hawks Head« ist der Murchison River zu überblicken.

Wer etwas abseits der Straße erforschen möchte, dem stehen zahlreiche abgelegenere Schutzgebiete offen, darunter der Tathra, der Alexander Morrison und der Watheroo Nationalpark, oder das Gebiet um den Mount Lesueur an der Straße zum Küstenort Jurien.

Das Dreieck zwischen den Orten Wubin – Mount Magnet – Mullewa wird auch Everlasting Trail genannt. Hier konzentrieren sich die Felder der verschiedenenfarbigen Korbblütler, die auch in ausgetrocknetem Zustand noch lange stehen bleiben (»Everlastings«). Andere örtlich begrenzte Pflanzenarten wie »Wreath Lechenaultias« oder »Native Pomegranate« (zu sehen in der Gegend um Pindar östlich Mullewa) sowie die verschiedenen »Bottlebrushes« sind weitere Höhepunkte. Hilfreich sind Publikationen, die beim Department of Conservation & Land Management (Adresse s. Perth und Umgebung, S. 193) sowie den Informationsbüros der jeweiligen Orte erhältlich sind.

N 15 Kalbarri Nationalpark

590 km nördlich Perth liegt der Ort Kalbarri. Er ist der Ausgangspunkt für den Besuch des 187 000 ha großen Nationalparks gleichen Namens. 400 bis 500 Mio. Jahre alte Sandsteinschichten sorgen hier für ein schönes Szenario: An der Küste bilden sie hohe Steilklippen, deren rotbraune Farbe sich scharf gegen das tiefe Blau des Meeres absetzt; weiter im Inland hat der Murchison River breite Schluchten in den Sandstein geschnitten. Alle Sehenswürdigkeiten sind von der Parkstraße aus zu erreichen. Zu empfehlen ist eine Rundfahrt vom North West Coastal Highway aus: Abfahrt nördlich Northampton oder bei Binnu, danach auf Pisten Richtung Küste zu den Sandsteinklippen des Nationalparks und zur Ortschaft Kalbarri (hier Unterkunft und sämtliche Versorgungsmöglichkeiten). Rückfahrt zum Highway auf der asphaltierten Parkstraße mit Abstechern zu den Aussichtspunkten am Murchison River: The Loop, Z-Bend und Hawks Head.

Weitere Attraktionen Kalbarris sind die Wildblumenblüte im Frühjahr (August bis Oktober) und über 170 Vogelarten.

N 16 Shark Bay World Heritage Area

Die Shark Bay wird als tiefe Bucht von 2 fingerförmig ins Meer ragenden Halbinseln umrahmt. Das rund 800 km nördlich Perth (oder 200 km südlich Carnarvon) gelegene Gebiet gewinnt bei Besuchern an Beliebtheit. Hauptsächlich ist dies den Delphinen von **Monkey Mia** zu verdanken. Seit den 60er Jahren suchen hier regelmäßig Große Tümmler freiwillig den Kontakt zum Menschen. In der Regel sind es 4–8 Tiere, die – meistens morgens – in der seichten Bucht unter Aufsicht von Rangern beobachtet, gefüttert und berührt werden können. Genaue Verhaltensregeln sind dabei jedoch einzuhalten. Monkey Mia ist heute ein weltbekanntes wichtiges Forschungszentren für Delphine. Seit 1982 laufen hier international geförderte wissenschaftliche Studien.

Ebenfalls eindrucksvoll: die Stromatolithen von **Hamelin Pool**. Stromatolithen sind felsähnliche Strukturen, die von sehr ursprünglichen Kleinstorganismen (Zellen ohne Zellkern, Cyanobakterien, Mikroalgen) im seichten Wasser aufgebaut werden. Diese Organismen gelten als die ältesten bekannten Lebewesen der Erde; man fand sie als Fossilien in 3,5 Milliarden Jahre altem Gestein.

Der reizvolle, riesige Lake Argyle wurde 1972 für Bewässerungsprojekte aufgestaut.

Stromatholithen im Gezeitenbereich von Hamelin Pool (N 16).

Einen Aufenthalt lohnt auch **Shell Beach** etwa 40 km südlich von Denham. Der Strand besteht aus bis zu 10 m dicken Muschelbänken, die früher als »Steinbruch« zum Bau von Gebäuden genutzt wurden.

Zufahrt zur Shark Bay vom North West Coastal Highway, Abzweigung beim Overlander Roadhouse, von hier 130 km bis Denham, 155 km bis Monkey Mia. Unterkunft und Verpflegung in beiden Orten.

N 17 Gegend um Kununurra

Am Stadtrand von Kununurras liegt der **Hidden Valley National Park**, eine Miniaturausgabe der Bungle Bungles (s. S. 206), geschaffen aus Resten einer Sandsteinbergkette. In dem 1800 ha großen Gebiet können Schluchten, ausgewaschene Pools sowie Axtschleifstellen und Wandzeichnungen der Ureinwohner auf verschiedenen kurzen Wanderwegen erkundet werden.

Bei Kununurra wurde der Ord River im Rahmen des Ord River Bewässerungsprojektes aufgestaut. **Lake Kununurra** (3 km südlich der Ortschaft) hat sich zum wichtigen Lebensraum für Wasservögel entwickelt. Auch Süßwasserkrokodile (s. S. 61) sind leicht zu beobachten. Organisierte Bootsfahrten werden angeboten.

Der rund 70 km südlich Kununurra liegende **Lake Argyle** bedeckt über 700 km^2 Fläche. Die Anfahrt geht durch eine landschaftlich reizvolle Savannenlandschaft mit Baobab-Bäumen (S. 201) und reichem Vogelleben. Unterkunftsmöglichkeiten in der Lake Argyle Tourist Village.

Etwa 20 km südlich Wyndham liegt die **Parry Lagoons Nature Reserve** im Überschwemmungsgebiet des Ord Rivers. Sie ist wichtiges Nahrungsreservoir für überwinternde Küstenvögel aus der Nordhemisphäre. In der Trokkenzeit konzentrieren sich einheimische Wasservögel auf die übriggebliebenen fischreichen Wasserlöcher.

Reiseplanung

Vor der Reise

Für Deutschland und den deutschsprachigen Raum steht das Australische Fremdenverkehrsamt in Frankfurt für Auskünfte zur Verfügung (Mo bis Fr, 09.00–17.30 Uhr). Es gibt einen sehr guten, kostenlosen Australienführer heraus. Hier die Adresse:

▷ Australian Tourist Commission, Neue Mainzer Str. 22, 60311 Frankfurt, Tel. 0 69-9509 6173, Fax: 0 69-2740 0640, E-mail: atc.brochure@dial.pipex.com, Internet: http//www.aussie.net.au

Infos auch über die Aussie Helpline:

▷ Deutschland: Tel. 01 30-82 51 82
▷ Österreich: Tel. 06 60-89 02
▷ Schweiz: Tel. 0 18-38 53 30

Einreise

Erforderlich ist ein Reisepaß, der nach dem Reiseende noch mindestens 3 Monate gültig sein muß, und ein Touristenvisum. Dies muß vor der Reise bei der jeweiligen Botschaft beantragt werden und ist für einen Aufenthalt bis zu 3 Monaten gebührenfrei, bis zu 6 Monaten gebührenpflichtig.

Bei der Einreise werden außerdem manchmal ein Rück- oder Weiterreiseticket und der Nachweis genügender Geldmittel verlangt.

Gesundheit

Bei der Einreise aus infektionsfreien Gegenden sind zur Zeit keine Impfungen vorgeschrieben. In der Reiseapotheke neben den üblichen Medikamenten ein Moskito-Abwehrmittel und Sonnenschutzcreme nicht vergessen!

Devisen und Zoll

Es gilt der Australische Dollar (AUD). Keine Devisenbeschränkung bei der Ein- und Ausfuhr, aber für Beträge über 5000,– AUD besteht Deklarationspflicht. Empfehlenswert ist die Mitnahme von Reisechecks in AUD oder eine der gängigen westlichen Währungen (hauptsächlich US$, DM und SFr). Die international bekannten Kreditkarten werden weitgehend akzeptiert.

ACHTUNG: Die Einfuhr von Waffen, Narkotika, Pflanzen, Tieren und Lebensmitteln (besonders Obst und Gemüse) ist verboten und wird schwer bestraft. Im Zweifelsfall Produkte deklarieren, die Zollkontrolle ist genau!

Reisezeit

Da sich Australien über verschiedene Klimazonen erstreckt, herrscht immer irgendwo ideales Reisewetter. Die Jahreszeiten sind unseren entgegengesetzt. Einzelheiten über das Klima auf S. 12–14 und bei den entsprechenden Hauptreisezielen.

Die europäischen Hauptreisezeiten im Juli/August sowie zu Weihnachten fallen mit den australischen Schulferien zusammen. Engpässe im Transport (besonders Flugverkehr) sind dann möglich. Im Voraus buchen!

Anreise

Heute praktisch nur noch per Flugzeug (Schiffskreuzfahrten sind langwierig und teuer). Knapp 30 internationale Gesellschaften fliegen australische Städte (neben Sydney und Melbourne auch Perth, Adelaide, Brisbane, Darwin, Townsville und Cairns) regelmäßig an (von Europa um 20 Stunden Flugzeit!). Die nationale Fluglinie ist »Qantas« (Bethmannstr. 56, 60311 Frankfurt, Tel. 0 69-23 00 41). Wegen des großen Angebots an Flügen und Pauschalreisen sind Preisvergleiche lohnend. Auskünfte bei Reisebüros oder Agenturen.

Reisen im Land

Mit dem Auto

Ohne die eigenen »4 Räder« läßt sich Australien oft nur schwer und zeitraubend erforschen. Autovermietungen (z. B. Avis, Hertz, Thrifty, Budget) existieren in allen größeren Städten und auf Flughäfen. Auch spezielle

Allradvermieter wie z. B. Brits Rentals sind weiträumig vertreten. Preise vergleichen! Bei längerer Mietdauer oder an Wochenenden gelten Sondertarife. Eine Haftpflichtversicherung ist im Mietpreis inbegriffen. Beliebt sind »Campervans« (Wohnmobile), die mit allem Nötigen ausgerüstet sind. In den warmen Gegenden der Ostküste (z. B. Cairns), um Darwin und um Alice Springs stehen »Mokes« (offene jeepähnliche Fahrzeuge) für kurze Strecken zur Verfügung. Für einen längeren Aufenthalt ist allerdings der Kauf eines eigenen Autos anzuraten. Erforderlich für Ausländer: Internationaler sowie Kopie des nationalen Führerscheins; hilfreich ist auch die Mitgliedskarte des nationalen Automobilclubs.

Tips für Autofahrer

☐ In Australien herrscht Linksverkehr. Die Vorfahrtsregel ist rechts vor links. Geschwindigkeitsbegrenzungen meist um 100 km/h auf dem Land (jeder Staat hat eigene Regeln), in Ortschaften 60 km/h. Anschnallpflicht.

☐ Auf den öffentlichen Straßen bleiben. Das meiste Land ist Privatbesitz oder gehört dem Aborigenes (besonders im Nordterritorium). Vor Befahren von Privatland Erlaubnis einholen.

☐ Speziell im Nordterritorium und in Westaustralien gilt: Vorsicht vor »road trains«, den bis über 50 m langen australischen Lastzügen, die mit hoher Geschwindigkeit fahren. Beim Entgegenkommen eines »road trains« ausweichen, beim Überholen die Überlänge einkalkulieren!

☐ Erhöhte Aufmerksamkeit bei Nachtfahrten; viele Tiere (auch Rinder) sind nachts unterwegs!

☐ Die AAA (Australian Automobil Association) ist in jedem Staat mit einer eigenen Organisation vertreten (z. B. der RACV in Victoria oder der RACQ in Queensland). Straßenkarten und Information (besonders für Fahrten ins Outback) sind dort erhältlich, in Notfällen wird Hilfe gewährt.

Unterwegs im Outback

☐ Fahrten ins Outback nur mit Allradfahrzeugen!

☐ Das Fahrzeug vor der Fahrt in einwandfreien Zustand bringen! Auf Schutzgitter gegen Steinschlag, Spezialstoßstangen (»roobars«) gegen Tiere und möglichst ein Sprechfunkgerät achten!

☐ Werkzeuge (auch Axt, Spaten, Seil) und wichtigste Ersatzteile mitnehmen!

☐ Für genügend Ersatzbenzin, Lebensmittel und Wasser sorgen! Bei Fahrten in Wüstengebieten mindestens 3 – 4 l Wasser/Person/Tag einkalkulieren!

☐ Kenntnisse in Erster Hilfe sowie eine entsprechende Reiseapotheke sind unerläßlich. Für die richtige Medikamentenzusammenstellung ärztlichen Rat suchen. Bei ernsten Erkrankungen oder Unfällen unterwegs steht der »Royal Flying Doctor Service« bereit (s. S. 226, Medizinisches).

☐ Geplante Reiseroute und geschätzte Reisedauer vor der Abfahrt möglichst bei Behörden (Polizei, Parkranger) bekanntgeben.

Rückruf nach der Ankunft nicht vergessen! Im Falle einer unbehebbaren Panne beim Fahrzeug auf Hilfe warten!
☐ Vor Flußdurchquerungen Strömung, Wassertiefe und Untergrund erkunden. Das Wasser langsam durchqueren!
☐ Niemals in ausgetrockneten Flußbetten campen. Eventuelle Regenfälle flußaufwärts verursachen katastrophale Flutwellen.
☐ In abgelegenen Gebieten ist Konvoifahren sicherer!

Bus

Australien besitzt ein dichtes Busnetz. Verschiedene Gesellschaften wie Greyhound, Ansett Pioneer oder Bus Australia fahren schnell, bequem und rund um die Uhr alle wichtigen Orte des Landes an. Günstige Tarife ergeben sich aus dem harten Konkurrenzkampf. Für längere Rundreisen lohnt sich der Kauf eines Netztickets wie z. B. des »Aussiepasses« von Ansett Pioneer oder des »Eaglepasses« von Greyhound. Sie erlauben unbegrenztes Reisen innerhalb eines bestimmten festgelegten Zeitraumes.

Bahn

Zwar nicht das billigste und schnellste Verkehrsmittel, verbindet die Bahn doch alle wichtigen Städte. Für Liebhaber ein Erlebnis: der berühmte »Indian Pacific« zwischen Perth und Sydney, fast 4000 km in 65 Stunden mit der längsten schnurgeraden Strecke der Welt (478 km durch die Nullarbor Plain). Wie im Busverkehr empfiehlt sich bei weiten Bahnreisen ein Netzticket, der »Austrailpass«. Er kann aber nur außerhalb Australiens gekauft werden.

Flugzeug

Ansett, Quantas/Australian Airlines und viele kleinere regionale Gesellschaften sorgen für ein dichtes Flugnetz in Australien. Fliegen ist meist teurer als Bus oder Bahn, aber wegen der weiten Entfernungen oft unvermeidbar. Verschiedene Vergünstigungen (Rundreisetickets, Pauschalarrangements, Excursion Fares und Stand-by) werden angeboten.

Organisierte Touren

Ein breites Spektrum von Gruppenreisen wird von den verschiedensten Veranstaltern angeboten. Auch für Individualreisende gibt es eine große Vielfalt von Programmpaketen, Routenvorschläge usw. Da die Autoren auch als Reiseleiter tätig sind, geben sie auf Anfrage gern Auskunft.

Sonstiges

Unterkunft

Zur Verfügung stehen Hotels, Motels, Guest Houses, Apartments, Privatunterkünfte auf Farmen, Jugendherbergen, Mietcaravans (besonders in Hauptreisegebieten) und eine Vielzahl an Campingplätzen. Der Standard ist international, Vorausbuchungen sind zur Hauptreisezeit (s. S. 223) zu empfehlen.

Kleidung

Im allgemeinen informell und leicht. Im australischen Winter braucht man im Süden und Zentrum warme Kleidung, bisweilen ist auch in Sommernächten eine warme Jacke erforderlich. Für Buschwanderungen leichte Baumwollkleidung und stabile Schuhe. ACHTUNG: Lichtschäden der Haut bis zum Hautkrebs haben im Sonnenland Australien stark zugenommen. Absolut notwendig ist daher der Schutz durch Sonnenhut und -öl.

Elektrizität

220 bis 250 Volt, 50 Hertz Wechselstrom. Nur größere Hotels haben 110 Volt Service-Anschlüsse für Kleingeräte. Die 3poligen Stecker machen für europäische Elektrogeräte einen Adapter erforderlich.

Telefon

Gespräche im Inland mittels Selbstwählen oder über die Vermittlung (Operator). Auslandsgespräche im Selbstwähldienst von sog. ISD-Telefonen (meist in Hotels, Postämtern, Flughäfen), sonst über den Operator. Vorwahl für die BRD 00 11 49, für Österreich 00 11 43, für die Schweiz 00 11 41.

Fotografie

Außer in militärischen Anlagen überall möglich; allerdings sollte die Würde der Ureinwohner respektiert und diese vor einem Foto um Erlaubnis gefragt werden. Filme und Entwicklung entsprechen – auch preislich – etwa dem europäischen Standard.

Medizinisches

Die Versorgung im Krankheitsfall ist effektiv, aber teuer, und der Abschluß einer Kranken- und Unfallversicherung ist anzuraten. Für verschreibungspflichtige Medikamente muß das Rezept von einem australischen Arzt ausgestellt werden. Für Krankentransporte und Erste Hilfe in abgelegenen Gebieten ist der »Royal Flying Doctor Service« im Einsatz. Seine über 30 Flugzeuge auf 14 Stützpunkten können jeden Patienten in maximal 2 Stunden erreichen! Über Sprechfunk kann er rund um die Uhr zur Hilfe gerufen werden. Die hygienischen Bestimmungen sind streng. Leitungswasser ist überall trinkbar.

Öffnungszeiten

Geschäfte: Meist Montag bis Freitag 9.00–17.30 Uhr, Samstag 9.00–12.00 Uhr, dazu eine Abendöffnung (»Late Night Shopping«) pro Woche in den großen Städten.
Banken: Montag bis Donnerstag 9.30–16.00 Uhr, Freitag bis 17.00 Uhr.
Post: Meist 9.00–17.00 Uhr an Wochentagen, am Samstag oft geschlossen.

Zeitzonen

Australien hat 3 Zeitzonen: die Western Time (Mitteleuropäische Zeit + 7 Stunden) in Westaustralien, die Central Australian Time (MEZ + 8½ Stunden) im Nordterritorium und Südaustralien und die Eastern Standard Time (MEZ + 9 Stunden) in Queensland, Neusüdwales, Victoria und Tasmanien.
Etwas verwirrend: Einige Staaten haben die Sommerzeit eingeführt und sind damit zwischen November und Februar eine Stunde »weiter weg« von Europa. Auf der anderen Seite läßt die europäische Sommerzeit den Kontinent zwischen April und September wieder »eine Stunde näher rücken«.

Diplomatische Vertretung

Botschaften in Canberra:
▷ BRD: 119 Empire Circuit, Yarralumla A.C.T. 2600,
Tel. 062-733177
▷ Österreich: 107 Endeavour Street, Red Hill A.C.T. 2603,
Tel. 062-951533
▷ Schweiz: 7 Melbourne Avenue, Forrest A.C.T. 2603,
Tel. 062-733977
Konsulate existieren in allen größeren Städten. Ihre Adressen stehen in den Gelben Seiten (»yellow pages«) unter »Consulates«.

Nationalparks und Schutzgebiete

Australien besitzt mindestens 2000 Schutzgebiete aller Kategorien, darunter Nationalparks, »Nature Parks«, »Nature Reserves«, »Conservation« und »Recreation Areas«, die entweder vom Bund oder von den einzelnen Staaten selbst verwaltet werden.
Folgende Regeln sind immer und unbedingt zu beachten:
☐ Die australische Flora und Fauna ist geschützt! Auch das Pflücken von Wildblumen ist (nicht nur in den Nationalparks) verboten! Illegale Exporte werden schwer bestraft!
☐ Haustiere und Jagdwaffen sind verboten!
☐ Campen nur auf genehmigten Plätzen, falls wildes Campen (»bushcamping«) nicht ausdrücklich erlaubt ist!
☐ Vorsicht mit Feuer! Feuerstellen sichern und überwachen! Sich nach eventuellen »fire ban days« (Feuerverbots-Tagen) erkundigen! Wenn möglich, Gaskocher statt offenem Feuer benutzen!
☐ Keinen Abfall liegenlassen (auch nicht vergraben)!
☐ Wasser nicht durch Waschen, Spülen usw. verschmutzen!
☐ Nur vorgeschriebene Straßen und Wanderwege benutzen!
☐ Kunststätten der Ureinwohner sind historisches Erbe und geschützt. Schwere Strafen stehen auf die Beschädigung von Malereien oder die Mitnahme von Gegenständen.

Literaturempfehlungen

Australia's Wilderness Heritage (1988), Weldon Publishing, Australia:
- Volume 1: World Heritage Areas
- Volume 2: Flora and Fauna.

BRANSBURY, JOHN (1987): Where to find Birds in Australia, Century Hutchinson Australia Pty Ltd.

CRONIN, LEONHARD (1987): Key Guide to Australian Wildflowers, Reed Books, NSW 2086.

CRONIN, LEONHARD (1988): Key Guide to Australian Trees, Reed Books, NSW 2086.

CRONIN, LEONHARD (1989): Key Guide to Australian Palm Ferns and Allies, Reed Books, NSW 2086.

CRONIN, LEONHARD (1991): Key Guide to Australian Mammals, Reed Books, NSW 2093.

PIZZEY, G. & DOYLE, R. (1980): A Field Guide to the Birds of Australia, Collins, Sydney.

Reader's Digest Travel Guide (1987), National Parks of:
- Queensland
- Victoria, South Australia & Tasmania
- Western Australia & the Northern Territory
- New South Wales.

Reader's Digest (1991): Discover Australia, Surry Hills, NSW 2010.

SIMPSON, K. & DAY, N. (1988): Field Guide to the Birds of Australia, Viking O'Neil, Penguin Books Australia Ltd.

STRAHAN, R. (1983): Complete Book of Australian Mammals, Angus & Robertson Publishers, Sydney.

WILSON, STEPHEN K. & KNOWLES, DAVID G. (1992): Australia's Reptiles, Cornstalk Publishing, NSW 2073.

Bildnachweis

Anhang

Wörterbuch
Deutsch – Englisch – Latein

Wirbellose

Bogong-Schmetterlinge / Bogong Moths / Agrotis infusa

Cairns Vogelfalter / Cairns Birdwing / Ornithoptera priamus-euphorion

Common Crow-Schmetterlinge / Common Crows / Euploea core

Dornenkrone / Crown of Thorns / Acanthaster plancii

Falltürspinnen / Trap-Door Spiders / Familie Ctenizidae

Herkulesfalter / Hercules Moth / Coscinocera hercules

Kosciusko-Grashüpfer / Kosciusco Grasshopper / Kosciuscola tristis

Lamington Flußkrebs / Blue Lamington Spiny Crayfish / Euastacus spec.

Riesenmuscheln / Giant Clams / Tridacna spp.

Seewespe / Box Jelly Fish, Sea Wasp / Chironex fleckeri

Ulyssesfalter / Ulysses Butterfly / Papilio ulysses

Witchetty-Raupen / Witchetty Grubs / Xyleutes durvillei

Fische, Amphibien, Reptilien

Amethystpython / Amethystine Python / Morelia amethistina

Austral. Knochenzüngler / Saratoga / Scleropages leichhardti

Austral. Lungenfisch / Lungfish / Neoceratodus forsteri

Barramundi / Barramundi / Lates calcarifer (Glasbarsch-Fam.)

Bartagame / Bearded Dragon / Amphibolurus barbatus

Blauzungenskinke / Blue Tongues / Tiliqua spp.

Boyd's Winkelkopfagame / Boyd's Forest Dragon / Gonocephalus boydii

Buntwaran / Lace Monitor / Varanus varius

Corroboree-Scheinkröte / Corroboree Frog / Pseudophryne corroboree

Dornteufel / Thorny Devil / Moloch horridus

Echte Karettschildkröte / Indo-Pazific Hawksbill / Eretmochelys imbricata

Engelfische / Angelfishes / Pomacanthidae

Gaukler / Butterfly Fishes / Chaetodontidae

Gewöhnl. Wasserdrache / Eastern Water Dragon / Physignathus leseuerii

Glatter Knopfschwanzgecko / Knob-Tailed Gecko / Nephrurus levis

Gouldwaran / Gould's Goanna / Varanus gouldii

Grüner Baumpython / Green Python / Chondropython viridis

Grüne Meeresschildkröte / Green Sea Turtle / Chelonia mydas

Horn-Blattschwanzgecko / Leaf-Tailed Gecko / Phyllurus cornutus

Kragenechse / Frilled Lizard / Chlamydosaurus kingii

Kupferkopfschlange / Copperhead Snake / Austrelaps superbus

Leistenkrokodil / Saltwater Crocodile / Crocodylus porosus

Magenbrüterfrosch / Gastric Brooding Frog / Rheobatrachus vitellinus

Mertens Wasserwaran / Merten's Water Monitor / Varanus mertensi

Östl. Tigerotter / Eastern Tiger Snake / Notechis scutatus

Papageifische / Parrotfishes / Scaridae

Riesenwaran / Perenty / Varanus giganteus

Riffbarsche / Damselfishes / Pomacentridae

Sägefisch / Sawfish / Pristiopsis spec.

Sandwaran / Sand Monitor / Varanus panoptes

Schlangenhalsschildkröten / Snake-Necked Turtles / Chelidae

Schützenfisch / Archer Fish / Protoxotes spec.

Spitzkopf-Schleuderzunge / Burton's Legless Lizard / Lialis burtonis

Stachelrochen / Sting Ray / Himantura spec.

Süßwasserkrokodil / Freshwater Crocodile / Crocodylus johnsoni

Tannenzapfenskink / Shingleback / Trachydosaurus rugosus

Wasserreservoirfrosch / Waterholding Frog / Cyclorana platycephalus

Wüsten-Todesotter / Death Adder / Acanthophis pyrrhus

Vögel

Allfarblori / Rainbow Lorikeet / Trichoglossus haematodus

Augenbrauenente / Black Duck / Anas superciliosa

Austral. Blatthühnchen / Lotusbird / Irediparra gallinacea

Austral. Trappe / Bustard / Ardeotis australis

Australtölpel / Australien Gannet / Morus serrator

Azurfischer / Azure Kingfisher / Ceyx azureus

Baumläufer / Log-Runners / Orthonychidae

Blauohr / Blue-Faced Honeyeater / Entomyzon cyanotis

Blutbauchsittich / Blue Bonnet / Northiella haematogaster

Bourkesittich / Bourke's Parrot / Neophema bourkii

Brahminenweihe / Brahminy Kite / Haliastur indus

Braunbrustgudilang / Sandstone Shrike-Thrush / Colluricincla woodwardi

Braunfalke / Brown Falcon / Falco berigora

Braunkopfkakadu / Glossy Black Cockatoo / Calyptorhynchus lathami

Braunkopf-Lackvogel / Eastern Bristlebird / Dasyornis brachypterus

Brauntölpel / Brown Booby / Sula leucogaster

Brillenpelikan / Australian Pelican / Pelecanus conspicillatus

Brolgakranich / Brolga / Grus rubicundus

Buntkopf-Honigesser / Western Spinebill / Acanthorhynchus superciliosus

Buschhuhn / Brush Turkey / Alectura lathami

Diamantamadine / Diamond Firetail / Emblema guttata

Diamanttäubchen / Diamond Dove / Geopelia cuneata

Dickichtvögel / Scrub-Birds / Atrichornithidae

Dickschnabelmöwe / Pacific Gull / Larus pacificus

Dickschnabel-Würgerkrähe / Pied Currawong / Strepera graculina

Dornastrild / Red-Browed Firetail / Emblema temporalis

Dornhuscher / Redthroat / Sericornis brunneus

Drosselstelze / Peewee, Magpie-Lark/ Grallina cyanoleuca

Dunkelsturmtaucher / Sooty Shearwater / Puffinus griseus

Edelpapagei / Eclectus Parrot / Eclectus roratus

Edelreiher / Plumed Egret / Egretta intermedia

Edelscharbe / Pied Cormorant / Phalacrocorax varius

Eilseeschwalbe / Crested Tern / Sterna bergii

Emu / Emu / Dromaius novaehollandiae

Erddrossel / Scaly Thrush / Zoothera dauma

Erdsittich / Ground Parrot / Pezoporus wallicus

Eulenschwalm / Tawny Frogmouth / Podargus strigoides

Eungella-Honigesser / Eungella Honeyeater / Lichenostomus hinwoodii

Fasankuckuck / Pheasant Coucal / Centropus phasianicus

Fischadler / Osprey / Pandion haliaetus

Flammenbrustschmälzer / Flame robin / Petroica phoenicea

Flötenvogel / Australian Magpie / Gymnorhina tibicen

Gartenfächerschwanz / Willy Wagtail / Riphidura leucophrys

Gelbbauchsittich / Green Rosella / Platycercus caledonicus

Gelbbauch-Dornschnabel / Yellow Thornbill / Acanthiza nana

Gelbfuß-Pfeifgans / Plumed Whistling Duck / Dendrocygna eytoni

Gelbhaubenkakadu / Sulphur-Crested Cockatoo / Cacatua galerita

Gelblappen-Honigesser / Yellow Wattlebird / Anthochaera paradoxa

Gelbohrkakadu / Yellow-Tailed Black Cockatoo / Calyptorhynchus funereus

Gelbwangenrosella / Western Rosella / Platycercus icterotis

Gemalter Astrild / Painted Firetail / Emblema picta

Gesellschaftskrähe / Little Raven / Corvus mellori

Gimpelhäher / Apostlebird / Struthidea cinerea

Glanzkäfertaube / Green-Winged Pigeon / Chalcophaps indica

Glockenvogel / Bell Miner / Manorina melanophrys

Götzenliest / Sacred Kingfisher / Halcyon sancta

Goldbauchschnäpper / Eastern Yellow Robin / Eopsaltria australis

Goldflügel-Honigesser / Crescent Honeyeater / Phylidonyris pyrrhoptera
Goldschultersittich / Golden-Shouldered Parrot / Psephotus chrysopterygius
Gouldamadine / Gouldian Finch / Chloebia gouldiae
Graubartfalke / Australian Kestrel / Falco cenchroides
Graufächerschwanz / Grey Fantail / Riphidura fuliginosa
Graulaubenvogel / Great Bowerbird / Chlamydera nuchalis
Graurücken-Würgatzel / Grey Butcherbird / Cracticus torquatus
Großfußhühner / Mound Builders / Megapodiidae
Grünfuß-Pfuhlhuhn / Tasmanian Native-Hen / Gallinula mortierii
Grünlaubenvogel / Green Catbird / Ailuroedus crassirostris

Halsbandkasarka / Chestnut-Breasted Shelduck / Tadorna tadornoides
Harlekintaube / Flock Pigeon / Phaps histrionica
Haubenfruchttaube / Topknot Pigeon / Lopholaimus antarcticus
Hauben-Goldschultersittich / Hooded Parrot / Psephotus dissimilis
Helmkakadu / Gang Gang Cockatoo / Callocephalon fimbriatum
Helmkasuar / Australian Cassowary / Casuarius casuarius
Honigesser / Honeyeaters / Meliphagidae
Hühnergans / Cape Barren Goose / Cereopsis novaehollandiae

Indischer Hirtenstar / Common Myna / Acridotheres tristis
Inkakakadu / Major Mitchell / Cacatua leadbeateri
Isabellbrachvogel / Eastern Curlew / Numenius madagascariensis

Jabiru / Jabiru / Xenorhynchus asiaticus

Kappensittich / Red-Capped Parrot / Purpureicephalus spurius
Keilschwanzadler / Wedge-Tailed Eagle / Aquila audax
Keilschwanzsturmtaucher / Wedge-Tailed Shearwater / Puffinus pacificus
Klippensittich / Rock Parrot / Neophema petrophila
Königsfruchttaube / Red-Crowned Pigeon / Ptilinopus regina
Königssittich / King Parrot / Alisterus scapularis
Kräuselscharbe / Little Pied Cormorant / Phalacrocorax melanoleucus
Kuckuckskauz / Boobook Owl / Ninox novaeseelandiae
Kuckuckstaube / Brown Pigeon / Macropygia amboiensis
Kurzschwanzsturmtaucher / Short-Tailed Shearwater / Puffinus tenuirostris

Lachender Hans / Laughing Kookaburra / Dacelo gigas
Lärmlederkopf / Noisy Friarbird / Philemon corniculatus
Laubenvögel / Bower Birds / Ptilonorhynchidae
Leierschwanz / Superb Lyrebird / Menura novaehollandiae

Mangrove-Dickkopf / Mangrove Golden Whistler / Pachycephala melanura
Mangrovehonigesser / Mangrove Honeyeater / Lichenostomus fasciogularis
Molukkenibis / White Ibis / Threskiornis molucca
Mongolenregenpfeifer / Lesser Sand Plover / Charadrius mongolus
Moosnest-Salangane / Grey Swiftlet / Collocalia vanikorensis
Moschuslori / Musk Lorikeet / Glossopsitta concinna

Nacktaugenkakadu / Little Corella / Cacatua sanguinea
Nasenkakadu / Long-Billed Corella / Cacatua tenuirostris
Neuhollandkrähe / Australian Raven / Corvus coronoides
Neuhollandschwalbe / Welcome Swallow / Hirundo neoxena
Noddi / Common Noddy / Anous stolidus
Nymphensittich / Cockatiel / Nymphicus hollandicus

Palmkakadu / Palm Cockatoo / Probosciger aterrimus
Papuateichhuhn / Dusky Moorhen / Gallinula tenebrosa
Paradies-Eisvogel / Buff-Breasted Paradise Kingfisher / Tanysiptera sylvia
Pennantsittich / Crimson Rosella / Platycercus elegans
Pfeifhonigesser / Singing Honeyeater / Lichenostomus virescens
Prachtfruchttaube / Purple-Crowned Pigeon / Ptilinopus superbus
Prachtparadiesvogel / Magnificent Riflebird / Ptiloris magnificus
Prachtstaffelschwanz / Superb Blue Wren / Malurus cyaneus
Purpurbrust-Fruchttaube / Wompoo Pigeon / Ptilinopus magnificus
Purpurkopf-Staffelschwanz / Lilac-Crowned Wren / Malurus coronatus

Regenbogenspint / Rainbow Bee-Eater / Merops ornatus
Riesensturmvögel / Giant Petrels / Macronectes spp.
Ringsittich / Port Lincoln Parrot / Barnardius zonarius
Rosakakadu / Galah / Cacatua roseicapilla
Rosella / Eastern Rosella / Platycercus eximius

Rosenbrustschnäpper / Pink Robin / Petroica rodinogaster
Rosenohrente / Pink-Eared Duck / Malacorhynchus membranaceus
Rostbauch-Dickichtvogel / Rufus Scrub-Bird / Atrichornis rufescens
Rotbürzelliest / Red-Backed Kingfisher / Halcyon pyrrhopygia
Rotlappen-Honigesser / Red Wattlebird / Anthochaera carunculatus
Rotnackenhonigesser / Eastern Spinebill / Acanthorhynchus tenuirostris
Rotnackenlori / Red-Collared Lorikeet / Trichoglossus rubritorquis
Rotohramadine / Red-Eared Firetail / Emblema oculata
Rotrücken-Nachtreiher / Nankeen Night-Heron / Nycticorax caledonicus
Rotrücken-Staffelschwanz / Red-Backed Wren / Malurus melanocephalus
Rotschopftaube / Spinifex Pigeon / Petrophassa plumifera
Rotsteiß-Mistelesser / Mistletoe Bird / Dicaeum hirundinaceum
Rüppellseeschwalbe / Lesser Crested Tern / Sterna bengalensis
Rußseeschwalbe / Sooty Tern / Sterna fuscata

Säulengärtner / Golden Bowerbird / Prionodura newtoniana
Scharlachtrugschmätzer / Crimson Chat / Ephthianura tricolor
Schildparadiesvogel / Paradise Riflebird / Ptiloris paradiseus
Schlammnestbauer / Australian Mudnesters / Corcoracidae
Schlammstelzer / Bandes Stilt / Cladorhynchus leucocephalus
Schlangenhalsvogel / Darter / Anhinga melanogaster
Schlichtmantel-Dickkopf / Rufous Whistler / Pachycephala rufiventris
Schwarzbrust-Laufhühnchen / Black-Breasted Button-Quail / Turnix melanogaster
Schwarzkopfsittich / Northern Rosella / Platycercus venustus
Schwarzleierschwanz / Albert's Lyrebird / Menura alberti
Schwarzmilan / Black Kite / Milvus migrans
Schwarzschopf-Wippflöter / Eastern Whipbird / Psophodes olivaceus
Schwarzschwan / Black Swan / Cygnus atratus
Seidenlaubenvogel / Satin Bowerbird / Ptilonorhynchus violaceus
Silberreiher / Large Egret / Casmerodius albus
Singsittich / Red-Rumped Parrot / Psephotus haematonotus
Sonnenastrild / Crimson Finch / Neochmia phaeton
Spaltfußgans / Pied Goose / Anseranas semipalmata
Sperbertäubchen / Peaceful Dove / Geopelia striata
Spinifexsänger / Spinifex Bird / Eremiornis carteri
Spitzschopftaube / Crested Pigeon / Ociphaps lophotes
Stachelibis / Straw-Necked Ibis / Threskiornis spinicollis

Thermometerhuhn / Mallee Fowl / Leipoa ocellata
Türkisstaffelschwanz / Splendid Wren / Malurus splendens

Wanderfalke / Peregrine Falcon / Falco peregrinus
Weißaugen-Honigesser / New Holland Honeyeater / Phylidonyris novaehollandiae
Weißbauchseeadler / White-Breasted Sea-Eagle / Haliaeetus leucogaster
Weißbauch-Staffelschwanz / Variegated Wren / Malurus lamberti
Weißkopflachmöve / Silver Gull / Larus novaehollandiae
Weißkopfnoddi / Black Noddy / Anous minutus
Weißohrkakadu / White-Tailed Black Cockatoo / Calyptorhynchus baudinii
Weißspiegeltaube / White-Quilled Rock-Pigeon / Petrophassa albipennis
Weißstirn-Schwatzvogel / Noisy Miner / Manorina melanocephala
Weißwangenreiher / White-Faced Heron / Ardea novaehollandiae
Wellensittich / Budgerigar / Melopsittacus undulatus
Wongataube / Wonga Pigeon / Leucosarcia melanoleuca

Zebrafink / Zebra Finch / Poephila guttata
Zwergpinguin / Little Penguin / Eudyptula minor

Säugetiere

Ameisenbeutler / Numbat / Myrmecobius fasciatus
Antilopenkänguruh / Antilopine Wallaroo / Macropus antilopinus
Atherton Breitfußbeutelmaus / Atherton Antechinus / Antechinus godmani
Australischer Seebär / Australian Fur-Seal / Arctocephalus pusillus doriferus
Australischer Seelöwe / Australian Sea-Lion / Neophoca cinerea
Bennettwallaby / Bennet's Wallaby / Macropus rufogriseus rufogriseus
Bergbilchbeutler / Mountain Pygmy-Possum / Burramys parvus

Bergkänguruh / Common Wallaroo, Euro / Macropus robustus
Bergkusu / Mountain Brushtail Possum / Trichosurus caninus
Beutelmull / Marsupial Mole / Notoryctes typhlops
Beutelteufel / Tasmanian Devil / Sarcophilus harrisii
Beuteltiere / Marsupials / Marsupialia
Beutelwolf / Tasmanian Tiger / Thylacinus cynocephalus
Bürsten-Felsenkänguruh / Brush-Tailed Rock-Wallaby / Petrogale penicillata

Dingo / Dingo / Canis familiaris dingo

Federschwanz-Gleitbeutler / Feathertail Glider / Acrobates pygmaeus
Fleckschwanzbeutelmarder / Spotted-Tailed Quoll / Dasyurus maculatus
Flinkwallaby / Agile Wallaby / Macropus agilis
FuchskusuCommon Brushtail Possum / Trichosurus vulpecula

Gelbfüßige Breitfußbeutelmaus / Yellow-Footed Antechinus / Antechinus flavipes
Gelbfuß-Felsenkänguruh / Yellow-Footed Rock-Wallaby / Petrogale xanthopus
Gewöhnlicher Ringbeutler / Common Ringtail Possum / Pseudocheirus peregrinus
Grauer Kuskus / Grey Cuscus / Phalanger orientalis
Graukopf-Flughund / Grey-Headed Flying-Fox / Pteropus poliocephalus
Großer Langnasenbeutler / Long-Nosed Bandicoot / Perameles nasuta
Großer Tümmler / Bottle-Nosed Dolphin / Tursiops truncatus
Grüner Ringbeutler / Green Ringtail Possum / Pseudocheirus archeri

Honigbeutler / Honey Possum / Tarsipes spenserae
Hübschgesichtwallaby / Whiptail Wallaby / Macropus parryi

Irmawallaby / Western Brush Wallaby / Macropus irma

Kangaroo Island Känguruh / Kangaroo Island Kangaroo / Macropus fuliginosus fuliginosus
Kleiner Kurznasenbeutler / Southern Brown Bandicoot / Isoodon obesulus
Koala / Koala / Phascolarctos cinereus
Kurzkopfgleitbeutler / Sugar Glider / Petaurus breviceps

Lemur-Ringbeutler / Lemuroid Ringtail Possum / Hemibelideus lemuroides
Lumholtz-Baumkänguruh / Lumholtz's Tree-Kangaroo / Dendrolagus lumholtzi

Moschus-Rattenkänguruh / Musky Rat-Kangaroo / Hypsiprymnodon moschatus

Nabarlek, Zwergfelsenkänguruh / Nabarlek / Peradorcas concinna
Nacktnasenwombat / Common Wombat / Vombatus ursinus
Neuseeland-Seebär / New Zealand Fur-Seal / Arctocephalus forsteri
Nördliches Nagelkänguruh / Northern Nailtail Wallaby / Onychogalea unguifera

Östliches Graues Riesenkänguruh / Eastern Grey Kangaroo / Macropus giganteus

Quokka / Quokka / Setonix brachyurus

Riesengleitbeutler / Greater Glider / Petauroides volans
Rotbauchfilander / Tasmanian Pademelon / Thylogale billardierii
Rotbeinfilander / Red-Legged Pademelon / Thylogale stigmatica
Rotes Rattenkänguruh / Rufous Bettong / Aepyprymnus rufescens
Rotes Riesenkänguruh / Red Kangaroo / Macropus rufus
Rothschild-Felsenkänguruh / Rothschild's Rock-Wallaby / Petrogale rothschildi
Rotnackenfilander / Red-Necked Pademelon / Thylogale thetis
Rotnackenwallaby / Red-Necked Wallaby / Macropus rufogriseus banksianus

Schnabeligel / Short-Beaked Echidna / Tachyglossus aculeatus
Schnabeltier / Platypus / Ornithorhynchus anatinus
Schwarzer Flughund / Black Flying-Fox / Pteropus alecto
Schwarzes Bergkänguruh / Black Wallaroo / Macropus bernardus
Schwarzfuß-Felsenkänguruh / Black-Footed Rock-Wallaby / Petrogale lateralis
Schwarzschwanz-Fleckenbeutelmarder / Chuditch, Western Quoll / Dasyurus geoffroii
Spinifex-Hüpfmaus / Spinifex Hopping-Mouse / Notomys alexis

Streifenbeutler / Striped Possum / Dactylopsila trivirgata
Streifen-Langnasenbeutler / Eastern Barred Bandicoot / Perameles gunnii
Sumpfwallaby / Swamp Wallaby / Wallabia bicolor

Tammarwallaby / Tammar Wallaby / Macropus eugenii
Tüpfelbeutelmarder / Eastern Quoll / Dasyurus viverrinus
Tüpfelkuskus / Spotted Cuscus / Phalanger maculatus

Westl. Graues Riesenkänguruh / Western Grey Kangaroo / Macropus fuliginosus

Pflanzen
Adlerfarn / Common Bracken / Pteridium esculentum
Akazien / Acacias, Wattles / Acacia spp.
Alpiner Wasserfarn / Alpine Water-Fern / Blechnum penna-marina
Ameisenpflanzen / Ant Plants / Myrmecodia spp.
Austral. Heiden / Heaths, Native Fuchsias / Familie Epacridaceae

Baobab / Boab / Adansonia gregorii
Baumfarne / Tree Ferns / Cyathea, Dicksonia spp.
Berg-Eukalyptus / Mountain Gum / Eucalyptus dalrympleana

Emubüsche / Emu Bushes / Eremophila spp.
Eukalypten / Gums, Ashes u. a. / Eucalyptus spp.

Felsfeigen / Rock Figs / Ficus platypoda, F. leucotricha
Fluß-Eukalyptus / River Red Gum / Eucalyptus camaldulensis
Fluß-Kasuarine / River She-Oak / Casuarina cunninghamiana

Gebangpalme / Gebang Palm / Corypha elata
Geisterbaum / Ghost Gum / Eucalyptus papuana
Grasbäume / Grass Trees, Black Boys, Black Gins / Xanthorrhoea, Kingia spp.

Honig-Grevillee / Honey Grevillea / Grevillea eriostachya

Kannenpflanze / Pitcher Plant / Nepenthes mirabilis
Kapokbaum / Kapok Tree / Bombax ceiba
Kasuarinen / Oaks, She-Oaks / Allocasuarina, Casuarina spp.
Kletterpalmen / Lawyer Vines, Wait-A'Whiles / Calamus spp.
Kohlkopf-Eukalyptus / Cabbage Gum / Eucalyptus confertifolia
Königs-Eukalyptus / Mountain Ash / Eucalyptus regnans
Küstenbanksie / Coast Banksia / Banksia integrifolia

Laichkraut / Pond Weed / Potamogeton spec.
Livistona-Palmen / Livistona-, Cabbage-, Fan-Palms / Livistona spp.
Lotusblume / Lotos Lily / Nelumbo nucifera

Misteln / Mistletoes / Familie Loranthaceae
Mulga / Mulga / Acacia aneura

Nixenkraut / Naiad / Najas spec.

Oyster Bay-Zypresse / Oyster Bay Pine / Callitris rhomboidea
Palmfarne / Zamia Palms / Familie Cycadaceae
Papierrindenbäume / Paperbarks / Melaleuca spp.

Riesenfarn / King Fern / Angiopteris evecta
Rohr-Gräser / Cane Grass / Sorghum spp.

Salzbüsche / Saltbushes / Atriplex spp.
Sandpapierfeigen / Sandpaper Figs / Ficus coronata, F. opposita
Schraubenpalme / Pandanus / Pandanus aquaticus
Schwimmfarn / Water Farn / Azolla spec.
Schnee-Eukalyptus / Snow Gum / Eucalyptus pauciflora
Seerosen / Water Lilies / Nymphaea, Nymphoides spp.
Sonnentau / Sundew / Drosera spec.
Speergras / Spear Grass / Heteropogon contortus
Sphagnum-Moose / Sphagnum Mosses / Sphagnum spp.
Spinifex-Gras / Spinifex / Plectrachne, Triodia spp.
Südbuchen / Southern Beeches / Nothofagus spp.
Süßwassermangrove / Freshwater Mangrove / Barringtonia acutangula

Tasman. Schnee-Eukalyptus / Tasmanian Snow Gum / Eucalyptus coccifera

Venushaarfarn / Maidenhair Fern / Adiantum capillus-veneris
Wilde Passionsblume / Wild Passion Flower / Passiflora spec.
Witchetty-Busch / Witchetty Bush / Acacia kempeana
Würgefeigen / Strangler Figs / Ficus destruens, F. watkinsiana
Wüsten-Kasuarine / Desert Oak / Allocasuarina decaisneana
Wüstenpappel / Desert Poplar / Codonocarpus cotinifolius

Englisch – Deutsch

Arten, die keinen deutschen Namen haben, sind hier mit ihrem lateinischen Namen verzeichnet.

Wirbellose

Bogong Moths / Bogong-Schmetterlinge
Bull Ants / Myrmecia nigrocincta
Blue Lamington Spiny Crayfish / Lamington
 Flußkrebs
Box Jellyfish / Seewespe

Cairns Birdwing / Cairns Vogelfalter
Common Crows / Common Crow-
 Schmetterlinge
Crown of Thorns / Dornenkrone

Fishing Spiders / Dolomedes spp.

Giant Clams / Riesenmuscheln
Glow Worms / Arachnocampa richardsae
Hercules Moth / Herkulesfalter
Kosciusco Grasshopper / Kosciusko-
 Grashüpfer

Paradise Grashopper / Petasida ephippiquera
Sea Wasp (s. Box Jellyfish)
Shield Shrimps / Triops australiensis
Sydney Funnel-Web Spider / Atrax robustus

Trap-Door Spiders / Falltürspinnen
Ulysses Butterfly / Ulyssesfalter
Witchetty Grubs / Witchetty-Raupen

Fische, Amphibien, Reptilien

Acid Frogs / Litoria ssp.
Amethystine Python / Amethystpython
Angelfishes / Engelfische
Archer Fish / Schützenfisch

Barramundi / Barramundi
Bearded Dragon / Bartagame
Bicycle Lizard / Lophognatus longirostris
Blue Tongues / Blauzungenskinke
Boyd's Forest Dragon / Boyd's Winkelkopf-
 agame
Burton's Legless Lizard / Spitzkopf-Flossenfuß
Butterfly Fishes / Gaukler

Copperhead Snake / Kupferkopfschlange
Corroboree Frog / Corroboree-Scheinkröte

Death Adder / Wüsten-Todesotter
Demoiselles / Riffbarsche

Eastern Tiger Snake / Östl. Tigerotter
Eastern Water Dragon / Gewöhnl. Wasser-
 drache
Eungella Day Frog / Taudactylus eungellensis

Freshwater Crocodile / Süßwasserkrokodil
Frilled Lizard / Kragenechse

Gastric Brooding Frog / Magenbrüterfrosch
Gould's Goanna / Gouldwaran
Green Python / Grüner Baumpython

Jacky Lizard / Amphibolurus muricatus
Knob-Tailed Gecko / Glatter Knopfschwanzgecko

Lace Monitor / Buntwaran
Land Mullet / Egernia bungana
Leaf-Tailed Gecko / Horn-Blattschwanzgecko
Liem's Day-Frog / Taudactylus liemi
Longnosed Tree-Frog / Litoria longirostris
Lungfish / Austral. Lungenfisch

Marine Turtles / Meeresschildkröten
Merten's Water Monitor / Merten's Wasserwaran

Parrotfishes / Papageifische
Perenty / Riesenwaran
Red-Eyed Tree Frog / Litoria chloris

Saltwater Crocodile / Leistenkrokodil
Sand Monitor / Sandwaran
Saratoga / Austral. Knochenzüngler
Sawfish / Sägefisch
Shingleback / Tannenzapfenskink
Snake-Necked Turtles / Schlangenhals-
 schildkröten
Sting Ray / Stachelrochen

Thorny Devil / Dornteufel

Waterholding Frog / Wasserreservoirfrosch

Vögel

Albert's Lyrebird / Schwarzleierschwanz
Apostlebird / Gimpelhäher
Australian Bustard / Australische Trappe
Australian Cassowary / Helmkasuar
Australian Gannet / Australtölpel
Australian Kestrel / Graubartfalke
Australian Magpie / Flötenvogel
Australian Mudnesters / Schlammnestbauer
Australian Pelican / Brillenpelikan
Australian Raven / Neuhollandkrähe
Azure Kingfisher / Azurfischer

Banded Stilt / Schlammstelzer
Bell Miner / Glockenvogel
Black-Breasted Button-Quail / Schwarzbrust-
 Laufhühnchen
Black Duck / Augenbrauenente
Black Kite / Schwarzmilan
Black Noddy / Weißkopfnoddi
Black Swan / Schwarzschwan
Blue Bonnet / Blutbauchsittich
Blue-Faced Honeyeater / Blauohr
Boobook Owl / Kuckuckskauz
Bourke's Parrot / Bourkesittich
Bower Birds / Laubenvögel
Brahminy Kite / Brahminenweihe
Brolga / Brolgakranich
Brown Booby / Brauntölpel
Brown Falcon / Braunfalke
Brown Pigeon / Kuckuckstaube
Brush Turkey / Buschhuhn
Budgerigar / Wellensittich
Buff-Breasted Paradise Kingfisher / Paradies-
 Eisvogel

Cape Barren Goose / Hühnergans
Chestnut-Breasted Shelduck / Halsband-
 kasarka
Cockatiel / Nymphensittich
Common Myna / Indischer Hirtenstar
Common Noddy / Noddi
Crescent Honeyeater / Goldflügel-
 Honigesser
Crested Pigeon / Spitzschopftaube
Crested Tern / Eilseeschwalbe
Crimson Chat / Scharlachtrugschmätzer
Crimson Finch / Sonnenastrild
Crimson Rosella / Pennantsittich

Darter / Schlangenhalsvogel
Diamond Dove / Diamanttäubchen
Diamond Firetail / Diamantamadine
Dusky Moorhen / Papuateichhuhn

Eastern Bristlebird / Braunkopf-Lackvogel

Eastern Curlew / Isabellbrachvogel
Eastern Rosella / Rosella
Eastern Spinebill / Rotnackenhonigesser
Eastern Whipbird / Schwarzschopf-Wippflöter
Eastern Yellow Robin / Goldbauchschnäpper
Eclectus Parrot / Edelpapagei
Emu / Emu
Eungella Honeyeater / Eungella-Honigesser

Flame Robin / Flammenbrustschmätzer
Flock Pigeon / Harlekintaube

Galah / Rosakakadu
Gang Gang Cockatoo / Helmkakadu
Giant Petrels / Riesensturmvögel
Glossy Black Cockatoo / Braunkopfkakadu
Golden Bowerbird / Säulengärtner
Golden-Shouldered Parrot / Goldschulter-
 sittich
Gouldian Finch / Gouldamadine
Great Bowerbird / Graulaubenvogel
Green Catbird / Grünlaubenvogel
Green Rosella / Gelbbauchsittich
Green-Winged Pigeon / Glanzkäfertaube
Grey Butcherbird / Graurücken-Würgatzel
Grey Fantail / Graufächerschwanz
Grey Swiftlet / Moosnest-Salangane
Ground Parrot / Erdsittich

Honeyeaters / Honigesser
Hooded Parrot / Hauben-Goldschultersittich

Jabiru / Jabiru

King Parrot / Königssittich

Large Egret / Silberreiher
Laughing Kookaburra / Lachender Hans
Lesser Crested Tern / Rüppellseeschwalbe
Lesser Sand Plover / Mongolenregenpfeifer
Lilac-Crowned Wren / Purpurkopf-Staffel-
 schwanz
Little Corella / Nacktaugenkakadu
Little Penguin / Zwergpinguin
Little Pied Cormorant / Kräuselscharbe
Little Raven / Gesellschaftskrähe
Log-Runners / Baumläufer
Long-Billed Corella / Nasenkakadu
Lotusbird / Australisches Blatthühnchen

Magnificent Riflebird / Prachtparadiesvogel
Magpie-Lark / Drosselstelze
Major Mitchell / Inkakakadu
Mallee Fowl / Thermometerhuhn
Mangrove Golden Whistler / Mangrove-
 Dickkopf
Mangrove Honeyeater / Mangrovehonigesser
Mistletoe Bird / Rotsteiß-Mistelesser
Mound Builders / Großfußhühner
Musk Lorikeet / Moschuslori

Nankeen Night-Heron / Rotrücken-
 Nachtreiher
New Holland Honeyeater / Weißaugen-
 Honigesser
Noisy Friarbird / Lärmlederkopf
Noisy Miner / Weißstirn-Schwatzvogel
Northern Rosella / Schwarzkopfsittich

Osprey / Fischadler

Pacific Gull / Dickschnabelmöwe
Painted Firetail / Gemalter Astrild
Palm Cockatoo / Palmkakadu
Paradise Riflebird / Schildparadisvogel

Peaceful Dove / Sperbertäubchen
Peewee (s. Magpie-Lark)
Peregrine Falcon / Wanderfalke
Pheasant Coucal / Fasankuckuck
Pied Currawong / Dickschnabel-
  Würgerkrähe
Pied Goose / Spaltflügans
Pied Cormorant / Edelscharbe
Pink Robin / Rosenbrustschnäpper
Pink-Eared Duck / Rosenohrente
Plumed Egret / Edelreiher
Plumed Whistling Duck / Gelbfuß-Pfeifgans
Port Lincoln Parrot / Ringsittich
Purple-Crowned Pigeon / Prachtfruchttaube

Rainbow Bee-Eater / Regenbogenspint
Rainbow Lorikeet / Allfarblori
Redthroat / Dornhuscher
Red Wattlebird / Rotlappen-Honigesser
Red-Backed Kingfisher / Rotbürzelliest
Red-Backed Wren / Rotrücken-Staffel-
  schwanz
Red-Browed Firetail / Dornastrild
Red-Capped Parrot / Kappensittich
Red-Collared Lorikeet / Rotnackenlori
Red-Crowned Pigeon / Königsfruchttaube
Red-Eared Firetail / Rotohramadine
Red-Rumped Parrot / Singsittich
Rock Parrot / Klippensittich
Rufous Scrub-Bird / Rostbauch-Dickichtvogel
Rufous Whistler / Schlichtmantel-Dickkopf

Sacred Kingfisher / Götzenliest
Sandstone Shrike-Thrush / Braunbrust-
  gudilang
Satin Bowerbird / Seidenlaubenvogel
Scaly Thrush / Erddrossel
Scrub-Birds / Dickichtvögel
Short-Tailed Shearwater / Kurzschwanz-
  sturmtaucher
Silver Gull / Weißkopfflachmöwe
Singing Honeyeater / Pfeifhonigesser
Sooty Shearwater / Dunkelsturmtaucher
Sooty Tern / Rußseeschwalbe
Spinifex Bird / Spinifexsänger
Spinifex Pigeon / Rotschopftaube
Splendid Wren / Türkisstaffelschwanz
Straw-Necked Ibis / Stachelibis
Sulphur-Crested Cockatoo / Gelbhauben-
  kakadu
Superb Blue Wren / Prachtstaffelschwanz
Superb Lyrebird / Leierschwanz

Tasmanian Native-Hen / Grünfuß-Pfuhlhuhn
Tawny Frogmouth / Eulenschwalm
Topknot Pigeon / Haubenfruchttaube

Variegated Wren / Weißbauch-Staffelschwanz

Wedge-Tailed Eagle / Keilschwanzadler
Wedge-Tailed Shearwater / Keilschwanz-
  sturmtaucher
Welcome Swallow / Neuhollandschwalbe
Western Rosella / Gelbwangenrosella
Western Spinebill / Buntkopf-Honigesser
White Ibis / Molukkenibis
White-Breasted Sea-Eagle / Weißbauch-
  seeadler
White-Faced Heron / Weißwangenreiher
White-Quilled Rock-Pigeon / Weißspiegel-
  taube
White-Tailed Black Cockatoo / Weißohr-
  kakadu
Willy Wagtail / Gartenfächerschwanz
Wompoo Pigeon / Purpurbrust-Fruchttaube
Wonga Pigeon / Wongataube

Yellow Thornbill / Gelbbauch-Dornschnabel
Yellow Wattlebird / Gelblappen-Honigesser
Yellow-Tailed Black Cockatoo / Gelbohr-
  kakadu
Zebra Finch / Zebrafink

Säugetiere
Agile Wallaby / Flinkwallaby
Antilopine Wallaroo / Antilopenkänguruh
Atherton Antechinus / Atherton Breitfuß-
  beutelmaus
Australian Fur-Seal / Australischer Seebär
Australian Sea-Lion / Australischer Seelöwe
Bennet's Wallaby / Bennettwallaby
Black Flying Fox / Schwarzer Flughund
Black Wallaroo / Schwarzes Bergkänguruh
Black-Footed Rock-Wallaby / Schwarzfuß-
  Felsenkänguruh
Bottle-Nosed Dolphin / Großer Tümmler
Brush-Tailed Rock-Wallaby / Bürsten-Felsen-
  känguruh
Common Brushtail Possum / Fuchskusu
Common Ringtail Possum / Gewöhnlicher
  Ringbeutler
Common Wallaroo / Bergkänguruh
Common Wombat / Nacktnasenwombat
Dingo / Dingo
Eastern Barred Bandicoot / Streifen-
  Langnasenbeutler
Eastern Grey Kangaroo / Östliches Graues
  Riesenkänguruh
Eastern Quoll / Tüpfelbeutelmarder
Euro (s. Common Wallaroo)
Feathertail Glider / Federschwanz-Gleitbeutler
Greater Glider / Riesengleitbeutler
Green Ringtail Possum / Grüner Ringbeutler
Grey Cuscus / Grauer Kuskus
Grey-Headed Flying-Fox / Graukopf-Flughund
Honey Possum / Honigbeutler
Kangaroo Island Kangaroo / Kangaroo Island
  Känguruh
Koala / Koala
Lemuroid Ringtail Possum / Lemur-Ringbeutler
Long-Nosed Bandicoot / Großer Langnasen-
  beutler
Lumholtz's Tree-Kangaroo / Lumholtz-
  Baumkänguruh
Marsupial Mole / Beutelmull
Mountain Brushtail Possum / Bergkusu
Mountain Pygmy-Possum / Bergbilchbeutler
Musky Rat-Kangaroo / Moschus-Ratten-
  känguruh
Nabarlek / Zwergfelsenkänguruh
New Zealand Fur-Seal / Neuseeland-Seebär
Northern Nailtail Wallaby / Nördliches Nagel-
  känguruh
Numbat / Ameisenbeutler
Pebble-Mound Mouse / Pseudomys chapmani
Platypus / Schnabeltier
Quokka / Quokka
Red Kangaroo / Rotes Riesenkänguruh
Red-Legged Pademelon / Rotbeinfilander
Red-Necked Pademelon / Rotnackenfilander
Red-Necked Wallaby / Rotnackenwallaby
Rothschild's Rock-Wallaby / Rothschild-
  Felsenkänguruh
Rufous Bettong / Rotes Rattenkänguruh
Short-Beaked Echidna / Schnabeligel
Southern Brown Bandicoot / Kleiner Kurz-
  nasenbeutler

Spinifex Hopping-Mouse / Spinifex-Hüpfmaus
Spotted Cuscus / Tüpfelkuskus
Spotted-Tailed Quoll / Fleckschwanzbeutel-
  marder
Striped Possum / Streifenbeutler
Sugar Glider / Kurzkopfgleitbeutler
Swamp Wallaby / Sumpfwallaby
Tammar Wallaby / Tammarwallaby
Tasmanian Devil / Beutelteufel
Tasmanian Pademelon / Rotbauchfilander
Tasmanian Tiger / Beutelwolf
Western Brush Wallaby / Irmawallaby
Western Grey Kangaroo / Westl. Graues
  Riesenkänguruh
Western Quoll / Schwarzschwanz-Flecken-
  beutelmarder
Whiptail Wallaby / Hübschgesichtwallaby
Yellow-Footed Antechinus / Gelbfüßige Breit-
  fußbeutelmaus
Yellow-Footed Rock-Wallaby / Gelbfuß-
  Felsenkänguruh

Pflanzen
Acacias, Wattles / Akazien
Acorn Banksia / Banksia prionotes
Alexandra Palm / Archontophoenix
  alexandrae
Alpine Ash / Eucalyptus delegatensis
Alpine Marsh Marigold / Caltha introloba
Alpine Water-Fern / Alpiner Wasserfarn
Antarctic Beech / Nothofagus moorei
Ant Plants / Ameisenpflanzen
Beefwood / Grevillea striata
Black Bean Tree / Castanospermum australe
Black Kangaroo Paw / Macropidia fuliginosa
Black Oak / Casuarina cristata
Blackbutt / Eucalyptus pilularis
Bloodwood / Eucalyptus terminalis
Bluebush / Maireana spp.
Blue Gum / Eucalyptus deanei
Boab / Baobab
Bull Banksia / Banksia grandis
Bunya Pine / Araucaria bidwillii
Buttongras / Gymnoschoenus sphaero-
  cephalus
Cabbage Gum / Kohlkopf-Eukalyptus
Candlebark / Eucalyptus rubida
Cane Grass / Rohr-Gräser
Cassias / Cassien
Celery-Top Pine / Phyllocladus aspleniifolius
Christmas Bell / Blandfordia nobilis
Coastal Tea Tree / Leptospermum laevigatum
Coast Banksia / Küstenbanksie
Colony Wattle / Acacia murrayana
Common Bracken / Adlerfarn
Common Donkey Orchid / Diuris longifolia
Coneflower / Isopogon spp.
Copperburr / Bassia spp.
Corkwood / Hakea suberea (u. a.)
Cowslip Orchid / Caladenia flava
Curly Spinifex / Plectrachne pungens
Dagger Hakea / Hakea teritifolia
Darwin Stringybark / Eucalyptus tetradonta
Dead Finish / Acacia tetragonophylla
Derwent Speedwell / Parahebe derwentiana
Desert Oak / Allocasuarina decaisneana
Desert Poplar / Wüstenpappel
Drooping She-Oak / Allocasuarina verticillata
Elkhorn Fern / Platycerium bifurcatum
Emu Bushes / Emubüsche
Flame Tree / Brachychiton acerifolius

Forest Red Gum / Eucalyptus teriticornis
Freshwater Mangrove / Süßwassermangrove

Gebang Palm / Gebangpalme
Ghost Gum / Geisterbaum
Gingers / Ingwergewächse
Golden Guinea Flower / Hibbertia spec.
Golden Wattle / Acacia pycnantha
Grampians Grevillea / Grevillea confertifolia
Grampians Gum / Eucalyptus alpina
Grampians Fringe Myrtle / Calytrix sullivanii
Grampians Tryptomene / Thryptomene
  calycina
Grass Trees, Black Boys, Black Gins / Gras-
  bäume
Gums, Ashes u. a. / Eukalypten

Hairpin Banksia / Banksia spinulosa
Heaths, Native Fuchsias / Austral. Heiden
Honey Grevillea / Honig-Grevillee
Hoop Pine / Araucaria cunninghamii

Iron Ore Tree / Astrotricha hamptoni

Jarrah / Eucalyptus marginata

Kapok Tree / Kapokbaum
Karri / Eucalyptus diversicolor
Kauri Pine / Agathis robusta
King Billy Pine / Athrotaxis selaginoides
King Fern / Riesenfarn
King Orchid / Dendrobium speciosum
Knife-Leafed Wattle / Acacia culriformis

Lawyer Vines, Wait A'Whiles / Kletterpalmen
Leichhardt Pine / Nauclea orientalis
Lilly Pilly / Acmena smithii
Livistona-, Cabbage-, Fan-Palms / Livistona-
  Palmen
Lotos Lily / Lotosblume

Mackay Tulip Oak / Argyrodendron spec.
Maidenhair Fern / Venushaarfarn
Manna Gum / Eucalyptus viminalis
Marri / Eucalyptus callophylla
Messmate / Eucalyptus obliqua
Mistletoes / Misteln
Mitchell Grass / Astrebla spp.
Motherumbah / Acacia cheelii
Mountain Ash / Königs-Eukalyptus
Mountain Gum / Berg-Eukalyptus
Mulga / Mulga
Mulla Mulla / Ptilotus spp.
Myrtle Beech / Nothofagus cunninghamii

Narrow-Leafed Ironbark / Eucalyptus crebra

Narrow-Leafed Mallee / Eucalyptus
  cneorifolia
Native Bauhinia / Lysiphyllum cunninghamii
Native Pomegranate / Balaustion pulcherri-
  mum
Native Rose / Boronia serrulata
Needlewood / Hakea leucoptera
Northern Cypress Pine / Callitris columellaris

Oaks, She-Oaks / Kasuarinen
Oyster Bay Pine / Oyster Bay-Zypresse

Pandanus / Schraubenpalme
Paperbarks / Papierrindenbäume
Pencil Pine / Athrotaxis cupressoides
Peppermint Gum / Eucalyptus radiata
Piccabeen Palm / Archontophoenix
  cunninghamiana
Pink Gum / Eucalyptus fascigulosa
Pitcher Plant / Kannenpflanze
Poached Egg Daisy / Myriocephalus stuartii
Pond Weed / Laichkraut
Prickly Wattle / Acacia victoriae

Quandong / Elaeocarpus spp.

Red and Green Kangaroo Paw / Anigozanthos
  manglesii
Red Cap Gum, Illyarie / Eucalyptus erythroco-
  rys
Red Cedar / Toona australis
Red Tingle / Eucalyptus jacksonii
River Red Gum / Fluß-Eukalyptus
River She-Oak / Fluß-Kasuarine
Rock Figs / Felsfeigen
Rose Maple / Cryptocarya erythroxylon
Rusty Fig / Ficus destruens

Saltbushes / Salzbüsche
Sandpaper Figs / Sandpapierfeigen
Sassafras / Atherosperma moschatum
Satinay / Syncarpia hilii
Saw Banksia / Banksia serrata
Scarlet Banksia / Banksia coccinea
Scribbly Gum / Eucalyptus signata
Silver Banksia / Banksia marginata
Silver Wattle / Acacia dealbata
Smooth-Barked Angophora / Angophora
  costata
Snappy Gum / Eucalyptus leucophloia
Snow Bush / Aerva javanica
Snow Gum / Schnee-Eukalyptus
Southern Beeches / Südbuchen

Southern Cross / Xanthosia rotundifolia
Spear Grass / Speergras
Sphagnum Mosses / Sphagnum-Moose
Spider Orchids / Caladenia spp.
Spinifex / Spinifex-Gras
Spotted Gum / Eucalyptus maculata
Stinging Tree / Dedrocnide spp.
Strangler Figs / Würgefeigen
Sturt's Desert Pea / Clianthus formosus
Sturt's Desert Rose / Gossypium stuartianum
Sugar Gum / Eucalyptus cladycalyx
Sundew / Sonnentau
Sun Orchid / Thelymitra aristata
Swamp Gum / Eucalyptus ovata
Swamp Mahogany / Eucalyptus robusta
Sydney Blue Gum / Eucalyptus saligna
Sydney Wattle / Acacia longiflora

Tasmanian Blue Gum / Eucalyptus globu-
  lus
Tasmanian Snow Gum / Tasman. Schnee-
  Eukalyptus
Tasmanian Waratah / Telopea truncata
Tea Trees / Leptospermum spp.
Trigger Plant / Stylidium schoenoides
Tuart / Eucalyptus gomphocephala
Tulip Oak / Argyrodendron spp.

Wandoo / Eucalyptus wandoo
Waratah / Telopea speciosissima
Water Lilies / Seerosen
Wattles, Acacias / Akazien
Westaustr. Christmas Tree / Nuytsia
  floribunda
Western Golden Wattle / Acacia decora
Wheeping Red Bottle Brush / Melaleuca
  viminalis
White Apple / Syzygium cormiflorum
White Beech / Gmelina spp.
White Box / Eucalyptus albens
White Kunzea / Kunzea ambigua
White Walnut / Cryptocarya obovata
Wild Passion Flower / Wilde Passionsblume
Witchetty Bush / Witchetty-Busch
Woollybutt / Eucalyptus miniata
Wreath Lechenaultia / Lechenaultia macran-
  tha

Yellow Stringybark / Eucalyptus muellerana
Yellow Tops / Senecio gregorii

Zamia Palms / Palmfarne

Register

Fett gesetzte Seitenzahlen verweisen auf
Fotos, schräg gedruckte auf Essays (im Text
blau unterlegt).

Tier- und Pflanzennamen

Acid Frogs 90
Adlerfarn 84
Agamen 21,**116**
Akazien 14, *52*, 181
– Colony Wattle 50
– Dead Finish 103
– Golden Wattle **110**
– Knife-Leafed Wattle 109
– Motherumbah **109**
– Mulga 50, **54,** 103, 196

– Prickly Wattle 104
– Silver Wattle 152
– Sydney Wattle 126
– Western Golden Wattle 109
– Witchetty-Busch 50
Albatrosse 120, 148
Alexandra Palm 77
Allfarblori 80, 97, 152, 173
Alpine Marsh Marigold **135**
Alpiner Wasserfarn 115
Ameisen 22, **192**
Ameisenbeutler 182, 184, **191**
Ameisenpflanzen 58
Amethystpython 68
Asplenium australasicum **97**
Atherton Breitfußbeutelmaus 66
Augenbrauenente 118, 189, **193**
Austral. Blatthühnchen 28
Austral. Heiden **154,** 163
Austral. Knochenzüngler 28

Austral. Lungenfisch 22
Austral. Seebär 149
Austral. Seelöwe 157, **169,** 172
Austral. Südfrösche 22
Austral. Trappe 35, 105, **197**
Australtölpel 120
Azurfischer 32, 78

Banksien (s. Proteen)
Baobab 18, **201,** 224
Barramundi **22,** 28, 32
Bartagame **101,** 105, 176
Baumfarne 77, **83, 117,** 139, 158
Baumfrösche 22
Bergbilchbeutler 130
Bergkusu 138
Beutelmull 51
Beutelteufel 164, **166**
Beuteltiere 19, *92*
Beutelwolf **17,** 164

Bicycle Lizard 38
Black Bean Tree 65
Black Kangaroo Paw 221
Blauohr (s. Honigesser)
Blauzungenskinke 52, 110, **178**
Bluebush 17, 103
Bogong-Schmetterlinge 131, 139
Bottlebrushes **158, 191,** 222
Boyds Winkelkopfagame 68
Brahminenweihe 28
Braunbrustgudilang 208
Braunfalke 176, **199**
Braunkopf-Lackvogel 99
Brauntölpel **71,** 74
Brillenpelikan **188,** 220
Brown Snakes 124
Brolgakranich 28, **59**
Bull Ants 22
Bunya Pine **217**
Buschhuhn **67,** *68,* 69, 80, 95, 115, 169, 217
Buttongras 163

Cairns Vogelfalter **66,** 69
Cassien 50, 196
Celery-Top Pine 163
Christmas Bells **121**
Common Heath 152
Common Crow-Schmetterlinge 35
Copperburr 103
Corroboree-Scheinkröte 131, **133**
Cracticidae 20, 126

Dampiera spp. 126, 181
Derwent Speedwell **135**
Diamantamadine 131
Dickichtvögel 20
Dickschnabelmöwe 118
Dickschnabel-Würgerkrähe 80, 97, **115**
Dingo 26, 31, 51, 77, **91,** 164, 197
Dornastrild 92, 152
Dornenkrone **73**
Dornhuscher 178
Dornteufel 21, **51**
Drosselstelze 32, 118, **122,** 145
Dunkelsturmtaucher 74

Echte Karettschildkröte 20, 70, 74
Edelpapagei 58
Edelreiher **28, 161**
Edelscharbe **161**
Eileeschwalbe 74, 75
Elkhorn Fern 77
Emu 20, 105, 159, 169, 177, 197, **199**
Emubüsche 38, 103
Engelfische 73
Erddrossel 115
Eukalypten 14, *42,* 181, 212
– Alpine Ash 130, 137
– Berg- 115, 137
– Blackbutt 90
– Bloodwood 50, **52,** 104
– Blue Gum 126
– Candlebark 130, 137
– Darwin Stringybark 26, 58
– Fluß- **36,** 45, 50, 103, 152, 176, 196, 202, 220, 221
– Forest Red Gum 80
– Geisterbaum 38,45, **48**
– Grampians Gum 152
– Kohlkopf- 208
– Illyarrie s. Red Cap Gum
– Jarrah 182, 192

– Karri **182,** 184
– Königs- **147**
– Manna Gum 130, 137, 169
– Marri 182, 192
– Messmate 115, 152, 158
– Narrow-Leafed Ironbark 109
– Narrow-Leafed Mallee 169
– Peppermint Gum 137
– Pink Gum 169
– Red Cap Gum **41**
– Red Tingle 184
– Schnee- 115, 130, **132,** 137, 218
– Scribbly Gum **88,** 90
– Snappy Gum 196
– Spotted Gum 84
– Sugar Gum 168
– Swamp Gum 169
– Swamp Mahogany 80
– Sydney Blue Gum 115
– Tasmanian Blue Gum 158
– Tasman. Schnee- 163
– Tuart 182
– Wandoo 182, 184, 192
– White Box 110
– Woollybutt 31, **33**
– Yellow Stringybark 158
Eulenschwalm 84, **87**
Eungella Day-Frog 78
Everlastings **222**

Falltürspinnen 20, 95
Fasankuckuck 197
Featherflowers 221
Federschwanz-Gleitbeutler **141**
Felsfeigen 38, 45, 50, 207
Feuerpflanzen **211,** *212*
Fierce Snake 124
Filander (versch. Arten, s. Känguruhs)
Fischadler 192
Fishing Spiders 22
Flame Tree 65
Flammenbrustschmätzer **137,** 139, 164
Fleckschwanzbeutelmarder **166,** 219
Fledermäuse 19, 214, 216
Flossenfüßer 21, **112**
Flötenvogel 19, 118, **122,** 126, 145, 169, 176
Flughund 19, 145, 197, 203, **205**
Fruchttaube (s. Tauben)
Fuchskusu 67, 80, 97, 115, 138, **141,** 145, 164, 219

Gartenfächerschwanz 52, **116,** 118, 189
Gaukler 73
Geckos 21, **41, 69**
Gebangpalme 58
Gelbbauch-Dornschnabel 126
Gelbfüßige Breitfußbeutelmaus **184**
Gelbfuß-Pfeifgans 28
Gelbwangenrosella (s. Sittiche)
Gemalter Astrild **40,** 197
Gesellschaftskrähe 139
Gewöhnlicher Ringbeutler 115, 118, 138, **141,** 159
Gewöhnlicher Wasserdrache 84, **86**
Giant Dragonfly 22
Gimpelhäher 84
Glatter Knopfschwanzgecko 38, **41**
Gleitbeutler (s. Possums)
Glockenvogel (s. Honigesser)
Glow Worms (s. Pilzmückenlarven)
Götzenisect 197
Goldbauchschnäpper 146, **158**
Golden Guinea Flower **154**

Gouldamadine 28, 35
Goodenia decurrens 126
Grampians Fringe Myrtle 152
Grampians Tryptomene 152
Grasbäume 14, 122, 152, 160, 169, 176, **178, 182,** 192
Graubartfalke 53, 139
Grauer Kuskus 58
Graufächerschwanz 115
Graukopf-Flughund 145
Graurücken-Würgatzel **126**
Grevilleen (s. Proteen)
Großer Tümmler 223
Großfußhühner 20, **67,** *68*
Grüner Baumpython **58**
Grüne Meeresschildkröte 20, 70, **74**
Grüner Ringbeutler 67
Grünfuß-Pfuhlhuhn 164
Gums (s. Eukalypten)

Halsbandkasarka 173, 190
Harlekinfisch **74**
Hartlaubwälder 14, 26, 58, 121, 137, 152, 158, 168, 192, 218
Helmkasuar **59**
Herkulesfalter **58**
Hibbertia spp. 181
Honigbeutler 142, **183**
Honigesser 20, *92*
– Blauohr **33**
– Buntkopf- 192
– Eungella- 78
– Gelblappen- 164
– Goldflügel- 131
– Glockenvogel 116, 146
– Lärmlederkopf 126
– Mangrove- 90
– Pfeif- 52
– Rotlappen- **132,** 145, 169, 189
– Rotnacken- 126
– Weißaugen- **170,** 172
– Weißstirn-Schwatzvogel **146**
Hoop Pine 217
Horn-Blattschwanzgecko **69**
Hovea elliptica 192
Hühnergans 157, 171, **173**

Indischer Hirtenstar 118, **144**
Ingwergewächse 66
Iron Ore Tree 196
Isabellbrachvogel 91, **93**

Jabiru **28**
Jacky Lizard **116,** 127

Känguruhs
– Antilopen- 26, 31, 59
– Bennettwallaby 163, 219
– Berg- 31, 38, 51, 105, 106, 110, 176, 197, 221
– Bürsten-Felsen- 135, 221
– Flinkwallaby 26, 31, 59, 203, **209**
– Gelbfuß-Felsen- 176, **179,** *180,* 221
– Hübschgesichtwallaby 84, **87**
– Irmawallaby 183, 192
– Kangaroo Island 169, **172**
– Lumholtz-Baum- 67
– Moschus-Ratten- 67
– Nabarlek/Zwergfelsen- 26, 203
– Nördliches Nagel- 208
– Östl. Graues Riesen- 84, **111,** 115, 126, 145, 152, 159
– Quokka **191,** 192
– Rotbauchfilander 163, **166,** 218

- Rotbeinfilander 77
- Rotes Ratten- 80
- Rotes Riesen- 19, 38, 51, **106,** 176, 197, 213
- Rothschild-Felsen- 197
- Rotnackenfilander 97, **99,** 115
- Rotnackenwallaby 110, 115, 152, 159, 164
- Schwarzes Berg- 26
- Schwarzfuß-Felsen- 38, **41**
- Sumpfwallaby 122, 138, **140,** 145, 152, 159
- Tammarwallaby 169
- Westl. Graues Riesen- 152, 183, 191 f.

Kakadus 20
- Braunkopf- 171
- Gelbhauben- **20,** 121
- Gelbohr- **94,** 115, 131, 159
- Helm- 131, **133, 139**
- Inka- **51**
- Nacktaugen- 28, **105,** 203
- Nasen- 152
- Palm- 58, **61**
- Rosa- 52, 109, **111,** 171, 176
- Weißohr- 192
Kannenpflanze **56,** 58
Kapokbaum 58
Kasuarinen 14, 45, **47,** 50, 77, 84, 122, 159, 171, 176
Keilschwanzadler 52, **106,** 176
Keilschwanzsturmtaucher 74
King Billy Pine 163
Kissenpflanzen 163, 218
Kletterbeutler (s. Possums)
Kletterpalmen 66
Knopfschwanzgecko **41**
Koala 85, 97, 110, 115, 118, 122, 145, 149, 152, **155,** *156,* 159, 169, 190
Korallen 72, **73,** 201
Kosciusko-Grashüpfer 131
Kragenechse 22, **29**
Kräuselscharbe **31**
Kuckuckskauz **112**
Kupferkopfschlange **139**
Kurzkopfgleitbeutler 84, 97, **141**
Kurzschwanzsturmtaucher 149, 157, 219

Lachender Hans 80, 84, 121, **147,** *148,* 152
Lärmlederkopf (s. Honigesser)
Laichkraut 196
Lamington Flußkrebs 98
Landegel 69, 95
Land Mullet 95
Large Mantis 22
Laubenvögel 20, *100*
- Grau- 32, **100,** 209
- Grün- 68, **98**
- Säulengärtner 68
- Seiden- 95, **99,** 217
Lechenaultia spp. 181, **187,** 222
Leichhardt Pine 202
Leierschwanz 20, 115, 128, 131, 139, **140,** 146
Leistenkrokodil 28, **60,** *61*
Lemur-Ringbeutler 67
Liem's Day-Frog 78
Lilly Pilly 158
Livistona-Palmen 14, 31, 35, **37,** 84, 121, 196, **206**
Longnosed Tree Frog 58
Lotosblume 26

Mackay Tulip Oak 77
Magenbrüterfrosch 22, **78**

Mallee 16, 126, 168, 176, 220
Mangrove-Dickkopf 126
Mangroven 26, 58, 74, 89, 158
Melaleuca conothamnoides **191**
Misteln 109
Mittagsblume **159**
Mitchell-Gras 17, 103
Molukkenibis 120
Mongolenregenpfeifer 91
Moosnest-Salangane 214
Moschuslori 152
Mulga 16, 33, 38, 196
Mulla Mulla 50, **197**

Nabarlek (s. Känguruhs)
Nacktnasenwombat 115, 130, 138, 145, **157,** 159
Nasenbeutler 19
- Großer Lang- **78**
- Streifen-Lang- **152**
- Kleiner Kurz- 192
Native Bauhinia 208
Native Pomegranate 222
Native Rose 122
Neuhollandkrähe 121
Neuhollandschwalbe 189
Neuseeland-Seebär 172
Nixenkraut 196
Noddi **71,** 75
Northern Cypress Pine 38, 89, **91,** 130, 176, 196

Östliche Tigerotter **124,** 139
Orchideen 74, 77
- Common Donkey Orchid **181**
- Cowslip Orchid 181, **187**
- King Orchid 95
- Spider Orchids **154,** 181
- Sun Orchid **170**
Oyster Bay-Zypresse 152

Palmfarne 14, 18, **38,** 45, 65, 84, **87**
Papageifische 73
Papierrindenbäume **25,** 31, 35, 58, **88,** 92, 169, 196, 202
Papuateichhuhn 189
Paradies-Eisvogel **66**
Paradise Grashopper **21**
Pebble-Mound Mouse 196
Pencil Pine 163
Piccabeen Palm 77, 99
Pilzmückenlarven 129
Poached Egg Daisy **103,** 105
Possums 67, 69, 77, 126, 130, 138, **141,** *142,* 152
Prachtparadiesvogel 58
Prachtstaffelschwanz 139, 145, **170,** 173
Proteen 14, 18, 58, 65, *193*
- Acorn Banksia **190**
- Beefwood 103
- Bull Banksia 192
- Coneflower **187**
- Corkwood 50, 196
- Dagger Hakea 126
- Grampians Grevillea 152
- *Grevillea wickhamii* **210**
- *Grevillea wilsonii* **190**
- Hairpin Banksia **125**
- Honig-Grevillee **51**
- Küstenbanksie **89,** 159
- Needlewood 103
- Saw Banksia 160
- Scarlet Banksia **187**
- Silver Banksia 166

- Tasmanian Waratah 166
- Waratah 123, **125**
Pseudoweinmania lachnocarpa 95
Purpurkopf-Staffelschwanz 203

Qandong 65
Quokka (s. Känguruhs)

Red and Green Kangaroo Paw **186,** 192, 221
Red Cedar 77
Red-Eyed Tree Frog **98**
Regenbogenspint 38, **155**
Riesenfarn 86
Riesengleitbeutler 115
Riesenmuscheln 73, **75**
Riesensturmvögel 148
Riffbarsche 73
Ringbeutler (s. Possums oder Gewöhnlicher R.)
Rohr-Gräser 208
Rosella (s. Sittiche)
Rose Maple 115
Rosenbrustschnäpper 164
Rosenohrente 173
Rostbauch-Dickichtvogel 99
Rotbürzelliest 45
Rotnackenlori **33**
Rotohramadine 183
Rotrücken-Nachtreiher 31, **202**
Rotrückenspinne 124
Rotrücken-Staffelschwanz 92
Rotsteiß-Mistelesser 38, 109, **110**
Rüppellseeschwalbe 75
Rußseeschwalbe **71,** 75

Sägefische 203
Säulengärtner (s. Laubenvögel)
Salzbüsche 17, 103, 217
Sandpapierfeigen 84, 207
Sassafras 163
Satinay 90
Scharlachtrugschmätzer 52
Schildparadiesvogel 68
Schlammnestbauer 20
Schlammstelzer 173
Schlangen (Gift-) 21, *124*
Schlangenhalsschildkröten **21,** 28, 68
Schlangenhalsvogel 28, 31, **62,** 203
Schlichtmantel-Dickkopf 152
Schnabeligel 31, 51, **80,** *81,* 122, 130, 148, 173
Schnabeltier 77, **79,** *81,* 130
Schraubenpalmen **26,** 31, 202
Schützenfisch 203
Schwarzbrust-Laufhühnchen 90
Schwarzer Flughund 197, 203, **205**
Schwarzleierschwanz 95
Schwarzmilan **34**
Schwarzschopf-Wippflöter 68
Schwarzschwan 159, **188**
Schwarzschwanz-Fleckenbeutelmarder 182
Schwimmfarn 26
Seerosen **25,** 31, 59
Seewespen 74, 75, *124*
Shield Shrimps 53
Silberreiher 31
Sittiche
- Blutbauch- 105, 176
- Bourke- **179**
- Erd- 90, 159
- Gelbbauch- 164
- Gelbwangenrosella 192
- Goldschulter- 59

– Hauben-Goldschulter- 28
– Kappen- 183
– Klippen- 192
– Königs- 84, 97, **98**, 217
– Nymphen- 105, 197
– Pennant- 97, 115, 132, 139, **146**, 217
– Ring- 38, **183**, 192
– Rosella 110
– Schwarzkopf- 35
– Sing- 109
– Wellen- **45**, 52
Skinke 21
Smooth-Barked Angophora **120**, 122
Snow Bush 208
Sonnenastrild **32**
Sonnentau 31
Southern Cross **187**
Spaltfußgans **28**
Speergras 208
Sphagnum-Moore/-Moose 115, 130, 137
Spinnen (Gift-) *124*
Spinifex-Gras **16**, 17, 26, 31, 45, 50, 176,
  195, 207, 213
Spinifex-Hüpfmaus 51
Spinifexsänger 52
Spitzkopf-Flossenfuß 110, **112**
Stachelibis 120, **123**
Stachelrochen 203
Staffelschwänze 20, 84
Stinging Tree 66
Streifenbeutler 58
Stromatoporen 201
Stromatolithen **224**
Sturt's Desert Pea 176, **179**
Sturt's Desert Rose 50, **55**
Südbuchen 14, 18, 77, 95, 115, 158, 163

Süßwasserkrokodil 28, 32, **60**, *61*, 203,
  224
Süßwassermangrove 26, 31, 202
Sydney Funnel-Web Spider **124**

Taipan 124
Tannenzapfenskink **184**
Tauben
– Diamanttäubchen 45
– Glanzkäfer- 77
– Harlekin- 203
– Haubenfrucht- 77, **79**
– Königsfrucht- 77
– Kuckucks- 77
– Prachtfrucht- 77
– Purpurbrust-Frucht- 68, **79**
– Rotschopf- **40**, 197, 209
– Sperbertäubchen 33, 178
– Spitzschopf- **145**, 189
– Weißspiegel- 208
– Wonga- 121, 131
Tea Trees 152, **158**, 169, **170**
Terminalia sericocarpa 77
Termiten 22, **210**, **213**, **214**
Thermometerhuhn **67**, *68*, 184, 220
Todesotter 124
Trigger Plant 181, **187**, 221
Tüpfelbeutelmarder 164
Tüpfelkuskus 58
Türkisstaffelschwanz 38
Tulip Oak 95

Ulyssesfalter 68, 74
Unechte Karettschildkröte 20, 74

Venushaarfarn 196

Wallabies (versch. Arten, s. Känguruhs)
Wanderfalke 40, 152
Warane 22
– Bunt- **35**, 84
– Gould- 28, 197, **198**
– Mertens Wasser- 32
– Riesen- 21, **48**, 52
– Sand- 28
Wasserbüffel 29
Wasserreservoirfrosch **21**, 22, 52
Wattles (s. Akazien)
Weißbauchseeadler 28, **30**, 123, 203
Weißbauch-Staffelschwanz 176
Weißkopfflachmöwe 118, **122**
Weißkopfnoddi 74
Weißstirn-Schwatzvogel (s. Honigesser)
Weißwangenreiher 159, 209
Wellensittich (s. Sittiche)
Westaustr. Christmas Tree **191**
Wheeping Red Bottle Brush 84
White Apple 65
White Beech 77
White Kunzea **158**
White Walnut 115
Wilde Passionsblume 207, **209**
Wildpferde 90, 128
Witchetty-Raupen 50
Wombat (s. Nacktnasenwombat)
Würgefeigen 26, **65**, 69, 77, 95, **97**, 115
Wüstenpappel 45, 50
Wüsten-Todesotter 52

Yellow Tops **103**

Zebrafink **45**, 52
Zwergpinguine 149, 157

Orte, Gebiete, Nationalparks usw.

Seitenzahlen mit dem Zusatz »ff.« bezeichnen den Beginn eines Hauptreiseziels.

Aborigenes **17**, 22, **23**, 25, 42, 43, 50, **62**,
  83, 106, 150, 176, 192, 207, 214, 218
adaptive Radiation 18, 42
Alexander Morrison Nationalpark 222
Arkaroola – Mt. Painter Sanctuary 178, 221
Arltunga Historical Reserve 42
Atherton Tableland 63 ff., **63**
– Bromfield Crater 69
– Cathedral Fig Tree 69
– Curtain Fig Tree **65**, 69
– Lake Tinaroo 69
– Malanda Falls Environmental Park 69
Australische Alpen 12, 130, 136, 142, 150
Ayers Rock (s. Uluru Nationalpark)

Badginarra Nationalpark 221
Barrington Tops Nationalpark 113 ff., **113**
Barron Falls Nationalpark 69
Beedelup Nationalpark 184
Blackdown Tablelands Nationalpark 217
Black Hill Conservation Park 174
Black Mountain Nationalpark 62
Blue Mountains Nationalpark 125 ff., **129**
Bogong Nationalpark 142
Border Ranges Nationalpark 100
Brisbane Ranges Nationalpark 145
Brisbane Water Nationalpark 122
Bungle Bungles (s. Purnululu Nationalpark)
Bunya Mountains Nationalpark **217**

Cape Gantheaume Conservation Park 172
Cape Hillsborough Nationalpark 81
Cape York Halbinsel 12, 14, 56 ff.
Carnarvon Nationalpark 82 ff., **83**
Carpentaria Basin 11, **12**, 56
Chillagoe-Mungana Caves Nationalpark
  214
Cleland Conservation Park 174
Conway Nationalpark 81
Cooloola Nationalpark 93
Coorong Nationalpark 220
Corroboree Rock Conservation Reserve 42
Cradle Mountain – Lake St. Clair National-
  park 162 ff., **163**
Cutta Cutta Caves Nature Park 35

Dandenong Ranges Nationalpark **144**,
  146
Dryandra State Forest 184
Dunk Island 74

Ellery Creek Big Hole Nature Park 39
Emily and Jessie Gap Nature Park 42
Erbe der Menschheit 24, 49, **71**, 162, 167,
  217, 222
Eungella Nationalpark 76 ff.

Felsmalereien **17**, 25, **29**, 50, **62**, **82**, 106,
  123, 150, 176, 180, 213

Finke Gorge Nationalpark 40
Fitzgerald River Nationalpark 186
Flinders Chase Nationalpark 172
Flinders Ranges Nationalpark 175 ff., **175**
– Mt Chambers Gorge 180
Fogg Dam Conservation Reserve 30
Franklin – Lower Gordon Wild Rivers
  Nationalpark **167**
Fraser Island 88 ff., **90**

Gammon Ranges Nationalpark 178
Geikie Gorge Nationalpark 201 ff., **202**
Gibson Desert 10, **12**
Glen Helen Gorge Nature Park 40
Gondwanaland **11**, 17, 162
Grampians Nationalpark 150 ff., **150**, **151**
– Bryan Swamp 156
– Freshwater Lake 156
– Lake Fyans 156
Great Artesian Basin 11, 82
Great Barrier Reef 70 ff., **70**
Great Barrier Reef Wonderland 75
Great Dividing Range **12**, 56, 63, 82, 88,
  107, 130
Great Sandy Desert 10, **12**
Great Sandy Nationalpark 88
Great Victoria Desert 10, **12**

Hamelin Pool 223, **224**
Hammersley Nationalpark
  (s. Karajini NP)

Healesville Sanctuary 146
Henbury Meteorite Craters Conservation
  Reserve 47
Heron Island 74
Hidden Valley Nationalpark 224
Hinchinbrook Island 74

Iron Range Nationalpark 56

Jenolan Caves 129
John Forrest Nationalpark 192

Kakadu Nationalpark 24 ff., **24, 28**
Kalbarri Nationalpark **222**
Kanangra-Boyd Nationalpark 129
Kangaroo Island 168 ff., **171, 174**
Karajini Nationalpark 195, 197 **199**
Kata Tjuta (s. Uluru Nationalpark)
Katherine Gorge s. Nitmiluk Nationalpark
Kelly Hill Conservation Park 173
Kimberleys 201, 206, 222
Kinglake Nationalpark 145
Kings Canyon s. Watarrka Nationalpark
Kontinentaldrift **11**
Konvergenz 92
Kosciusko Nationalpark 130 ff., **131, 132,
  133**
– Hume Stausee 135
Kununurra 224
– Lake Kununurra 224
– Parry Lagoons Nature Reserve 224
Kuranda 69
Ku-ring-gai Chase Nationalpark **120,**
  122

Lady Elliot Island 74
Lake Argyle **223**
Lake Barrine Nationalpark 68
Lake Eacham Nationalpark 68
Lake Eyre 11, **12**
Lakefield Nationalpark 56
Lamington Nationalpark 94 ff., **95**
Lawn Hill Nationalpark 213, **214**
Leeuwin-Naturaliste Nationalpark 184
Litchfield Nationalpark **213, 214**
Little Desert Nationalpark 219

MacDonnell Range 10, 36 ff.
– Western 36
– Eastern 42
Mataranka Pool Nature Park 35
Melbourne und Umgebung 143 ff.
– Melbourne Zoo 145
– Royal Botanic Gardens 145
Michaelmas Cay 75
Millstream-Chichester Nationalpark 195 ff.,
  198
Monkey Mia 223
Moore River Nationalpark 193, 221

Mootwingee Nationalpark 106
Morialta Conservation Park 174
Mornington Peninsula Nationalpark 148
Mt. Buffalo Nationalpark 136 ff., **136, 137**
Mt. Field Nationalpark **215,** 218
Mt. Lesueur 222
Mt. Warning Nationalpark 100
Mungo Nationalpark 217
Murray-Darling-Becken 11, **12**

Nambung Nationalpark **218,** 221
N'Dhala Gorge Nature Park 42
Nightcap Nationalpark 100
Nitmiluk (Katherine Gorge) Nationalpark
  31 ff., **32**
Notogaea 17
Neuguinea 10, 22, 56
Nullarbor Plain 10, **12**

Olgas (s. Uluru Nationalpark)
Organ Pipes Nationalpark **143,** 145
Ormiston Gorge and Pound Nationalpark
  40

Palm Valley **37,** 40
Palmerston Nationalpark 69
Pangaea **11**
Penguin Island 190
Perth und Umgebung 188 ff.
– Koala Gardens Wildlife Park 190
– Kings Park 190
– Lake Monger 190
– Zoological Garden 189
Phillip Island 149
Pilbara 14, 194 ff.
Port Campbell Nationalpark 219, **220**
Purnululu Nationalpark 206 ff., **206, 207**

Quinkan Reserve **62**

Rainforest Habitat Wildlife Sanctuary 62
Redbank Gorge Nature Park 40
Reynoldson Flora Reserve 193
Rottnest Island 192
Royal Nationalpark 120

Schluchten 76, 94, 135, 145, 175
– Blue Mountains Nationalpark 125, **129**
– Carnarvon Nationalpark 82, **83**
– Geikie Gorge Nationalpark 201, **202**
– Hammersley Nationalpark 195, **199**
– Kalbarri Nationalpark 221
– Nitmiluk Nationalpark 31, **32**
– Kings Canyon Nationalpark 43, **44**
– Lawn Hill Nationalpark 213, **214**
– MacDonnells (verschiedene) 36 ff.
– Purnululu Nationalpark **206**
– Windjana Gorge Nationalpark 201, **203**
Seal Bay Conservation Park 172

Serpentine Gorge Nature Park 39
Shark Bay World Heritage Area 222
Shell Beach 224
Simpson Desert 11, **12**
Simpsons Gap Nationalpark **36,** 39
Snowy River Nationalpark 135
Springbrook Nationalpark 100
Standley Chasm 39
Stirling Ranges Nationalpark 184
Sturt Nationalpark 101 ff., **103**
Sydney und Umgebung 118 ff.
– Aquarium 120
– Sydney Harbour Nationalpark 120
– Koala Park Sanctuary 118
– Royal Botanic Gardens 120
– Taronga Zoological Park 118
Sydney Harbour Nationalpark 120

Tamborine Nationalpark 100
Tasmanien 10, **12,** 23, 25, 157, 162 ff.
Tathra Nationalpark 222
Territory Wildlife Park 30
The Crater (Mt. Hypipamee) Nationalpark
  68
Tunnel Creek Nationalpark 201

Uluru Nationalpark 11, 24, 49 ff., **50, 55**
Undara Lava Tubes **216**
Ureinwohner (s. Aborigenes)

Vulkanlandschaft 10, 12, 76, 82, 113, 136
– Atherton Tableland 63 ff.
– Lamington Nationalpark 94
– Organ Pipes Nationalpark **143,** 145
– Undara Lava Tubes **216**
– Warrumbungle Nationalpark 107, **110**

Walpole-Nornalup Nationalpark 184
Walyunga Nationalpark 191
Warren Nationalpark 184
Warrumbungle Nationalpark 107 ff., **107,
  110**
Watarrka (Kings Canyon) Nationalpark
  43 ff., **44**
Watheroo Nationalpark 222
Whitsunday Islands 81
Wilsons Promontory Nationalpark 157 ff.,
  159
Willandra Lakes World Heritage Area 217
Windjana Gorge Nationalpark 201 ff.,
  203
Wollemi Nationalpark 129
Wooroonooran Nationalpark 69
World Heritage Areas (s. Erbe der Mensch-
  heit)

Yalgorup Nationalpark 193
Yanchep Nationalpark 190
Yarrangobilly Caves 134

Pressestimmen zu »Reiseführer Natur«

»Besser, informativer und übersichtlicher kann man es eigentlich nicht machen.«
Die Zeit

»...ein Muss für jeden Naturliebhaber.«
Frankfurter Rundschau

»...attraktiv und übersichtlich gestaltet, zudem kenntnisreich, nie aber langweilend verfasst...«
Frankfurter Allgemeine Zeitung

»...sehr ansprechend aufgemacht.«
Süddeutscher Rundfunk

»...eine ausgezeichnete Reihe.«
Bayerisches Fernsehen

»...schöne Reiseführer, die man nicht nur gern und mit Gewinn vor Ort in die Hand nimmt. Sie laden auch dazu ein, in Gedanken zu reisen oder einfach darin zu schmökern...«
Das Tier

»...Keine Reiseführer für jedermann, aber wer sich für die Naturschönheiten seines Urlaubslandes interessiert, ist begeistert.«
Handelsblatt

»...ausgesprochen gut durchdachte Reiseführer.«
Deutsches Ärzteblatt

»...Jedem, der sich für die Tier- und Pflanzenwelt seines Reiseziels interessiert, sind die locker geschriebenen, gut illustrierten und mit zahlreichen Karten versehenen Bände ans Herz zu legen...«
Tours

Eine Übersicht aller Bände finden Sie auf der vorderen Umschlag-Innenseite.

Tecklenborg Verlag

Siemensstraße 4, 48565 Steinfurt
Telefon: 02552 / 920-02, Telefax 02552 / 920-150
e-mail: info@tecklenborg-verlag.de